The Raven,
The Tortoise, and
The Condemned
Prisoner

カラスと
亀と
死刑囚

パラドックスから
はじめる哲学

中村隆文
Nakamura Takafumi

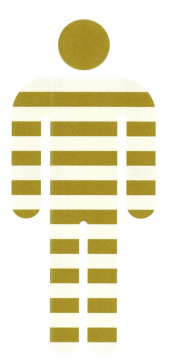

ナカニシヤ出版

はじめに

　「あなたは合理的だね」と言われて喜ぶ人はわりと多いだろうが，「あなたは不合理だね！」と言われて「やったー！」と嬉しがる人はほとんどいないだろう。「人間＝合理的存在」という見方のもとでは，「合理的でない（不合理である）」と言われることは「人間失格」と言われているように感じてしまうことがその大きな理由と言えるかもしれない。

　そのように，われわれ人間が他の動物と異なる意味で「合理的」とみなされる理由としては，①人間は「論理」を理解していること，そして，②人間は「理」に基づいた振る舞いが可能であること，などがある。うまく生きているのは人間だけでなく或る種の動物——アリや蜂，狼や猿など——もそうかもしれないが，しかし，人間以外の動物が情動的な枠組みのなかでそうしているのに対し，人間は理性的な枠組みのなか確固たる理由によってそうしている，と考えられている。このように，論理を理解し，理に基づいて判断・選択・行為をするための「合理性」を備えたわれわれ人間の思考形態には或る重大な一つの特徴が備わっているように思われる。それは，「理に反すること」を嫌悪・忌避する傾向性である。

　たとえば，ジョンが或る主張Aを受け入れている場合，論理的に含意するところの主張Bを受け入れるべきであるのにそれをすることなく，主張A（およびB）と対立するような主張Cを受け入れているならば，われわれは「ジョンは論理的ではない！　矛盾している！」と非難し，ジョンが主張Aを否定したり，あるいはその推論に瑕疵(かし)があることを認めたり，あるいはジョンが主張Cを放棄するなどのいずれかを求めるであろう。もしこれが自分自身の場合，主張Aを受け入れつつも別の主張Cを受け入れざるを得ないと感じるとき，われわれは「これはパラドックスだ！」と言って苦悩や自己批判，さらには反省するかもしれない（しかし，それでも結論を変えようとするかは分からないが）。矛盾や逆理を嫌うわれわれは，他人の場合にはそれを糾弾し「修正すべきだ」と主張するし，自身の場合には非難の憂き

目や自己嫌悪を回避するようそれが理に反するものではないことを一生懸命示そうとしたり，あるいはしぶしぶ結論Cを捨てて結論Bを受け入れることもある．

　実は，こうした嫌悪や忌避への傾向性は，議論において意見が対立している当事者同士にも共通的に見出すことができる．たとえば，「人が死ぬことはいけないことである」という前提があり，「テロ実行犯を殺さなければ，多くの市民が殺される」という懸念があるとき，「テロ実行犯を殺すべきだ」という結論が導出・実行されそうなケースがあるが，この結論はどこか矛盾しているように感じられるかもしれない．こうしたケースでは，その前提を「罪のない市民が死ぬことはいけないことである（殺されるのを放っておくのはいけない）」と再解釈したりすることでその結論を擁護することもできるが，他方，「テロ実行犯を殺さなければ多くの人が殺される，なんてことはない（だから，テロ実行犯とも対話すべきだ！）」というように別の事実を置くことでその結論を拒絶することもできる（いずれにせよ，こうして理に反する推論・判断を避けられる）．テロ実行犯や反社会的な人物・組織への対応に関する対立的議論では，ときに互いが「あなた方は間違っている！」と言って相手の合理性を否定するかのごとき罵声を浴びせ合うこともあるが，実は双方が――自身の側については強い確信のもと――合理的存在として論理的な矛盾などを解消・回避しようとしている点では共通していることもある（異なるのは，前提をどう解釈するか，あるいは，どの事実を「もっともらしい」と尊重するか，の違いである）．われわれは意見が対立した際，つい過剰なまでに感情的に反応してしまうことも少なくない（表面上は理知的に振る舞ってはいても）．しかしこれは相手も同様であるので，結果として感情論となってしまい，好き・嫌いに基づく果てしなく無益な闘争・対立へと陥ってしまう．このとき，相手の振る舞いや意見はもちろんだが，自身のそれですら論理のもとできちんと分析することで互いの主張の妥当性とその限界を理解できるようになり，そこにおいてはじめてポジティブな対話の扉が開かれることだろう（私としては，単なる意見交換やディベート合戦に終始するのではなく，自己反省的な哲学的態度をまずとることこそ，有意義な対話の必要条件であると考える）．

　しかし気をつけるべきは，他者との意見の対立，あるいは自己矛盾の葛藤

などがなくとも，日常においてわれわれの傍にはそこかしこに，それについてよく考えれば矛盾を孕んでいるような現象や事柄，概念が遍在している，ということであろう。普段はそれに気づいておらず「当たり前」として受け入れそれに頼っているようなものでも，そこには互いに両立しがたい諸前提が含まれていたり，あるいは意識されたとたん到底容認できないような前提が見つかることもある。つまり，パラドックスとは特殊状況や他者の異様な振る舞いにだけでなく，自身をとりまく現実，さらには自分自身においてですら見つかることもある，ということである。ここでの「パラドックス」とは，おおまかに言ってしまうなら「諸前提からの論理的な推論が，論理的には受け入れ不可能な結論——相反する二つの矛盾した帰結など——を導出したり（逆理），あるいは，受け入れているはずの諸前提を否定するような結論を示したりする（背理）」という事態であり，これは本書のテーマでもある。合理的存在者であるわれわれは，そうしたパラドキシカルな事柄に対して否定的・拒絶的態度をとりがちではあるものの，普段はそれを意識したり気にすることなく，日常生活を送っている。しかしここに何があるのかと目を凝らすことは大きな意義をもつ。

　パラドックスは現実のあちらこちらに遍在しており，普段はそれらに気づいていないとしても特に問題はない。しかし，或るときにそれが表だって顕在化してしまうと，われわれはロジックによってそれをきちんと分析することなく，合理的存在としての情動的本能に支配されながら，感情的な過剰反応へと流されてしまうこともある。日常に潜むパラドックスに普段は気づかないがゆえに自身の推論・信念の合理性を妄信・過信し，「論理どおりに現実がうまくいくはずだ」と思い込んで行為しがちな人もいるが，こうした人はときに手痛い失敗をするだろう（人によってはそれを時々くり返しているかもしれない）。ただし，だからといって「現実は論理では説明つかないんだ！」と言ってロジックを軽視していると，理性的な反省に欠けた振る舞いが多くなり，やはり同じ失敗をくり返してしまう。われわれは理性に基づいて反省する生き物であり，やはりロジックは有用なのであるが，しかし，その限界を超えてそれに頼りすぎてしまうと，荒唐無稽な判断・選択をしてしまい失敗する。ゆえに，ロジックというものを改めて分析しその限界を知り，自分自身が「当たり前」とみなしていたものを見つめなおす必要があるだろ

う。では,「ロジックというものを分析する」とはどのようなことであるのか？　そもそも,われわれはなぜそれをする必要があるのか？

　私の見解では,人間はそもそも合理的存在ではないし,だからこそそうした人間同士が暮らす社会においては,いちいち考えこむことなく惰性的・慣習的・感情的に振る舞ったとしても日常的にはうまくゆく。しかし,ときにそれはうまくゆかず,何とかしなくてはならないケースもある。そうしたとき,自分たちがそのように振る舞っていたことに自覚がなかったり,あるいは,自分たちが正しいと信じ従っていた振る舞いの根拠(理由)に無頓着だったりすると,何か新たな事態が起きたり,自分とは異なる考えの持ち主と出会うことでトラブルに直面した場合,パニックで思考停止状態となったり,やけになって無謀なことをしたり,あるいはうまくいくはずもないようなこれまでの慣習にすがりついてしまう。そうならないよう,まず自分自身において「なぜ自身が受け入れているこの現実こそが正しいと信じられるのか」「そこにはどのような根拠や理論構造があるのか」を問い,考え,自分自身を理解し,さらにそれを言語的にうまく他者へ説明でき,建設的な議論ができるようになっておくことはコミュニケーションにおいても大きな意義がある。しかし,これを単なる自己弁護のテクニックと考えてほしくない。なぜなら,こうした思考を経て辿りつく「素晴らしいもの」「新しいこと」にはそれまでの自己を否定するものも含まれているかもしれないからだ。しかし,人間はいつでも成長の余地がある。その成長のきっかけとなるのはそれまでの自分を認めなおし,欠点を認め,きちんとロジックで自分の意見を分析し,議論のさなか必要があれば自身の考え方の欠点を認め,それよりも良い意見を採択する態度である。それこそが自分自身のためになると言えよう。本来,哲学とはそういうものであり,まずは自分自身を知ることで,そこから真理に近づいてゆく営みであるのだが,どうも「哲学」というと,他人を丸め込むような教説を述べたがるソフィスト的なイメージや,社会や世界を変革して理想郷を実現するといった大言壮語的イメージをもたれがちである。本書で紹介・推奨する議論というものは,こうしたイメージとは無縁の,まさに哲学的なものであり,それらは論理的な分析のもと「哲学」をきちんと行なうことで自分自身が何を行なっているのかということを自覚することにまず寄与するものである。

ここで注意しておいてもらいたい点がある。実は,「哲学」をするにあたっては数学や論理学を学べばよい,というハナシではない。いや,もちろん,数学や論理学を学ぶことは役に立つことであるし,実際,哲学的思考においてもそうした素養は必要なのであるが,「哲学」をするにあたってまず重要であるのは,「自分が何をしているのか」をきちんと丁寧に分析しそれを自覚してゆく姿勢,すなわち「自己認識」「現状認識」だと私は考える。つまり,自身が受け入れている「当たり前」はどのような根拠をもっているのか,もし根拠が不明であるとするならば,不明のなかでそのように「当たり前」を考えていた推論構造はどうなっているのかを問うことこそが哲学の一歩目ということである。そこで,本書では「科学」「確率」「時間」「空間」「因果」などのいくつかのテーマにおいてパラドキシカルなケースを挙げながら,われわれが「当たり前」と信じてきたすぐ傍の現実のさなかに,これまで看過されてきたパラドックスが実は潜んでいること,そして,そうした現実についての理解がどのような構造や背景に支えられているのかを示し,さらにそこから,それ以外の理解の仕方としてどのようなものがあるのかを考えてゆきたい。パラドックスの分析において気をつけるべきは,現実において受け入れている前提から出発し,推論の果てに現実を否定するような結論が導出されたとき,「現実は理屈じゃ説明できないんだよ!」とか,「理屈をこねる哲学では現実は理解できないのさ」という形でロジックをすぐさま捨てようとしないことである。もちろん,最終的にわれわれは現実で生きねばならないので,現実を優先するのは構わない。しかしパラドックスがわれわれに突きつけているのは,「その現実の捉え方では辻褄が合わないこともある」ということに加え,そこには新たな物事の捉え方の可能性が示されていることでもある。なので,どうか「現実を重視する」という建前のもと,パラドックスに向き合うことから逃げ出さないでほしい。本書はなにも「現実を重視する世俗的な態度を悔い改めなさい」と言っているのではない。本書が言っているのは,「現実を生きるなかで見過ごしてきたり無頓着であった物事・事柄に目を向けると,そこには驚きと面白さが見えてくる」と言っているのであり,そうすることで,もしかするとこれまで気づかなかった現実が見えてくるかもしれない(ときにそれは「真実」のようにも見えるだろう。しかしそれすらもやはり論考の対象となりうるであろうが)。

● **用語**について

「パラドックス」およびそれに関連する語句の内容については，本書においては下記のとおりとする。

パラドックス：或る公理系(1)のもと妥当な推論を経て導出される結論が，その公理系内において想定されるものとは異なり説明不可能となってしまうこと（論理的な公理体系において論理的矛盾が生じる「逆理」のこと）。おおまかには次の四つのケースを含む。それは，①或ることを一方では肯定し，それを同時に否定しているような「矛盾」のケース，②妥当な推論によって，出発点であった前提を拒絶する結論が導出されるような「背理」のケース，③直観的に受け入れられていた前提・推論から，直観的に受け入れがたい結論が生じ，その受け入れがたい結論を受け入れるべきか，あるいは受け入れがたい結論を導出した前提そのものを破棄するかについて選択することが困難な「ジレンマ」のケース，さらに，④理論的にはその前提からの推論は妥当であるが，現実的実践においてはその理論が通用しないような「ギャップ」などのケースである(2)。

アンチノミー：二つの相反する主張もしくは方針がそれぞれ同等の権利を

---

(1) 「公理」とはその他の命題を導出する前提であり，基本的な仮定のこと。通常は自明とされ，それが議論の出発点となる。公理系とはそうした一連の公理の集まり。

(2) この「ギャップ」については，第6章で紹介する「チェーンストア・パラドックス」などが該当する。ここで紹介した③と④のパラドックスについては，単に，直観的もしくは現実的に受け入れ困難なだけで，受け入れること自体は論理的に不可能ではなく，それらを「擬似パラドックス pseudo-paradox」とみなす立場もあるだろう。しかし，そうであっても何が問題であるかを考察する価値があると私は考えているため，本書においては①〜④までをすべて「パラドックス」として取り扱っている。

もって自らの真理性・妥当性を示しているような状態，もしくはその状態を示す命題のこと。たとえば，「世界ははじまりをもつ（或る時点からはじまっている）」という主張と，「世界ははじまりをもたない（ずっと続いている）」という主張など。片方の主張に一理あるが，しかし，他方の主張の理も認めざるをえないため，一方の主張を選択してもそれが真理であるという確信をいだくには十分でない，という類のもの。

ジレンマ：アンチノミー同様，二つの相反する主張・方針が妥当性をもって提示されているが，そのいずれもがそれを正しいとするには決定的な難点を含んでおり，どちらも受け入れがたいものとなっている状態。

アポリア：難題に突きあたり，困惑しながら問題解決が不可能になっている状況。パラドックス，アンチノミー，ジレンマに直面した当事者にとって，そこから解決策を選択することが不可能になっている状況とも言える。

目　次

はじめに　*i*

用語について　*vi*

第1章　確証のパラドックス　………………………………… 3
──ヘンペルのカラス──

1　科学における「テストする」「確かめる」とは？　……………… 3
　　──論理実証主義とその意義について

2　「すべてのカラスは黒い」を確かめるとは？　……………………… 8
　　──検証と反証，そして確証

3　ヘンペルのカラス　……………………………………………………… 10
　　──茶色のスズメは，「カラスは黒い」の証拠となるか？

4　証拠の意義，状況依存性　……………………………………………… 13
　　──カラスがほとんどいない世界ではどうなる？

5　証拠の重み　……………………………………………………………… 16
　　──事前確率と事後確率など

6　何を対象とし，どの分野と関わっているか　………………………… 21
　　──自然種とクワインのホーリズムなど

第2章　空間と運動のパラドックス　………………………… 25
──アキレスと亀──

1　アキレスと亀のパラドックス　………………………………………… 25
　　──数学モデルを使った説明

2　有限な空間内部に，無限があることは可能か？　…………………… 28
　　──空間の無限分割可能性

3　そもそも「運動」は可能か？　………………………………………… 32
　　──飛ぶ矢のパラドックス

第3章　自己言及のパラドックス　…………………………… 36
──嘘つきのパラドックス──

- 1 嘘つきのパラドックス …………………………………………………36
  ――量化によるパラドックスの回避
- 2 言語と文の構造分析 ……………………………………………………41
  ――タルスキの階層言語論
- 3 真か偽か，の二択ではない？ …………………………………………46
  ――クリプキの不動点言語と，基底的でない文
- 4 意味の捉え方の多様性 …………………………………………………50
  ――文，言明，命題の区別の重要性

第4章 確率のパラドックス …………………………………………57
――モンティホール問題――

- 1 曖昧さのもと，どのように判断するか？ ……………………………57
  ――確率と統計の重要性
- 2 確率のバイアス …………………………………………………………62
  ――モンティホール問題のジレンマ
- 3 確率のパラドックス ……………………………………………………69
  ――等しい確率の事象同士でも，等しく生じるとは限らない

第5章 推論のパラドックス …………………………………………75
――絞首刑のパラドックス――

- 1 正当化された信念 ………………………………………………………75
  ――ゲティア問題
- 2 エメラルドは何色なのか？ ……………………………………………81
  ――グルーのパラドックス
- 3 「知識」とはどのようなものか？ ……………………………………85
  ――整合主義
- 4 いつ刑が実行されるのか？ ……………………………………………88
  ――予期せぬ絞首刑のパラドックス

第6章 戦略のパラドックス …………………………………………96
――チェーンストア・パラドックス――

- 1 正当化された信念同士のすれ違い ……………………………………96
  ――対人ゲーム
- 2 ゲーム理論 ………………………………………………………………99
  ――囚人のジレンマ，トリガー戦略

- 3 なぜ現実はチェスのようにうまくいかないのか？ ……………104
  ——チェーンストア・パラドックスと後ろ向き推論

第7章　同一性のパラドックス …………………………………111
——テセウスの船のパラドックス——

- 1 変化のなかの「同一性」……………………………………111
  ——テセウスの船
- 2 多者の問題 ……………………………………………116
  ——1001匹の猫のパラドックス
- 3 分析形而上学による捉え方 ………………………………119
  ——耐時と延続
- 4 分裂への対応 …………………………………………126
  ——ライティとレフティ
- 5 冷静でプラグマティックな対応 ……………………………129
  ——パーフィットの帰結主義

第8章　時間のパラドックス ……………………………………134
——タイムパラドックス——

- 1 時間は主観的なもの？ ……………………………………134
  ——アウグスティヌス，カント，ベルクソン
- 2 〈今〉とはどのようなものか？ ……………………………137
  ——マクタガートの時間論
- 3 「出来事」と時間の構成 …………………………………144
  ——エントロピーと「時間の矢」
- 4 過去改変はいかにして可能か？ ……………………………149
  ——タイムパラドックス

第9章　因果のパラドックス ……………………………………159
——逆向き因果のパラドックス——

- 1 因果の不明さ …………………………………………159
  ——ヒュームの因果批判
- 2 「もしも」のハナシにどんな意味があるのか？ ………………166
  ——反事実条件分析
- 3 「結果」は先行する「原因」を引き起こせるのか？ ……………172
  ——ダメットの逆向き因果

最終章　パラドックスからはじめる哲学 ……………………………179
　1　パラドックスを覗き込む ……………………………………………179
　2　パラドックスの関連性 ………………………………………………184
　3　伝えることのパラドックス …………………………………………189

＊

参考文献　193

あとがき　199

索　引　203

カラスと亀と死刑囚
―― パラドックスからはじめる哲学 ――

第1章

確証のパラドックス
——ヘンペルのカラス——

> **Q** 茶色のスズメは「すべてのカラス[1]は黒い」を確かめる証拠となるのか？（そんなのおかしいのでは？）

1　科学における「テストする」「確かめる」とは？
——論理実証主義とその意義について

　普段，われわれは「科学」というものを重宝しているように思われる。ろくに確かめもされてないような曖昧な主義・主張に対し「それって科学的ではないよね」と批判したりするし，それなりのデータ（基礎的な事実）やいくつもの証拠をもってその主張の説得力の有無を判断している。そもそも，データや証拠を集めて確認することがなぜ必要であるかと言えば，それらの有無によって「もっともらしさ」が変わってくるからである。しかし，これはよく考えれば不思議なことではないだろうか。なぜなら，仮に「Aが存在する」という命題が世界において真であるとすれば，データや証拠があろうがなかろうが，あるいは，それらを誰かが確かめようがどうしようが関係ないわけで，それらの有無によって「もっともらしさ」が変わるとするならば，

---

(1) 英語圏においては一般に，カラス属の大型種はレイヴン（raven），小型種はクロウ（crow）と呼ばれているが，日本ではサイズの大小関係なく「カラス」と呼ばれる。

3

科学的知識（信念）とは主観的なものにすぎないことになるのではないだろうか？

　ここで気をつけるべきは以下の3点である。それは，①科学的知識は「信念」という主観的な面もあり，世界についての絶対確実な真実とは限らないということ，しかし，②個々人がそれぞれバラバラな捉え方をするような主観的な思い込みと科学的知識との違いは，後者については，それが「もっともらしい」と判断するための「根拠」を間主観的に共有できるということ（そして①の信念が単なる個人的な信念ではなく，社会的に正当化された「信念」となること），そして最後に，③そこで言われる「根拠」というものは基礎的な事実としてのデータや証拠である，ということである。もちろん，こうした「根拠」が経験的に証明可能なものであることは言うに及ばずであるが，しかし，科学においてはそれだけではなく，そうした「根拠」はそれを観察し判断する人たちにとっての「理由」を与えるものでなければならない。つまり，「Aは存在する」と主張するためには，「Xというデータがあるから，そこからAが存在する，ということが言える」というような判断理由をその根拠が含意していなければならない。もし，データXが判断理由と無関係なものであるとするならば，いくらデータXを集めてもそれは単なる無関係な情報にすぎず，科学的命題を主張したり確認するにあたっては何ら役に立たないであろう。つまり，科学的知識とは「経験的事実」に依拠すると同時に，そう判断するための（人々が用いるところの）理由を提示する「ロジック」と関わるものなのである。

　20世紀初頭，「科学的知識とはなんぞや？」という問題意識のもと，胡散臭い疑似科学とそうでない科学との区分に取り組んでいた哲学者たちは，「論理実証主義 logical positivism」という立場のもと，科学的知識と呼ぶに相応しいものを求め，上記のような主義・主張をするようになった。万人によって観察可能な経験を基礎として知識を体系づけつつ，その体系においてどのように推論・判断するかについてのロジックを備えさせることで，経験主義と合理主義とを統合し，客観的な学問というものを確立しようとした。そこには当然，論理学の知識・知見も導入されたわけであるが，その際，それまでの従来の哲学（いわゆる形而上学）が重視するところの，「事物（語の指示対象）」と結びつく「真理」への拘りは捨てられることになった。なぜな

らば，従来の哲学者たちは，或る事物のイメージ（経験に基づく観念）が世界における真理と対応することばかりを気にしていたが，しかし，そのような素朴な態度のもとでは，各人の主観的な（心理的事実としての）真理概念が科学的検証の場に持ち込まれるようなことも多く，その結果，科学と擬似科学とが入り乱れているという実情があり，だからこそ客観的な学問としての科学において個々の心理的イメージが持ち込まれることは忌避されるようになっていった（たとえ多くの人々の間でそのイメージが共有されていると仮定しても，だからといってそのイメージが「知識」として正当化されるとは限らない）。そこで，語やそれに伴うイメージではなく，「文」や「命題」⁽²⁾を重視しながら，そこにおいて真偽判定できるものを「有意味」とみなすスタンスが強調されてゆくことになる。

　論理実証主義の始まりは，ウィーン大学哲学教授のシュリックを中心とする科学者・哲学者たちのグループであった「ウィーン学団」であるが，論理実証主義と呼ばれる立場の多くは，論理哲学者であるウィトゲンシュタインの影響を大きく受けているようにも見える[3]。『論理哲学論考』（以下 TLP）[4]において，「世界は事実の総体であり，ものの総体ではない」（TLP 1.1），「世界は諸事実へと分解される」（TLP 1.2），そして「命題は要素命題の真理関数である」（TLP 5）とあるように，論理実証主義における科学的知識とは「各要素命題の組み合わせ」（命題A∧命題B⊃命題C∧命題D……など）であり，そうした知識のもとで世界を体系的に記述する科学理論というものは，それぞれの命題を包摂する論理構造を備えた諸命題の集合体ということになる。

---

(2) 「文」と「命題」との違いについては以下のように説明できるだろう。前者は或る形式的規則のもとで並べられた文字列であり言語的表現の単位とされるものであり（語や品詞はそのなかに組み込まれながら機能を果たす），後者は前者のうちの平叙文の意味内容である。

(3) ただし，だからといってウィトゲンシュタインが論理実証主義であったとみなすべきではないだろう。形而上学を哲学的・科学的な言語的営みから排除するという論理実証主義の目的は否定しないものの，ウィトゲンシュタイン自身は（当時の）論理実証主義者たちの手法に必ずしも賛同していたわけではないし，ウィトゲンシュタインが統一的な科学言語による普遍科学を目指していたかどうかも疑わしい。

(4) Wittgenstein [1921].

ただし，そこでの要素としての各命題は経験的に検証可能でなければならない。「検証 verification」とは，命題が現実と適合しているかどうかを具体的にテストすること（それによってそれが真であることを証明すること）であるが，そのためには「これは，その命題が真であることを示す事例である！」と指し示す必要がある。つまり，意味論的な構文規則に違反するような命題であったり，文に含まれる語が指し示すところの対象を直示できないものについては，それは科学的に無意味な文ということになる。

　さらに言えば，科学的知識とはコトバが異なる者同士でも共有できるものでなければならない。日本人とアメリカ人との間で共有不可能であるようなそれぞれの知識というものは科学的とは呼べないであろうし，同じ日本人のなかでも，九州人にとっては有意味であるが，東北人にとってはどうやっても理解不可能であるような記述は，科学的に有意味な文とは言いがたい。使用言語とその使用者が異なることで文の意味が食い違ったり，共通理解が不可能となるのであれば客観的な学問としての科学は成立不可能となってしまう（だからこそ，使用言語そのものや，それが指し示すイメージを重視するような真理論というものは科学理論として相応しくない，と批判される）。そこで，科学においては，或る言語 L_0 における文 S_0 は，文の意味を変えることなく意味論的に同値の文となるよう，言語 L_1 における文 S_1 へと翻訳できるのでなければならないが，これは地域ごとの言語の違いだけでなく，ジャンルや学術分野間の違いを乗り越えることを意味する。たとえば，「心がある」というような日常表現が含むところの意味が「科学」の対象となるためには，脳生理学や物理学の言語などへと置き換えられた形で説明されねばならない。或る文や命題が科学の対象となりうるためにはこのような翻訳可能性を満たす必要があり，「心」「精神」などについての言説もこの限りにおいてのみ，「心の科学」として客観的に論じられることができる（そこでは「イデア」やら「魂」やらはお呼びではない）。そしてこれは，前述の「科学的知識とは各要素命題の組み合わせである」という点とも関わってくる。たとえば「心がある」という命題を科学が取り扱う場合，科学言語における「命題Aと命題Bと命題Cと……がすべて真である」という条件およびその検証可能性のもと，「心がある」という命題は科学的に有意味なものとされる。つまり，「心」という概念に関する命題は，現実的な物理現象として確認可

能な個々の(脳)物理学的な命題という「要素」に還元されるわけである(これを要素還元主義と言う)。こうした論理実証主義の特徴としては、これまで述べた「検証可能性」「翻訳可能性」「要素還元主義」の意義を強調するものである。その方向性自体は、「知識」を現実的・客観的な形へと、いわば「分かりやすく」しようという点で妥当なものと言えるが、しかし、その分かりやすい主義・主張に対してはいくつかの強力な批判や反論もある。

　その一つとして、「検証されていない、または、検証ができないような文(命題)であっても有意味なケースもある」という批判がある。或る語(およびその概念)が指し示す対象がいまだ世界において現われておらず、ゆえに検証不可能であるにしても、それがもしかすると実在するかもしれないし、今後実在するかもしれないと語ることには意味があるだろう。また、実際に或る出来事が生じなかったし、それを検証することは不可能であるとしても、それを語ることが有意味であるようなケースもある(「もしローマ帝国か日本が世界を支配していたならば、温泉文化は世界中に広まったであろう」などは、検証はできないとしても意味不明な文でないことは明瞭であろう)。検証可能性は何らかの直示的対象を想定しているが、直示できない対象・事柄であってもわれわれは有意味なものとして取り扱っているし、その取り扱いを禁止するのであれば、科学をはじめとするあらゆる学問の進歩は見込めなくなってしまう。

　また、「検証できない文は無意味だ」という論理実証主義の主張が真であるためには、「「検証できない文は無意味だ」は真である」という文(命題)が検証されねばならないが、論理実証主義はその可能性を認めるかどうか、という問題もある。もし認めないのであれば自らの説に対し検証を不要としている点でそれは科学的主張とは言えないし、認めるのであればいったいどのような証拠をもってその検証がなされるのかを示す必要がある。

　このような批判にさらされるなかで、20世紀中盤以降になると論理実証主義は当初の勢いもなくなり、科学哲学においては時代遅れな不人気なものとなってしまった感があるが、しかし、検証や翻訳の重要性を示唆した論理実証主義の功績は小さいものではない。なにしろ、今現在でさえわれわれはそれが打ち出した科学的世界観というものを継承しながら、「データや証拠は重要なんだ!」と信じている。さらに言えば、論理実証主義はその難点も

含め,科学的知識というものをどのように取り扱うかについての議論を喚起し,そのテーマを後世へと引き渡したのであって,そこから「科学」に関する多面的な捉え方が生じてきたことは思想史的な事実と言えよう。ここにはわれわれが学ぶべき多くのことがあるが,とりわけそのなかでも「ヘンペルのカラス」というものを取り上げることで,「科学」というものの奥深さ,そしてその不思議さを見てゆこう。

2 「すべてのカラスは黒い」を確かめるとは?
——検証と反証,そして確証

　論理実証主義の問題点については,さきほど触れたように,検証可能性＝有意味性とみなす主張が強すぎるものであり,多くの有用かつ有意味な主張(あるいは仮説)をとりこぼしてしまいかねない,というものであった。もっとも,だからといって何でもアリとしてしまうと,客観的知識を探求する科学の営みから形而上学や宗教をわざわざ排除したこと自体が無駄となってしまう。すると,検証主義をあまり強くとるのではなく,しかし経験的証拠の重要性を保持するような理論が必要となってくる。つまり,直示可能な証拠に基づく検証以外にも,その仮説的主張に関して「確からしい」ということを示すところの(そしてそこでは「確からしさ」が強まったりするような)一連のテストの可能性,すなわち「確証 confirmation」の可能性を認める理論が必要となる。或る仮説の受容可能な度合いを高めるようなそうした確証において重要なことは,①「証拠」は直示的方法以外にもいろいろあること,そして,②「知る」や「知識」というものの成立のため,証拠を確認というプロセスにおいてどのように位置づけるか,ということにある。この分野に関わるものは「確証理論 confirmation theory」と呼ばれる。

　たとえば「すべてのカラスは黒い」という仮説について考えてみよう。まず,はじめに思いつくのは,検証以前にそのような仮説を形成するには実際に「黒いカラス」を見つけることである(そもそも,伝統的な枚挙的帰納法においては,個別事例から一般仮説が形成される必要がある)。そしてその後,仮説的演繹法によって仮説を或る条件下のもとで確かめ,仮説を検証もしくは反証するという手続きを踏む。

```
仮説形成：                 仮説検証：

「カラスaは黒い」          仮　　説：「カラスであれば黒い」
「カラスbは黒い」          検証条件：「調査対象はカラスである」
「カラスcは黒い」
　．．．                    結果：「調査対象は黒い」or「調査対象は黒くない」
                                      ↓                    ↓
仮説「カラスであれば黒い」     仮説は正しい（検証）仮説は間違い（反証）
```

　しかし，たとえば3羽の黒いカラスを見て仮説形成し，その後4羽目の黒いカラスを確認するだけで「カラスであれば黒い」が正しいと証明されたことになれば，これはもう何でも主張できてしまい，科学とそうでないものとの区別がつかなくなってしまう。ゆえに，仮説形成においてはもちろんのこと，仮説検証においても「黒いカラス」の事例をたくさん集める必要があるが，それはその仮説を絶対視するためというよりは，より確からしくみなすため，という点には注意が払われるべきである。つまり，「すべてのカラスが黒い」という仮説を提唱し，その妥当性を主張するためには，単に検証（テ

---

(5) 　検証主義を修正した（あるいは弱くした）この考え方は，ウィーン学派の一員であるカルナップに見出すことができる（Carnap［1936］）。

(6) 　仮説における反証可能性を重視したポパーは，擬似科学とそうでない科学との間には，反証可能性が大きく関与していると主張する（Popper［1935］）。

(7) 　こうした単純な帰納や演繹のほかにも，個別の事象を適切に説明する仮説を導出する推論としての「アブダクション」がある。たとえば，「A市において魚の化石が見つかった」という事実があるとして，「地殻や海水面の変動によって，陸地であっても以前は海であったり，以後海となることがある」という知識をもっている人がいるとしよう。すると，この所与の知識をもって最初の事実から「A市はかつて海であった」と推論する仕方がこれに該当する。つまり，理由をもって事象を説明するような仮説を導出するタイプの推論と言ってよい（その仮説が示す原因や理由などをさらに帰納法によって積み重ねたり，仮説的演繹法によって検証したりすることができる）。仮説形成や仮説検証，さらには仮説修正の仕組みについて分かりやすく説明しているものとしては，伊勢田哲治［2003］（とりわけ第1章）を参照されたい。

スト）できるかどうかではなく，黒いカラスを1羽よりは10羽，10羽よりは1万羽集めることでより確からしいことを示す必要がある。また，仮説検証において必要なものは「黒いカラス」のみであるが，もちろん，こうした仮説を反証する「白いカラス」もまた重要な意義をもつ。というのも，これらの事例はもともとの仮説の真偽をはっきりと示す役割を担っているからである。

　さてここで注意してもらいたいのは，従来の検証主義においては「黄色いミツバチ」は仮説とは無関係なものとして，重視されることはないという点である。こうした考え方は「ニコの規準 Nicod's criterion」と呼ばれるものに即している。ニコの規準によれば，仮説を確かめる事例はおおまかに3種類に分類されるが，一つは，仮説を検証する事例（黒いカラス），もう一つは仮説を反証する事例（黒くない――「白」や「黄色」などの――カラス），そして三つ目は，仮説とは無関係な事例（カラスでもないもの）となる。さて，こうした考え方は「当たり前」かつ科学的なものと考えられているが，それは論理的に正しいのであろうか。つまり，「カラスは黒い」という仮説があるとき，「黄色いミツバチ」などは本当にその命題の真偽とは無関係なものなのであろうか。ここに，上記において言及した「検証」と「確証」とのズレが見えてくる。さていよいよ「ヘンペルのカラス」，もしくは「ヘンペルのパラドックス Hempel's paradox」というものを考えてみよう。

3　ヘンペルのカラス
――茶色のスズメは，「カラスは黒い」の証拠となるか？

　ヘンペルは，「すべてのカラスは黒い（カラスであれば黒い）」という命題（以下「カラス命題」）について，それを確認（確証）できるものは「黒いカラス」だけでなく，「黒くなく，カラスでもないもの」もまたそうである，と主張する。なぜなら，「カラスであれば黒い」という文と論理的に等値で

---

(8)　Nicod [1930].
(9)　「ヘンペルのカラス」とその確証理論は，論理実証主義者であるヘンペルが以下の論文において問題提起した。Hempel [1945a] [1945b].

あるのは「黒くなければカラスでない」という文であり，後者に関する証拠は後者の確からしさだけでなく前者の確からしさも示すからである。すると，あらゆる仮説について，論理的に等値となるような対偶命題をとり，その個別事例を集めることで元の仮説を確証できることになる。[10]

さて，以下のように，カラス命題を S_1，その対偶を S_2 と置いてみよう。

S_1：カラスであれば黒い
S_2：黒くなければカラスではない

ここで a, b, c, d の四つの観察対象があるとする。a はカラスであり黒い（普通の黒いカラス）。b はカラスであるが黒くない（例：白いカラス）。c はカラスではないが黒い（例：黒いハッカチョウ）。d はカラスでもなければ黒くもない（例：茶色のスズメ）。a は S_1 を確からしくする証拠であるが S_2 とは無関係である。b は S_1 と S_2 を反証する。c は S_1 および S_2 と無関係である。d は S_1 とは無関係であるが，S_2 を確からしくする。すると，同値である S_1 と S_2 を確証してゆくのは，a と d であるが，ここで奇妙なことに気づく。われわれは観察において，a（普通の黒いカラス）と d（茶色のスズメ）を同等の証拠としてみなしうるのであろうか。われわれは普通，「カラスは黒い」という命題について科学的に述べるとき，黒いカラスをつかまえて，それがもっともらしいことを伝えようとする。しかし，論理的には同値

---

(10) 対偶命題とは，P⊃Q（P ならば Q）に対する ¬Q⊃¬P（Q でないならば P ではない）という命題であり，前者が真であるなら後者も真となる。たとえば，或る人に関して「100 万円あれば幸せである」という命題が真であるとして，その人が幸せでないならば，少なくともその人は 100 万円をもっていることはないということである。しかし P⊃Q の裏命題である ¬P⊃¬Q や，逆命題である Q⊃P は真であるとは限らない。たとえば，「100 万円あれば幸せである」と主張する人が幸せであっても，100 万円がなくともそうであることは論理的に可能である（恋人ができて幸せになっているかもしれない）。また同様に，その人が幸せならば必ず 100 万円もっているとも限らない（やはり恋人ができたからその人は幸せなのかもしれない）。つまり，或る条件命題が真であるとき，論理的に等値なものとして真となるのはその対偶命題ということになる。

である S_1 と S_2 をそれぞれ確証するのは証拠 a と d である以上，証拠「黒いカラス」(a) と同様，「茶色のスズメ」(d) を観察することでも「カラスが黒い」という命題を確証することができる (Hempel [1945a], p.11)。ヘンペルにおけるカラス命題とその対偶，そしてそれぞれを確証できる個別事例の関係性については以下のように記すことができるであろう。

ヘンペルのカラス　確証フローチャート：

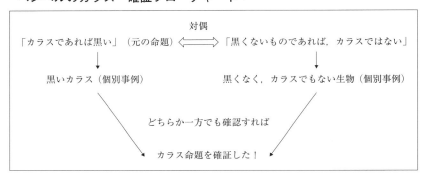

　さて，ここでよく考えてほしい。この世の「黒いカラス」を1羽残らず調べ尽くしたスミスという人がいるとしよう。そして他方，「黒くなくカラスでもない生き物」をすべて調べ尽くしたテイラーという人がいるとしよう。この場合，スミスはカラス命題を確証しきったということは容易に理解可能であろうが，もしヘンペルが示唆するとおりであれば，「黄色いミツバチ」「白い猿」などのすべてを観察し尽くしたテイラーもまた——たとえ黒いカラスを一羽たりとも確認しておらずとも——カラス命題を確証しきったことになる。しかし，これはどうにもわれわれの直観に反しているように感じられる。
　「カラスであれば黒い」ということを調べている研究者の前に茶色いスズメを次々と差し出し，「ほら，君が求めている証拠を見つけてきてあげたよ」と言っても，その研究者は喜ぶであろうか？　さらに言えば，「カラスであれば黒い」という仮説を調べるために，カラスを一切調べることなく，「黒くない（カラス以外の）生物」のみを調べている人がいるとして，その人が「自分は〈カラスであれば黒い〉という命題の確証を行なっています！」と力説するとしても，それをマジメに受け取ることができるであろうか。もし

そのようなことが認められるのならば，「Aという物質はXを混ぜればBに変化する」という仮説を科学雑誌に掲載しようとする科学者は，「Xを混ぜてもBに変化することのない，A以外の物質」の事例をデータとしてたくさん集めて紹介すればよい。しかし，それはBの実例について何も提示していないし，だからこそ，そのようなことを一生懸命やったとしても，その人はその雑誌の査読で落とされてしまうであろう。

また，こうした考え方では，「茶色のスズメ」というサンプルはカラス命題とは異なる別の仮説 T_1「カラスであれば白い」の証拠ともなってしまう。なぜなら，その対偶 T_2「白くなければカラスではない」の証拠として，白くなく，しかもカラスではない「茶色のスズメ」もまた確証的なものとなるからだ。すると，「茶色のスズメ」というサンプルは，まったく異なる（そして相反する）二つの命題，S_1「カラスであれば黒い」と T_1「カラスであれば白い」の証拠であることになってしまう。

4　証拠の意義，状況依存性
　　　——カラスがほとんどいない世界ではどうなる？

さて，論理的に考えれば「カラスであれば黒い」の証拠としては「黒いカラス」も「黒くなく，カラスでもないもの」も等しく重要であるのだが，しかし，そうであるならば，茶色のスズメや黄色の蝶などを集めてきて「ほら，証拠ならここにたくさんありますよ」と主張できてしまう。この奇妙な事態をどのように理解すべきであろうか。

以下の状況を想像してほしい。現在から 2000 年後，劇的に変化してしまった地球環境のもと，或る動物学者ジョーンズはいまや失われた伝説の鳥とも言われる「カラス」を探しているとしよう。かつての文献によれば「カラスは黒い」ということであった。ジョーンズは荒廃した世界をくまなく回り，貴重な（しかしそこまで多くない）生物をすべて調べ尽くし，唯一残された未調査の場所である博物館（廃墟）に訪れた。そこは荒れ果てていたが，その最奥には生物サンプルが保管されていると思しき部屋があった。その部屋にはラベルが貼られた箱が四つ並べられており，その傍には次のような説明が書かれたプレートが置いてあった（下記参照）。

説明書き：
(1) 箱は一つずつしか空けることはできない。
(2) 箱を二つ空けると，残り二つの箱の内部は爆発し，生物サンプルは跡形も残らない。
(3) 「？」の箱については，それ以外のいずれか一つの箱を先に開けなければ開けることはできない。

四つの箱：

さて，この変わり果てた世界において，動物学者ジョーンズが「カラスであれば黒い」という命題の真偽を確かめるにあたり，どのように調べるべきであろうか。「？」の箱は最初に開けられないという条件を考慮するなら，まず「カラスであれば黒い」の確証となるものを調べる必要がある。それが何かと言えば，もちろん「茶色の鳥」箱の中身を調べることである。元の命題の真偽を確かめるにあたって大事なことは，「カラスという種類の鳥が黒いこと」，あるいは，「黒くない生きものサンプルのなかにカラスは含まれないこと」を確認することであって，カラス以外の黒色生物のサンプルをいくら集めようとそれはカラスの特性とは関係のない余分な情報にすぎない。そして「茶色の鳥」箱を空けてその実際に茶色のスズメか何かをその目で確認することで，その世界において「黒くない生きもののなかにカラスは含まれない」ということはほぼ確実となる（探るべきは残り一箱（「？」の箱）となるので）。このように，「茶色の鳥」箱を開けてその中身を確認した後，「？」の箱の中身を確認したときになかに入っているものがたとえば「黒い石」とかであっても，「茶色の鳥」箱を開けて茶色のスズメを確認したその行為は，その世界において「カラスであれば黒い」がより確からしいことを示したといえる。このように，普段はなかなか気づきにくいが，こうした特殊状況においてはカラス命題の対偶に関する証拠によって元の命題が確証できるとい

うことが理解しやすくなるであろう。⁽¹¹⁾

　こうした「ヘンペルのカラス」は，単に対偶命題とその証拠の有用性についてだけでなく，強すぎる検証主義の限界をも示している。われわれはニコの規準のもと，黒いカラスのサンプルばかりを追い求めがちであるが，その種のサンプルばかりを集め尽くしてもその命題が真であることを十全に証明したことにはならない。なぜなら，黒いカラスを世界中から狩り集めたとしても，裏庭に1羽でも白いカラスがいたり，明日白いカラスがどこかで生まれてニュースにでもなれば「カラスであれば黒い」は偽となるからだ。ゆえに，「カラスであれば黒い」という仮説は，「この世界において〈黒くないもののなかにカラスが含まれる〉という可能性はない」といった様相に関する命題をも含んでいると言える。「可能性」という様相についてきちんと調べるならば，黒いカラスだけをすべて集めるだけでなく，黒くなくカラスでもないものをすべて挙げることで，やっとその可能性が存在しないことを完全に証明したことになる（もっともそれは通常不可能であるが，前述の「荒廃した世界の博物館」の例は，その証明が可能であるような特殊状況と言える）⁽¹²⁾。カラス命題の場合，われわれはすでに黒いカラスが実在することを知っているので，実物の黒いカラスこそが証拠となるように思い込んでいるが，もしカラスがいるかいないか分からない世界において一仮説にすぎないカラス命題を確証しようとするのであれば，対偶命題についての証拠も十分その資格があることは容易に理解できるであろう。

---

(11)　同様に，「カラスであれば白い」という仮説 T_1 があるとすれば，やはり「茶色のスズメ」によってその仮説を確かめたことになる。もし，S_1「カラスであれば黒い」と T_1「カラスであれば白い」のどちらが確かであるか決着をつけるためにはやはりポジティブな証拠が必要となるので，黒いカラスか白いカラスのどちらかが「？」の箱にあることが期待される（しかし，そうであったとしても，両方の仮説に対し「茶色のスズメ」が確証的であることには違いはない）。

(12)　もちろん，荒廃していない現在の世界においては，それを証明することはおよそ不可能である（未来時点を考慮するならばなおさらである）。しかしここにおいて重要なことは「可能か不可能か」のハナシではなく，そうした証明においては対偶命題に該当するような事例であっても確証の役割を担っている，ということである。

第1章　確証のパラドックス　　15

実際，ヘンペルは，別の事例を持ち出すことで，こうした確証のメカニズムの妥当性を示そうとしている。たとえば，「ナトリウム塩は黄色く燃える」という命題がある。この対偶は，「黄色く燃えないものは，ナトリウム塩ではない」というものである。さて，これを確かめる実験において必要なのは，ナトリウム塩を燃やすことだけでなく，その構成物質がよく分かっていないもの——そしてナトリウム塩が含まれているかどうか分からないもの——を燃やすことでもあり，その燃え方において「黄色く燃えない物」にナトリウム塩が含まれていないことを明らかにするような記述は，実験の趣旨において重要な法則性を示している。なぜならば，確証すべきはナトリウムの性質に関わる現象であり，「黄色く燃えるナトリウム塩」と，「黄色く燃えない非ナトリウム的なもの」とを区別的に記述することには重要な意義があるからである。そして，「黄色く燃えないもの」にナトリウムが含まれているケースが発見されればそれは仮説を反証したことになるし（「ナトリウムなのに黄色く燃えない！」など），逆に，黄色く燃えない物質においてナトリウム塩が含まれていないことを確認すると，仮説はまた一つもっともらしくなったと言える（Hempel［1945a］, pp.19-20）。科学において重要なことは，いまだ知られていないことを明らかにしつつ分類・体系化してゆくことであって，そこに暗黙の前提や「当たり前」とされる知識を持ち込んでしまうと，対偶命題が真であることを示す証拠を探すことに意味を見出せず，「黄色く燃えないもの」をナトリウムかどうかの観点から分析することを放棄しがちとなる。

5　証拠の重み
　　——事前確率と事後確率など

　しかし，われわれは実際には前述の博物館や荒廃しきった世界よりも多くの動物に囲まれているし，化学薬品が並んだ実験室よりも物が豊かにある世界で暮らしている。われわれが暮らす世の中には，カラスの特性たる「黒」以外の色を備える生物や，ナトリウムの炎色特性たる「黄色」以外の燃え方をする物体で溢れている。つまり，世の中は対偶命題的な証拠で溢れており，そのなかで何か一つを選んでもよいのであればこれは或る意味「選びたい放

題」とも言えるが，それでは「証拠としての重み」はどうしても感じられない。何でも証拠になるというのであれば証拠はないのと同じようなものであり，そこで挙げられる「証拠」としての価値はどうしても認めにくい。しかも，元の命題の対偶に関する証拠は，元の命題とは異なる命題，さらには反対とも言えるような命題の対偶をも確証してしまうという問題も残っている。茶色のスズメは，「黒くないのであればカラスではない」と「白くないのであればカラスではない」を示す証拠であり，それはすなわち，「カラスであれば黒い」「カラスであれば白い」の両方の証拠となってしまう。確証において黒いカラスも茶色のスズメもすべて証拠となるということが論理的に正しくとも，そこにはやはり何らかの問題があるのではないだろうか。

　さて，この違和感の正体を探るため，下記の図表のもとでこの問題について考えてみよう。

確証の図表：

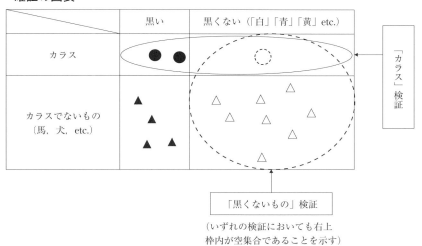

（いずれの検証においても右上枠内が空集合であることを示す）

　さて，カラスがすべて「黒い」ということ，あるいは，「黒くないもの」にはカラスが含まれないこと，このいずれかを完遂すれば「すべてのカラスは黒い」を十全に確証（検証）したことになる。しかし，実際に「すべて」について行なうのは難しいからこそ，或るサンプルを調査することで「もっともらしさ」の度合いが高まる（確証する）ということであった。すると，

サンプル調査において抽出された標本が，どのような事実を示し，それが当初の仮説（命題）のもっともらしさをどのように変化させるのか，ということをわれわれは重視していると言ってもよい。この考え方に沿うならば，確証に関する条件つき確率の理論をもってヘンペルのカラスを考えることも可能となる。つまり，カラス命題とその対偶命題とでは論理的には等値であっても，それぞれを確証するところの対象「黒いカラス」と「黒くなくカラスでないもの」とでは，もっともらしさを増大させるところの「証拠としての重み」は異なる，ということである。たとえば，事前確率と事後確率という考え方があるが，或る証拠を手に入れる前と手に入れた後では或る仮説のもっともらしさというものは変動するとしよう。この変動のもと，もっともらしさというものを認識主体の信念の度合い，とみなす立場であれば，「黒いカラス」の方が，「黒くなくカラスでないもの」よりも証拠として重いものである理由を説明することができる。[13]

　この条件つき確率の考え方のもと，「ヘンペルのカラス」によって何が言われていて，また，何が言われていないかを考えてみよう。カラス命題を仮説（hypothesis）として H_1 と表現しよう。ある対象 x について，それが黒くかつカラスであるとき，$F_x(b \land r)$ と記述しよう（黒く，かつ，カラスという性質をもつ対象 x）。逆に，黒くなくカラスでもない対象を $F_x(\lnot b \land \lnot r)$ とする。証拠を何一つ持ち合わせていない状況における仮説 H_1 のもっともらしさを $P(H_1)$ としよう（仮説 H_1 が真である確率）。証拠がない状態での $P(H_1)$ を事前確率，証拠が出てきた後での $P(H_1)$ のもっともらしさを事後確率 $P(H_1 \mid X)$ と表現すると（X は確証事例としてのデータに該当する），われわれの科学的認識においては，何も証拠がない状態よりも，何らかの証拠があればそれが真である見込みは高くなると想定されているので，$P(H_1) < P(H_1 \mid X)$ ということが言える。さて，これを「ヘンペルのカラス」に適用するならば，以下の2通りの表現ができるであろう。

（13）　こうした考え方をするもので代表的なものが「ベイズ主義」である。ただし，ベイズ主義の推定法などはここで解説するには複雑であり，それを用いた説明は本書では行なわない（ベイズ主義については，後述第4章「確率のパラドックス」で簡単に紹介する）。なお，ベイズ主義の方法のもと「ヘンペルのカラス」を取り扱った論文としては Good［1960a］［1960b］ など。

(1) $P(H_1) < P(H_1 \mid \exists_x F_x(\neg b \wedge \neg r))^{(14)} < P(H_1 \mid \exists_x F_x(b \wedge r))$

(2) $P(H_1) < P(H_1 \mid \forall_x F_x(b \wedge r))$
$P(H_1) < P(H_1 \mid \forall_x F_x(\neg b \wedge \neg r))^{(15)}$
$P(H_1 \mid \forall_x F_x(\neg b \wedge \neg r)) = P(H_1 \mid \forall_x F_x(b \wedge r))$

これらの表現を比較すると，ヘンペルが主張していたことは(2)についてであったと解釈できる（というのも，「黒いカラス」をすべて確認することと，「黒くなくカラスでもないもの」をすべて確認することは，どちらもカラス命題を確証することにおいて論理的に等しいものであるからだ）。すると，ポジティブな証拠（黒いカラス）とネガティブな証拠（黒くなくカラスでないもの）のいずれかすべてのサンプルを挙げきる以前においては，個体としての証拠の重みはやはり(1)が示すようにポジティブなものの方が大きい，と主張することも可能であるように見える。

「カラス」の個体数をN（17頁の図の●と○を合わせた総数），「黒くない生き物」の個体数をM（同図の△と○を合わせた総数）としよう（○が存在するかどうかは不明）。たしかにヘンペルが示唆するように，N個すべてを証拠として挙げようが，M個すべてを証拠として挙げようが，どちらもカラス命題を確証したことになるということは論理的に定まっている。しかし，「黒くなくカラスでないもの」の個体数Mは，「カラス」の個体数Nよ

---

(14) 表記についてであるが，$\exists_x F_x(\neg b \wedge \neg r)$ というのは，「黒くなくかつカラスでないという性質をもつ任意の（一つの）対象x」という意味である。すると，$P(H_1 \mid \exists_x F_x(\neg b \wedge \neg r))$ は「黒くなくかつカラスでないという性質をもつ任意の対象xを見つけた場合，仮説 H_1 が真である確率」という意味となる。当然，何も証拠を見つけていないような事前確率に対し，こうした事後確率は大きいとされる。

(15) $\forall_x F_x(\neg b \wedge \neg r)$ は，「黒くなくならばカラスでないという性質をもつすべての対象x」という意味である。"∀"や"∃"は，述語論理学と呼ばれる分野において「量化子 quantifier」と呼ばれるもので，性質としての述語が指示するところの議論領域の個体の量（数）を特定するものである（命題論理の主語の範囲が曖昧であるという欠点を補う役割をもつ。この点については第3章でも言及している）。

第1章　確証のパラドックス　　19

りも一般的には多い。こうした状況のなか，サンプルとしてカラスを1羽取ってきて $\left(\frac{1}{N}\right)$ それが数多の色のうちただ一つの「黒色（のカテゴリ）」に該当することと，黒くないものを一つ取ってきて $\left(\frac{1}{M}\right)$ それが数多の生き物のうちそのほとんどである「カラスでないもの（のカテゴリ）」に該当することとを比べると，どちらがピンポイントな予測に対応する確証をしているかといえば，当然前者である。つまり，そもそものカラス命題 H_1 は統計的に偏ったピンポイントな主張であり，そしてその希少なサンプルである「黒いカラス」はその偏りのもっともらしさを示すデータであることから，データ抽出後の H_1 のもっともらしさ，すなわち $P(H_1 \mid \exists_x F_x(b \wedge r))$ は，データ抽出以前に比べてかなり高くなる。逆に，カラス命題の対偶の主張というものは，「まんべんなく散らばった数多の〈黒くなくカラスではないもの〉はカラス以外の生物種のいずれかに属する」といったバラつきを許容する主張であって，データ抽出後であっても，H_1 の事後確率にそこまで大きな変化を及ぼすものではない（少なくとも，「黒いカラス」を確認したときほどではない）。

　もしかすると，これだけでは分かりにくい読者もいるかもしれないので，ちょっと説明の仕方を変えてみよう。たとえば，カラスを見たことがない幸男という人物がいるとして，その人は「カラスであれば黒い」が真であることを50％程度に信じているとしよう（一か八かのように）。そして，幸男が暮らす世界では生物が多様でありながらもカラスが2匹しかいない状況とする。或る日，たまたまその1匹のカラスを幸男が見つけそれを「黒」と確認すると，それはカラス命題に関する十全たる確証の半分を成し遂げたことになるし，その時点での幸男におけるカラス命題が真であることのもっともらしさ（確信の度合い）は観察前の50％よりも大きく跳ね上がっていることだろう（あと一羽をみれば仮説は十全に確証されるので）。もちろん，幸男はカラスを見る前にも「白い犬」「茶色のスズメ」などをたくさん見てはいるのだが，そのような「黒くなくカラスでないもの」を確認することによってカラス命題の確信を深めるのは，黒いカラスを見たときほどではなかった。これは十分ありうるハナシだろう。もちろんだからといってヘンペルが示唆したことが間違っているわけではないし，「黒くなくカラスでないもの」もまた確証において寄与するものではある。ただし，その証拠としての重みはやはり「黒いカラス」には及ばないと言えよう（少なくとも，$\frac{1}{M} < \frac{1}{N}$ であり，

両者の差がかなり大きいという状況であれば)。

6 何を対象とし，どの分野と関わっているか
――自然種とクワインのホーリズムなど

　さて，前節ではポジティブな証拠の重みについて論じてみたが，それだけでは「仮説を確かめるという営み」があまりに主観的で非科学的であるように感じる人もいるかもしれない。そこで，そもそもの出発点であった「科学的知識とはどのようなものであるのか？」という問いに立ち戻りつつ，この問題を自然科学的に考えてみると，別の角度からポジティブな証拠の重要性が見えてくる。

　たとえば，「水は1気圧のもと100℃で沸騰する」と「1気圧のもと100℃で沸騰しないものは水ではない」の二つの仮説があるとすれば，両者は論理的には同じ法則性について言及しているが，前者の方が後者よりも自然的事実に関して詳しく言及しており，その点からも，自然界における因果予測や性質分析などについて前者を証明するポジティブな証拠の方が有益と言える。カラス命題もこれと同様であり，それを示すポジティブな証拠である「黒いカラス」は特定の自然的事実を詳しく記述するものと言える。この考え方では，自然的事実について調べるということは，自然界において或る性質を備えながら実在するとされる集合（およびそこに属する個物）を調べるということであって，それを指し示す語句として相応しいものとそうでないものがある，ということになる。この方向性のもと，クワイン(Willard Van Orman Quine)は，「黒くなく，カラスでもないもの」よりも「黒いカラス」の方が証拠として重要とみなす(16)。その理由を簡単にまとめるならば，①「黒くなく，カラスでない」という述語（およびそこで示される性質）は自然種を指し示すものとしては不適切であり，②そうした不適切な述語ではなく適切な述語をもって自然界の法則性について言及したり，あるいは自然界の事象に

---

(16)　自然種に関するクワインの考察についてはQuine［1969］を参照。
(17)　簡単に言えば「自然種」とは，自然界に存在する物質・生物・現象の種類のことである。

ついて予測することこそ認識論的な人間の進化（および科学の進歩）において必要不可欠である，ということである．

　「黒い」「カラス」といった自然種ターム（natural kind terms）は，それを用いながら自然種（「黒いカラス」）に言及できる点で，対象へとそうした述語を投影することは自然科学において適切な営み（分類，区分，特徴づけ）を可能とするが，これが「黒くなく，カラスでもない」という述語を用いるならばどうであろうか．それが自然界におけるどの自然種を指し示しているのかは不明であるし，それゆえこれが何と何とを区別して分析しているのかも分からない．それに，それらが投影されるところの集合というものがそもそも実在物以外のものを含みうることも大きな問題である（「羽が生えた白いペガサス」など）．自然種と非自然種の区別をしないまま検証を試みることは自然科学的には不適切な態度であり，そこには通常の意味で投影すべき述語とそうでないものを混同するような態度も当然含まれる．自然科学において証拠を重視する科学的態度というものは，その証拠が自然界において何を指し示すものであるかをハッキリさせる趣旨を含んでおり，この点から，「黒いカラス」のサンプルを集めることは「黒くなく，カラスでもないもの」を集めるよりも科学的に有意義と考えることができる（だからこそ，自然科学系の学問においてはポジティブなデータが必要とされる傾向にあると言えよう）．

　しかし，科学が未知の物質や存在について研究したりする点を考慮するならば，あまりに「自然種」というものを過剰に固定的に想定することには問題があるし，そもそも仮説で言及されるところの対象が自然種かどうかの線引きをどのようにするのかといった困難にも直面することになる（これまで見つかっていない未知の生物・物質の存在の有無を探索する際，それを自然種とみなすべきかどうか，そして，その探索を科学的営みと位置づけるかどうかの問題もある）．もちろん，有限な能力と時間の制約を受けているわれわれは，多くのものをそこまで念入りに調べる時間・労力・財源に事欠いているので，「黒くないもの」をすべて調べ尽くすことはできない．では，そのような有限能力者であるわれわれ人間が，科学的にどのような態度をもってデータを集め科学的営みをしているかと言えば，それはたとえば，「鳥類」という枠組みのなか，「黒いカラス」と「黒くなくカラスでない鳥」を調べ

つつ，その範囲内で効率よく確証したり分類している，と言えよう。そしてこうした確証において取り上げられる「黒くなくカラスでないもの」というサンプルは，カラス命題以外の別の命題（インコ命題など）の妥当性を確かめるための証拠としての重要性をもっているかもしれない。つまり，或る仮説に対しての証拠の「重み」は違っても，およそすべての証拠は何らかの周辺領域の仮説を確証するプロセスの一部を構成していると言える。このようなプロセスのなかでこそ「カラス学」や「インコ学」，そしてそれらを含むところの「鳥類学」というものが体系化されつつ充実してゆく。或る命題はいろんな種類の証拠によって確証・反証され，またそれらの証拠によって別の命題も確証され……というように，各仮説や各命題は何らかの形で互いに関わりながら知識の網の目を構成しており，それゆえ，科学というものは「知識の体系」としてさまざまな命題や学問領域を包摂していると言える[18]。

　さて，これまでは確証のパラドックスというテーマのもと，「科学において，或る仮説を検証・確証するとはどのようなことか」ということを論じてきた。そのなかで明らかになったのは，証拠を重視する態度そのものはいずれも称讃されるものの，その方法や考え方については確定的ではない，ということであった。どの証拠がどのように有意義であるのかは，その背景や状況，どのような態度をもってそのテーマに関わるか次第であり，しかも，或る仮説というものは別の仮説と無関係というわけでなく，同じ証拠を介してその内部でつながっているような，より包括的な「知の体系」に属していることが示された。このことから，われわれが普段意識しているよりも「科学」とは壮大でしかもなかなか把握しにくいものであることが改めて浮き彫りとなったのではないだろうか。そしてこのことは確証のパラドックスの考察を通じて理解することができた，とも言える。このように，パラドックスの考察とは，「われわれが何をどのように考え，振る舞っていたのか」を意識・

---

(18)　こうした考え方は「ホーリズム holism」と呼ばれるもの（いわゆる「全体論」）であり，もともとはクワインの論文「経験主義の二つのドグマ」（1951）で提唱された考え方である。簡単に言うならば，検証・反証の対象である各命題はそれぞれ単独的に確立しているものではなく，体系化された科学理論全体において自身以外の命題との関連のもとで成立している，というものである。

確認・反省するための，いわば「無知の知」を通じた，自分自身と世界とを知るための一つの途として位置づけることができるであろう。

第2章

空間と運動のパラドックス
—— アキレスと亀 ——

> **Q** なぜ足が速いアキレスは，足が遅い亀に追いつけないのか？

1 アキレスと亀のパラドックス
　　—— 数学モデルを使った説明

　あなたは，「ゼノンのパラドックス」と呼ばれるもののうちの一つ，「アキレスと亀」の話を耳にしたことはあるだろうか。ゼノンとは紀元前5世紀にギリシアのエレアで活躍したとされる有名な哲学者であるが，彼が紹介する話のなかに，「足の速いアキレスが足の遅い亀に追いつけない」という突拍子もないものがある。それは次のような話である。あるところにアキレスと亀がいて，二人は徒競走をすることとなった。当然，アキレスの方が亀よりも足が速い。亀はハンディキャップをもらって，いくらか進んだ地点（A地点とする）からスタートするとしよう（同一直線上において両者は運動するものとする）。両者同時にスタート後，アキレスがA地点に達したときには，亀はアキレスがそこに達するまでの時間分だけ先に進んでいる（このとき，アキレスはA地点，亀はB地点）。アキレスが今度はB地点に達したときには，亀はまたその時間分だけ先へ進んでいる（アキレスはB地点，亀はC

---

(1) これを含め，ゼノンのパラドックスについてはアリストテレスの『自然学』第6巻第9章で紹介されている。

地点)。同様にアキレスがC地点のときには、亀はさらにD地点……というように、亀は常にアキレスよりも先の地点に位置することになり、結果、いつまでたってもアキレスは亀に追いつけない。つまり、両者の距離は時間の経過に応じて縮んでゆくとしても、それはどこまでも縮むだけであって、決してアキレスは亀に追いつき、そして追い越すことができない、というわけである。しかし、われわれが暮らす現実世界においてアキレスのように速い人物は、亀のように遅いものをたやすく追い越すことができるわけで(といってもアキレスが実際どれくらい速かったのかはよく分からないが)、ゆえにこれは現実と論理との間で生じるパラドックスというように言われる。[2]

さて、こうした話について、「理屈ではそうでも、現実はそうなっていないよ！ ちゃんと亀は追い越されるよ！」と言って話を終わらせるのは簡単であるが、ちょっと待ってほしい。そもそも、なぜ現実はそうなっていないのであろうか？ 理屈では亀に追いつけないように見えるアキレスが、現実には追いついて追い越すのであるとすれば、われわれの現実はどのように「その理屈」を乗り越えているのであろうか？ そして、アキレスが亀に追いつ

---

(2) これを紹介したアリストテレス自身は「たしかに先んじるものは、先んじているときには追い着かれない。しかし、それにもかかわらず——もし有限な距離を〔有限な時間に〕通過することを許しさえすれば——追い着かれるのである」として、そこにはパラドックスがないと主張する(『自然学』239b)。いきなりこの説明だけを見るともちろん説明不足の感があるが、アリストテレスはそれ以前の箇所において時間・空間について丁寧に論じており、「有限な時間と距離があるとして、そこで運動が可能であるのは有限な大きさの対象のみであり、そしてそれは有限な(距離を移動する)運動以外にはありえない」ということが論じられている(『自然学』238b)。おそらくこれをもとに、有限な大きさをもったアキレスが、おそらくは追い抜くことが十分可能であろう有限な距離を運動するのであるから、そこには有限の時間しか流れるはずがなく、無限に追いつけないということなどない、と結論づけているように思われる。ただし、もしアリストテレスがそのように推論しているとすればそれは間違いである。なぜならアリストテレスの主張からは「有限な運動以外の運動(すなわち無限運動)をする有限な大きさの対象であれば、そこでは無限な時間と無限な距離がある」ということも言えてしまうからである(実際、本節で述べる「アキレスと亀」のハナシの一部ではそれが論理的に可能であることが示されている)。

けない現実などはありえないのであろうか？

「現実にはそうならない。アキレスは亀に追いつき追い越す」と主張するような，いわば現実主義者であれば，次のように推論するかもしれない。アキレスの速さを1km/h，亀の速さを1/2km/h，アキレスが出発するときの両者の距離を1kmとし，追いつくまでの時間をtと仮定する。このとき後追いのアキレスの出発点から追いつくポイントまでの距離をdとするならば，d＝1×t＝1/2×t＋1となる。このとき，t＝2，d＝2となり，アキレスが出発してから2時間後，アキレスの出発地点から2kmのところで亀に追いつき，アキレスおよび亀の速度が一定のままであるならば，そこからコンマ1秒後でさえもアキレスが亀を追い抜いていることが予想される。そして現実主義者は次のように言うであろう。「現実においてパラドックスなど何もない」と。仮にゼノンが示唆するように，アキレスと亀の間の距離が無限分割できるにしても，両者の距離が1, 1/2, 1/4, 1/8……1/2^{n}といった感じで縮まってゆくとすれば，アキレスが追いつく距離Sは，それぞれの時点における両者の距離を足してゆくものであるので，初項1，公比1/2の無限等比級数となり，その値は2に収束してゆく（初項a，公比rの無限等比級数の和Sは，$|r|<1$のとき，$S=\dfrac{a}{1-r}$）。やはりここにパラドックスはないようにも見える。

しかしこうした現実主義的な説明に対し，「その推論は，追いつくポイントまでの距離をdと先取りしたうえで，両者の運動が従うべき数量的関係を当てはめているにすぎない」と批判することもできる[3]。たしかに「或る一定の条件のもと，アキレスが亀に追いつけるとすれば……となる」というのはそれ全体としては整合的な説明であるが，それはすでにアキレスが追いつけることを前提としたうえで追いつくための条件を当てはめただけにすぎない。だが，それならばアキレスが追いつけないような数学的モデルを当てはめることも可能である。アキレスの速度は一定であるが，亀は次第にスピードを上げてゆきアキレスの速度に近づいてゆくとしよう（ただし，常にアキレス未満の速度である）。そして，両者の間の距離が1/2であったものが，次第に1/3，1/4というように縮んでゆくと，S＝1＋1/2＋1/3＋1/4……1/n

---

(3) こうした指摘は，青山［2010］でも見受けられる。

の調和級数となり，亀はアキレスより遅いが，永遠にアキレスは追いつけない状況となる（調和級数の場合，その和であるＳの値は収束ではなく∞へ発散する）。このモデルでは，亀の速度がアキレスの速度より上回ることがないので議論の前提は守られているし，そこではやはり「足の速いアキレスが，自分より足の遅い亀に追いつけない」というパラドキシカルな現象が起きていることになる(4)。つまり，「高速移動のものは，低速移動のものに追いつけるとは限らない」ということが言える。

　もっとも私としては，「アキレスと亀」の話は仮定次第で結果はいかようにも変わってくるので，「追いつける」「追いつけない」の議論に固執することにそこまで哲学的意義はないように思われるし，その議論に終始する限りではパラドックスなどは存在しない（だからこそ，「追いつける」派も「追いつけない」派も，そこにはパラドックスなどない，と主張する）。この手のパラドックスの話にもし意義があるとすれば，それは，理屈と現実との間で埋め合わせることができないそのギャップにおいてこそ「人間が認識する事柄」の或る特徴が示されており，そこから何らかの教訓めいたことが引き出せるということではないか，と私は考える。そこで，そのようなギャップには何が潜んでいるのかを分析し，われわれ人間がなぜそこに陥ってしまうのかを考えてみよう。

2　有限な空間内部に，無限があることは可能か？
——空間の無限分割可能性

　「アキレスと亀」においてパラドックスなどない，と主張する側（追いつける派）が提示する一般的な論拠としては，「アキレスと亀との間の距離を無限に分割できるとしても，両者の距離が無限大なわけではない。有限な同一直線上の距離であれば，高速移動の対象は低速移動の対象に追いつくことにパラドックスはない」というものである。それはたしかにそのとおりであ

---

(4)　吉永［2008］，42-45頁でも同様の指摘がなされている。
(5)　本来「無限」とは「どの実数よりも大きいもの」であり，単なる「不可算」とは区別される。ただし，ここで言う空間の無限分割は「極限（あるものに限りなく近づくさま）」であり，事象としては「不可算な分割」と一致する。

る。たとえば，科学技術が発達し，大きさ10 cmのかまぼこをどこまでも細かく刻むことができるとしても，元のかまぼこの大きさはやはり10 cmであって無限ではない。ゆえに，アキレスと亀との空間分割の仕方が無限通りあるとしても，両者の距離が無限大に宇宙の果てまで広がっているわけではない。これはたしかにもっともな反論である。

　しかし，これは「時間」の概念を無視した反論である。もし無時間的に両者の距離を細切れにするのであればその反論は有効であろうが，しかし，両者が空間的かつ時間的に「動く」ということをしている限り，そこでは時間が変数として機能するので，両者の空間的距離は時間に応じて可変的であり，ゆえにアキレスが追いつける時間もまた可変的となる。だからこそ，前節において，亀のスピードが加速するときには，両者ともに無限の距離を進みながらアキレスがどこまでも追いつけないという可能性が示された（調和級数の例）。つまり，この話を「時空」という観点から見ると，両者の間の空間を無限分割するかどうかだけの話だけではなく，両者の間の「時空」のポイントをどう取り扱うか，という話にもなる。そこでもう一度，理論（可能性）と現実との間に生じるパラドックスの正体について考え直してみよう（ここではアキレスと亀の両者のそれぞれの速度を一定のものと想定する）。

　等速直線運動を行なっている高速移動の物体が，同一直線上を動く（かつ同様の運動をする）低速移動の物体を追いかけるとき，両者の距離が縮まり，追いつき，追い越すという現象をわれわれは経験しがちである。しかし，ゼノンの理屈によれば，そうした通常の出来事（追いつき・追い越し）を経験するには，無限とも言える「出来事」がそれぞれの時空ポイントにおいて生じているはずである。そして「両者の距離が最初の距離の1/2のとき」「それが1/4のとき」「それが1/8のとき」……のとき無限とも言える時空ポイントにおいて無限とも言える出来事が観測可能である。ただし，これは亀が加速するケースとは異なり，どこまでも時空が無限に広がってゆくわけではない。追いつくまでに，観察可能な出来事——そしてそれが時空的性質を備えているとして——が無限パターンあるだけのハナシである。すると，有限な時空的延長において無限分割的な観察ポイントを理論上見出すことができるということと，われわれの日常的現実との間には重大なギャップがあり，それがこの議論をパラドキシカルなものとしていることになる。それは，①

われわれの日常的現実においては，アキレスが亀に追いつくまでの間の膨大な時空的出来事が知覚上見過ごされているということ，そして逆に，②そうした膨大な時空的出来事をどこまでも知覚・経験できてしまう人物においては，アキレスが亀に追いつく事態とは，自身が認識する無限分割的な認識のもと決して生起しえない出来事である，ということである。

　②のような高度な認識能力を保有する超知覚的人物にとっての「世界」とは通常のわれわれが知覚するところの世界とはまったく異なるものであろう。そして，このズレとは経験主義がどういうものであるのかを改めて教えてくれるものである。なぜなら，アキレスが亀に追いつけることを知覚できるわれわれは，無限にとらわれることがないその知覚の「粗さ」ゆえにその出来事を経験できているのであり，ここから，限られた認識能力しかもたないわれわれ人間の現実的認識というものは，知覚の最小単位によって構成されている，と言うことができる。経験主義の代表とも言えるヒュームは，「知覚経験を可能としている時空というものは無限分割不可能である」と主張したことで有名であるが，それはそもそも時空的位置を占める存在や出来事というものを知るにあたってはそれ以上無限分割できないポイントが必ず知覚上出現し，それを基礎として出来事間の因果関係や物体の連続性という概念をわれわれはもちうる，ということであった。たとえば，因果関係とは「原因」と「結果」を示す二つの出来事が或る特定の時空点にそれぞれ（互いに隣接しながら）位置しているはずであるが，それぞれの時空点におけるその現われはわれわれが知覚できる性質を備えていなければならない。では，その性質とは何かといえば，それは「色」や「触感」などの第二性質であって，われわれはそれに関する知覚をもって時空ポイント上に現われる存在・出来事をはじめて有意味なものとして理解できるのである（知覚に現われないものを「存在」「出来事」「原因」などとみなし語ることは，少なくとも経験主義においては無意味とされる）。すると，物体や出来事に関する有意味な世界認識を可能としているものは，知覚可能な――いわば閾値以上の――色や触

---

(6) 言い方を変えるならば，こうした人物が認識する世界においては「アキレスが亀に追いつくとき」などは存在しない，と言える（こうした論点については，青山［2002］，180頁を参照）。

(7) デイヴィッド・ヒューム『人間本性論』第1巻，第2部，第1節を参照。

感であり，そこにおいて知られる物体・対象（およびその運動など）は必然的に認識上の有限な時空ポイント上のものでしかありえない。ここから，「アキレスが亀に追いつき，追い越す」といったわれわれの現実的日常は，このような経験主義的な第二性質に支えられたものと言える。

　私が思うに，「アキレスと亀」を理解するうえで重要なことは，アキレスが亀に追いつけるかどうか，ということではなく，むしろ，通常人の粗い諸知覚からなる認識こそが「アキレスが追いつかない世界」を非現実化させていることにある。逆に言えば，われわれが認識する「現実」というものは粗い諸知覚，そしてそれに対応する粗い時空的ポイントによって構成されており，或る出来事・事態とはそれ自体において観察者（知覚者）依存的なものと言える。しかし，これこそまさにパラドキシカルな事態ではないだろうか。われわれの素朴な実在論的考え方によれば，世界にはまず第一性質を備えた個物（存在）があってそれが運動・静止しており，その色や触感などの第二性質が示される形でわれわれが対象を知覚する，と考えられている。しかし，アキレスと亀のパラドックスにおけるわれわれの「粗い」現実の捉え方はむしろ逆に，時空的ポイントにおける対象を示す「色」といった第二性質をもって対象およびその運動が認識できており，第二性質に現われない対象およびその運動はあくまで「可能性」として見過ごされ，ゆえに粗い知覚のもとではアキレスと亀との間で何が起こっているのかをきちんと理解できていないことになる。そしておよそほとんどの「われわれ」は粗い知覚をもった観察

---

(8)　第二性質とは「色」「音」「味」「匂い」「触感」といった，主体の知覚のもとで現われる性質である一方，第一性質とは「延長」「固体性」「形」「数」といった客体固有の性質のこと。ロックは単純観念を第一・第二と区分し，前者をより本質的であり後者を付随的なものとみなしたが，ヒュームはむしろ逆に，後者が知覚できるからこそ前者の意味が理解可能なものとなるとして，第二性質を重視していたと言える。

(9)　こうした考え方の先駆者として，「存在することは知覚されることである Esse est percipi」という名言を残したバークリー（George Berkeley, 1685-1753）を挙げることができる。ただし，バークリーの場合，われわれ人間が知覚していない間でも世界に存在者が存在し続けるのは「神（の知覚）」を原因とするからであり，それはヒュームとまったく異なる類の神学的主張であったが。

者であるからこそ「アキレスが亀に追いつけないのはありえない」と断じているとするならば、そこにおける「われわれの知識」は第一性質を基礎としているのではなく第二性質を基礎としているということになるだろう。つまり、われわれが「当たり前」とする知識の背後には、客観的事象を想定するような実在論だけでなく、主観的事象を重視するような反実在論もあるように思われる。「追いつけるかどうか」というパラドキシカルな問題自体は、「机上の空論」と「現実」という区分のもとで解消されるかもしれないが、その解消の仕方のもとで現われるのは、存在に関する「第一性質→第二性質」から「第二性質→第一性質」といった、認知的に重要視されるところの性質の逆転現象とも言うべき事態があるのではないだろうか。

3　そもそも「運動」は可能か？
　　——飛ぶ矢のパラドックス

　アキレスと亀のパラドックスにおけるゼノンの立場は、空間がどこまでも無限分割できるという前提に立っているが、しかし、われわれが知識獲得の第一歩を「知覚」とみなす以上、知覚不可能な無限分割的空間、さらには非延長的な時空的点は認められないものであり、現実の事象としてパラドックスがわれわれのもとに現前することはない、ということであった。この文脈では、アキレスと亀のパラドックスは認識主体の在り方の違いのハナシになり、一応は解決できることになる。しかし、その解決法では「アキレスも亀も、拡がりをもった空間、すなわち「延長」という性質をもち、かつ、延長という性質をもった空間を運動している」ということが前提とされているが、そもそもその前提は本当に正しいのであろうか。簡単に言えば、アキレスと亀、さらにはあらゆる物体がそもそも運動をしていなければ、そもそも追いつけないのではないだろうか？

　アリストテレスによると、ゼノンは「飛ぶ矢のパラドックス」というものも提示しているが（『自然学』239b）、それはおおまかに言えば以下のようなことである。

飛ぶ矢のパラドックス：
(1) 自らと等しい或る場所を占めているとき，その物体は静止している。
(2) 飛んでいる矢はどの瞬間においても，自らと等しい或る場所を占める。
(3) それゆえ，矢は飛んでいるあいだのどの瞬間においても静止している。
(4) 飛んでいるあいだの時間はそれぞれの瞬間から構成されている。
(5) ゆえに，矢は飛んでいる時間において静止している（つまり，運動は不可能である）[10]。

このように，飛ぶ矢のパラドックスが示すのは，運動は起こりえず，「静止」こそがすべての物体の真なる在り方ということである。もっともアリストテレスはこの推論には間違いが含まれる，と指摘する。その最も核心的な理由として「時間は非延長的な瞬間（不可分的な「今」）から構成されるのではない」という点が挙げられる（『自然学』239b）。つまり，「瞬間」を非延長なものとすると，それは長さ0であるので，0をいくら重ねても「時間」とはならない（それゆえ，上記推論(4)は間違いとなる）。さらに注意すべきは，(1)における「時間」という語は「一定期間（延長的時間）」という意味で用いられており，「占めている」ということは「占め続けている」と理解されるべき点である。すると，(2)「飛んでいる矢はどの瞬間においても，自らと等しい或る場所を占める」という表現は，(1)とは異なるロジックに基づいていることが分かるだろう。(2)における「瞬間」とは非延長的な時間「点」という意味で用いられている語であり，そうするとそこでの「或る場所を占める」というのは「占め続けている」ではなく，単にそのうちの任意の時間点において「占めているように表現できる」ということにすぎない。すると，(3)は「矢は飛んでいるあいだの時間点のうち，任意の点において占めているように（あたかも静止しているかのように）表現できる」ということになり，それは実際の矢の運動とは関係のない「主観的な表現の仕方」ということに

---

(10) これら(1)から(5)は，アリストテレスがゼノンの話を取り上げている箇所から著者がまとめたものであり，このような推論がゼノン本人によって実際になされていたかは不明である。

なる。さらに，(4)のように「時間はそれぞれの瞬間から構成されている」と言うとき，その「瞬間」とは延長的な一定期間でなければならないが，(2)および(3)のように「時間」を非延長的な点として捉える言葉遣いであれば，そもそもそれは(4)と接合しえない。つまり，「運動が不可能である」というゼノンの推論には異なる用語法，異なる2種類の推論が混同されている，と言える。

　さらに言えば，そもそも「瞬間」においては運動しているか静止しているかの区別はつかない。ゼノンが示唆する「瞬間」というのは非延長的時間点であるが，しかし，運動および静止（非運動）という現象が意味をもつのは「幅」「延長」があるからこそ成り立つことを鑑みるに，そうした非延長時空点において「運動」と「静止」という語の区別は意味をもちえないだろう。非延長的な時空点において「或る場所を占めているように表現できる」ということと，対象が実際運動しているか静止しているかとは別の話である。「運動」や「静止」という性質は延長的時空点においてその差異を示しうる形で現前するものであって，非延長的な「点」において静止的かつ凝縮的に理解すべきものではない。そしてここにも「粗い知覚」が関わっている。たとえば，粗い形でしか対象や出来事を知覚できない人は，あたかもシャッタースピードが遅いカメラのように，運動している対象が止まっているかのように認識することはできない。逆に，運動中の一瞬をあたかも止まっているかのようにクリアに知覚できる人は，シャッタースピードが速いカメラのような認識が可能であろう。しかし，後者のような人においてさえ，「まさにその瞬間」が認識できているとは限らない。より細やかな顕微鏡的観点からのぞいてみると，そこには「ブレ」という運動の証拠が見えるかもしれない。

　しかしそうであるとするならば，今度は別の問題が登場するだろう。たしかに「飛んでいる矢は動いている」というわれわれの常識的直観は守られた。現実のわれわれは「粗い知覚」のもと閾値ギリギリな延長の時空点，および複数のそれらによって構成されるような「幅」をもった延長的距離のもと，或る対象が運動していることを観察できる。ここまではよい。しかし，このように「粗い知覚」というものが前提とされているのであれば，その物体が運動しているように見えるなか，どこかで減速や静止していることがあり，それに認識主体が気づいていない，という事態もありえるのではないだろう

か？　私が思うに，原理的にはこの可能性は排除できないし，長めな「幅」であれば減速的変化や静止に気づかないような事態は常に生じているかもしれない。たとえば，集中力がない人，感受性が鈍い人は，運動の開始時点と終了時点とのあいだの大きな差異には気づいても，その間に何が起きているのかについては実は気づいていないかもしれない。そうすると次のように言えるだろう。それは，「もしパラドックスがないとすれば，粗い知覚に基づいた認識こそが「現実」と言えるかもしれない。しかし，そんな現実においては，実際に何が起きているのかを正確に認識できている人もまたほとんどいない」と。結局，運動を理解する際にそこにある「現実」とは，世界実在的に生じた運動を正確に把握・記述する類のものではなく，任意の複数の延長的時空点が切り取られ，それらの差異をもって「運動」という概念がつくられているだけかもしれない。「アキレスと亀」のパラドックスが教えてくれるのは，「現実」とは想像的な机上の空論を超えたものというよりは，むしろ，それは不完全な認識主体が想像力で埋め合わせながら作るところの構造物，ということである。

　極端な言い方をすれば，「現実」というものについての認識は，「考えない」「知覚しない」「意識しない」を含んだ形で成り立っているのであって，現実それ自体が真実であるわけではないし，現実に対し論理が無力というわけではない。論理とは，現実における認識者の有限性を描き出し，その状況というものに対し何が言えるか，そして，認識者が行為主体として何ができて何ができないかを教えてくれるものなのである（このことは，第 5, 6 章とも関わるものであるが）。だからこそ，理論上の空間分割が指し示すポイントというものについて，現実の自然科学——とりわけミクロな世界にどこまでも迫ろうとする物理学——がそれに追いつく形で明らかにすることで，そこに潜んでいた運動や静止を現実のものとして認識させてゆくこともできる。しかし，そのような自然科学ですら有限な認識主体である人間の営みである以上，それが示す「現実」もまた，意識できない「何か」を想像によって乗り越えつつ形成されたものと言えよう。現実と想像の区別とは，われわれが思っているほどに簡単ではないのかもしれない。

第3章

自己言及のパラドックス
——嘘つきのパラドックス——

> **Q** 「私は嘘つきです」と言う人は何を言っているのか？（何かを言っているようだが……）

1　嘘つきのパラドックス
　　——量化によるパラドックスの回避

　「言語」というものは人間（ホモ・サピエンス）の特性とも言える。われわれは言語を通じて経験を概念化し，それを他者に伝えることでコミュニケーションをとることができる。簡単な音声によるコミュニケーションであれば動物であっても可能ではあるが，人間の場合，その使用言語が基づくところの文法というものに沿っており，さらに，他の言語との間での翻訳によって幅広いコミュニケーションが可能である。人間同士の言語を通じたコミュニケーションにおいては，単に発せられた音声から相手の感情・態度を推察するだけでなく，それ以上の相互理解のための，何らかの共通的な法則を抽出・創造・使用するような，いわば「ロジック」こそがその最たる特徴と言えるであろう。ロジカルに考え，ロジックにきちんと従うことができていれば，数学言語の「$1+1=2$」のようにおよそ万人が理解し合えるが，逆に，或る文や言明が意味不明であるときにはそれらは何らかの形でロジックに違反しており，だからこそコミュニケーションが困難となってしまう。このように，言語と論理は密接に関わっており，それをうまく使用することができ

る能力をわれわれは「合理性」と呼ぶ。こうした人間の合理性はおよそ客観的な「知識」の成立において必要不可欠と考えられている。

　しかし，論理や合理性は決して万能というわけではない。有限な存在であるわれわれ人間の特性である以上，やはりその効用は有限であるし，それを用いた理解の仕方は使用者に大きく依存するように思われる。このこと自体は別に哲学を学んでいなくともなんとなく理解している人は多いであろうが，しかし，なぜそうなっているのか，についてきちんと理解できているだろうか？　これを理解するためには「言語哲学」「論理学」などが必要となるが，しかしこれだけ聞くと，「うわ……なんか難しそう。専門家ではない私にとっては無理だろうなあ」と身構えてしまう人もいるだろう。しかし，そうではない。言語や論理を研究・分析することで言語やロジックの構造およびその限界を描き出し，コミュニケーションがうまくいかない理由をわれわれに教えてくれるという点では，こうした学問は一般人にとっても有意義なものなのである。そもそも，そうした構造や限界に無自覚だからこそ，自身が用いるコトバを無条件的に「正しい」と妄信してしまい，その結果，他人との間で衝突やトラブルが生じてしまうこともある。ゆえに，たとえその議論や証明の細部まで熟知しておらずとも，論理学や言語哲学において論じられてきたテーマやそこでの問題意識に触れることは，われわれの言語や論理性，そして合理性についての理解を深め，これまで自身がとらわれてきた自身への過信・妄信が和らぎ，自身の頑固な態度が変わったり，あるいは他者に対して寛容に接するようになるきっかけとなるかもしれない。本章では，論理学や言語哲学においてメジャーなトピックでもある「嘘つきのパラドックス」へ言及することで，われわれの言語，そして発話行為やコミュニケーションの構造というものを明らかにしてゆく。

　「嘘つき」は，われわれの社会においては通常は嫌われがちである。少なくとも，私はそのような人にあまり近づきたくない。嘘つきの言うことは信じられないし，信じるべきではない。逆に，正直な人が言うことは信じられるし，信じるべきである。これはわれわれの処世術の一部となっている。ゆえに，誰かの発言が本当か嘘かは常にわれわれの関心事でありえる。さて，ここではそうしたわれわれの関心事でありながらも，それが本当か嘘かが決定できないような事例について考えてみよう。

あなたは今，ギリシアのクレタ島に一人で旅行に来ているとしよう。あなたはギリシア語も英語もあまり得意でなく，皆が何を言っているのかが分からずに困っていたところ，地元で暮らすクレタ人のエピメニデスが現われ，親切にも日本語でいろいろとアドバイスしてくれた。ホテルの場所，レストランでのマナー，ギリシア人の常識や交通ルールなどを教えてくれて，あなたは必死にメモをとっているとしよう。すると，いろいろ教えてくれたエピメニデスさんは最後にこう付け加えた。「でも気をつけてくださいよ。私はクレタ人で，クレタ人は嘘つきです。つまり私は嘘つきなんです」と。
　さて，あなたはこの言葉をどう受け止めるべきであろうか？　それまで積み上げられてきたエピメニデスさんへの信頼が揺らぎ，彼に対し懐疑の念をいだくであろうか，あるいは，それまでのアドバイスのもっともらしさから，「単にこちらをからかっているだけだな」と思うだろうか。もしエピメニデスさんが嘘つきならば彼とはそこで別れ，より信じるに足る誰かを頼る方が合理的であるが，もしエピメニデスさんが嘘つきではなく，単におちゃめなだけであれば，クレタ島に日本語を流暢に話せる人があまりいない以上，引き続き彼を頼る方が合理的であろう。するとあなたは，さきほどのエピメニデスさんの発言からうまく推論する必要がある。さて，どのように推論すべきであろうか。
　このハナシの元ネタは，かつて実在したとされるクレタ島の哲学者エピメニデスの名にちなんだ「エピメニデスのパラドックス」である。そして，それが後世に伝えられるにあたり，「嘘つきのパラドックス」という形で拡がった。本章の中盤以降は「嘘つきのパラドックス」について焦点を絞って言及するつもりであるが，まずはあなたを案内してくれたエピメニデスの発言の問題構造を考えみよう。クレタ人であるエピメニデスさんが「クレタ人は嘘つきである」といったことに端を発するとして，そもそも，なぜそれがパラドックスとなるのであろうか。その発言を「　」でくくってみながら，以下その状況を背理法的に記述しながら分析してみる。

---

(1)　新約聖書の聖パウロの「テトスへの手紙」にエピメニデスと思しき預言者への言及があり，「クレテ人のうちのある預言者が「クレテ人は，いつもうそつき，たちの悪いけもの，なまけ者の食いしんぼう」と言っている」とある（Titus 1:12）。

（状況）
クレタ人のエピメニデスいわく，「クレタ人は嘘つきである」。

（仮定１）
「クレタ人は嘘つきである」というその発言（文）が真であるとする。

（推論）
１－１：その発言内容は，発言者であるクレタ人のエピメニデスにも該当するため，エピメニデスが発言する内容は偽ということになる。
１－２：１－１より，エピメニデスの「クレタ人は嘘つきである」という発言は偽となる。
１－３：１－２より，「クレタ人は嘘つきではない」ということになる。
これは仮定１と矛盾する議論となるため，仮定１を認めるべきではないということ，すなわち，<u>「クレタ人は嘘つきである」という発言は偽</u>という結論となる（結論１）。

さて，そこで仮定を変更して，もう一度推論してみよう。

（仮定２）
「クレタ人は嘘つきである」というその発言（文）が偽であるとする（つまり，「クレタ人は嘘つきではない」とする）。

（推論）
２－１：その発言内容は，発話者であるクレタ人のエピメニデスにも該当するため，エピメニデスが発言する内容は真ということになる。
２－２：２－１より，エピメニデスの「クレタ人は嘘つきである」という

---

(2) 背理法とは，ある命題Ｐが真であることを証明したいときに，それを否定するようなこと，すなわち「Ｐが偽である」と仮定し推論を行ないそこから帰結する矛盾を示すことで，Ｐが偽であるという仮定が誤っていること，つまりＰは真であると結論づけるもの。

　　　　　発言は真となる。
　2－3：2－2より，「クレタ人は嘘つきである」ということになる。
しかし，これは仮定2と矛盾する議論となるため，仮定2を認めるべきではないということ，すなわち，<u>「クレタ人は嘘つきである」という発言は真</u>という結論となる（結論2）。

するとこの状況において結論1と結論2を考慮すると

　「クレタ人は嘘つきである」という発言が真である
　　　　　と
　「クレタ人は嘘つきである」という発言は偽である

という二つの結論が背理法的に得られるが，「クレタ人は嘘つきである」という発言が真であると同時に偽であるということは，或る事柄が「真かつ偽」という矛盾と同義であるので，ここに，状況はパラドックスを孕んでいることが示されたことになる。[3]

　このように，クレタ人であるエピメニデスが「クレタ人は嘘つきである」と主張した場合，その主張はパラドックスということになる。すると，われわれはそうしたエピメニデスの発言を「無意味な戯言」として退けるべきなのであろうか。しかし，置かれた状況によってはそうもいかない場合もあるし，われわれは日常的にこの類の文を使用しているのではないだろうか。コンサート会場にて「ここでは静かにしてください！（すべきだ！）」と大声で注意する人などはどうであろうか。あるいは，或る壁に「この壁に張り紙をしてはいけません！」という張り紙がしてあるケースなどはどうであろうか。こうした日常的ケースや「私は嘘つきです」という文はすべて意味不明なものなのであろうかといえば，そうではないであろう。しかし，もし意味が理解可能であるとすれば，いかにこれらの発言・表現からその意味内容を汲み取れるのであろうか。

---

　(3)　こうした説明の仕方については，山岡［2001］，16－17頁を参照。

まず簡単な意味の汲み取り方として，パラドックスを生じさせないよう，その発言を再構成すればよい。ここにおいては「量化 quantification」という考え方が有効である。量化とは，論理学において，論理式が適用される議論領域の個体の「量」を指定することであるが，簡単に言えば，「すべての」「或る」「いくつかの」「多くの」などを主語・目的語に割り振ることで，曖昧で分かりにくかった文を理解可能とするものである。すると，エピメニデスの発言は，以下のように量化しながら記述できる。

（状況２）
或るクレタ人（エピメニデス）は「すべてのクレタ人は嘘つきである」と言っている。

このように再構成された場合，パラドックスは解消される。というのも，この場合，「すべてのクレタ人は嘘つきである」が偽であることが確定的となっているからである。「すべてのクレタ人は嘘つきである」が真である，と仮定すると，「或るクレタ人」であるエピメニデスも嘘つきということになり，エピメニデスのその発言は偽となるので，この場合は矛盾が生じる。しかし「すべてのクレタ人は嘘つきである」が偽である，と仮定すれば，「或るクレタ人」であるエピメニデスは嘘つきか本当つきかのどちらかであるが，前述の推論から，「すべてのクレタ人は嘘つきである」が真である可能性は排除される。この場合，或るクレタ人であるエピメニデスは嘘つきであり，その発言「すべてのクレタ人は嘘つきである」もまた真ではない，ということになる（「嘘つきもいれば，そうでないクレタ人もいる」ということになる）。このように，或る発言や文というものは，量化を行なうことでパラドックスを回避することが容易となる。

2　言語と文の構造分析
——タルスキの階層言語論

しかし，問題は，「嘘つきのクレタ人」をそれ以上どうしても量化できないケースである。あなたを案内したエピメニデスが「クレタ人は嘘つきなん

です。私も嘘つきなんです。この発言もすべて嘘なんです」と言ったとすれば，それはもはやクレタ人の一部がどうこうとかの話ではなくなるが，これこそがパラドックスを引き起こすホンモノ（？）の「嘘つき文」と言える。量化による意味把握がうまくいく状況とは，述べられている対象についての範囲が明確となっていると同時に，その範囲外の発話者が範囲内の対象について言及する場合である。しかし，「私は嘘つきなんです。この発言も嘘なんです」という自己言及的な「嘘つき文」ではその意味は明瞭ではない。とはいえ，この手の発言は，われわれの日常生活においてすぐさま意味不明なものとみなされるかと言えばそうとは限らず，それなりの意味をもっているように解釈されることもある。たとえば，「自分は犯罪者である」と自白することと同様，「自分は嘘つきだ」と独白することにはそれなりに意味はあるし，これだけでは特に間違っているようにも思えない。

　しかし，その類の独白には「過去」「出来事」「アイデンティティ」の概念が密かに混入されていることに注意する必要がある。通常，「自分は嘘つきだ」と独白するとき，過去に自身がついた「嘘（出来事）」について反省し，自身のアイデンティティが一般的に言われるところの「嘘つき」と認めているのであって，するとそれは正確には「過去の自分は嘘つきだ」とか「過去の大半の発言は嘘である（だが，この発言は本当である）」という量化を含んだ主張と言える。しかし，エピメニデスが「自分は嘘つきだ」と独白し，さらに「この発言もすべて嘘なんです」と述べることは，ここでの解釈を困難なものとしてしまう。前の発言だけであれば独白のような意味で解釈できるにしても，後の発言（嘘つき文）がそこにくっついてくる場合，それをどのように解釈すればよいのだろうか。そして，なぜ，このような場合には解釈が困難となってしまうのか。ここに言語・論理の構造，そしてその限界というものがある。そこでまず，こうしたケースを「嘘つき文」のケースとして分析してみよう。問題を分かりやすくかつ言語的に分析するため，「この私」とか「この発言」というものではなく，「この文」という形で統一し，「この文は嘘である」という文を「S」として，その構造を考えてみよう。

　S：「この文は嘘である」

　さて，われわれは文Sについて，単にその使用者であるエピメニデスを

「不合理な人物」とみなしたところで何か新たな知見を得られるわけではない。不合理なエピメニデスが何かを言おうとし、そしてうまくいっていないのであれば、それはどうしてであるのかを考えるべきであろう。ここで、A. タルスキという哲学者の考え方を参照してみよう。タルスキによれば、われわれが或る文の意味を理解するとき、そこでは或る種の形式に沿って考えている。それは、たとえば、「雪は白い」という文が真であるということは、雪が白い場合でありそのときに限る、という形のように表現できる（Tの形の同値式：以下、形式T）[4]。

　形式T：「雪は白い」というのが真 ≡ 雪は白い（「雪は白い」ということが真であるのは、雪が白いとき、そしてその場合に限る）[5]。

このことについては至極当たり前のようにも見える。「雪は白い」という文（もしくは発言）が真であるのは、雪が白い場合であるし、そうでない場合には（黒い雪が降るなど）その文は偽となる。ここには何のパラドックスもない。では、先ほどの嘘つき文「この文は嘘である」（S）についても同様の形式で考えてみよう。

　形式T：「この文は嘘である」というのが真 ≡ この文は嘘である（Sが真であるのは、Sが嘘である（真ではない）とき、そしてそのときに限る）。

このように、嘘つき文は、形式Tのもとでは意味を把握できない。ではこうした嘘つき文のどこが問題かといえば、それはその文が「意味論的に閉じられた言語 semantically closed languages」に属しているからである。この場合の「閉じられた」とは、或る文を表現するところの文の名前S「この文は……」と、それに対して適用されるところの真理述語をともに含んだ

---

[4]　Tarski［1944］, p. 344／訳59頁。
[5]　雪は白い（φ）を「真である」という真理述語Tが適用されるところの文の名前「雪は白い」（「φ」）に置き換えるとT（「φ」）≡ φ、という形式で表現することもできる。

構造のことである。すると，こうした問題が起きないような「閉じていない」構造とはどのようなものかといえば，それを説明する際，タルスキは「階級のヒエラルキー hierarchy of levels」という考え方を持ち出す。それは，「私は嘘つきである」「この文は嘘である」といった，「真」もしくは「偽」を述語とする自己言及文を排除することでパラドックスを回避する考え方であるが，そのためには，①言語を意味論的に閉じたものとせず，各階層ごとに分けること，そして，②或る階層言語（対象言語）における文の真偽に言及するには，上位の階層言語（メタ言語）における文のみがその役割を許されるようにする必要がある（Tarski［1944］, pp.348-351／訳68-72頁）。このように，「言語レベル1の文」，「言語レベル2の文」……というような各階層区分のもと，真理述語を，異なる（上位の）階層における文が他の（下位の）階層における文について言及するためのものとみなすと，以下のようになるだろう。

L_1の文S_1：Aは嘘である（自己言及を含まない）
L_2の文S_2：「Aは嘘である」は真である（S_1の文について言及）
L_3の文S_3：「「Aは嘘である」は真である」は80％の確率で真である（S_2の文について言及）

このように，「この文」を「A」と言い換え，そしてAに関するメタレベルでの真理述語をもって，「Aは嘘である」とすればパラドックスは生じない。簡単に言えば，或る特定階層における指標詞（「この」とか「ここ」など）を伴う名詞および，それを説明するための真理述語を使用している自己言及的な文は，真偽に関する意味論的な文法に背くという点で「失格」であり，だからこそパラドックスが生じる，ということになる。

しかし，こうしたタルスキの主張が成立するには，n階の言語（対象言語）に対し，n+1階の言語（メタ言語）が豊かでなくてはならない（より高次のタイプの変項を含んでいる必要があるということ）。たとえば，上述の素朴なL_1における文S_1「Aは嘘である」に比べ，L_2における文S_2は「真もしくは偽」という変項（この場合は真理述語）を含んでいるので豊かであるし，L_3における文S_3は「〜％の確率」という変項も含んでいるのでさらに豊かと言える[6]。こ

うした言語的階層構造のもと，科学的言語とは，或る言語レベルの出来事を別レベルの言語によって言及することができる——それゆえ翻訳・還元なども可能な——「パラドックスのない理想的な言語」であり，タルスキにとっての真理を語りうる有意味な言語とはまさにそうしたものであると言える。

　さて，このようなタルスキの主張はもっともらしいし，たしかにそうなのかもしれない。自己言及的に自身について真偽を述べるような文を排除すれば，残されたものはたしかに意味（真偽）がハッキリした文だけになるだろう。しかし，われわれは実際，「この発言は5割は間違っているかもしれない」という自己言及的な発言や，「人（私）をそんな簡単に信じるんじゃない！」という自己否定的発言，さらには，「ここでは静かにしないといけませんよ！」とまさに今ここで大声で叫ぶような指標詞的発言をする人物とコミュニケーションをとらなければならないときがあるし，そうした人物が——たとえ文法的に間違っているとしても——何を言っているかは理解できているように思われる。タルスキの階層理論から逸脱した「間違った文」，すなわち意味論的に閉じているような自己言及的な文であるとしても，もしそうした文を「失格」と言って消し去ってしまうと，われわれの言語的実践においてむしろその豊かさが失われてしまうのではないか，という懸念もある。それに，日常においては自己に言及していない場合でもパラドックスが生じるケースがある。たとえば，以下の「ポストカードパラドックス postcard paradox」を見てみよう。

　表：裏に書いてあることは偽である。
　裏：表に書いてあることは真である。

「表」が主張する内容が正しいと仮定しよう。そうすると，「裏」が主張する内容は偽となるので，裏面の「表に書いてあることは真である」は偽とな

---

(6) ただし，ここでの豊かさの説明と事例は，タルスキ自身のものでなく筆者が分かりやすいようにアレンジしたものである。なお，後述するクリプキはこの豊かさが最終的には実質的になくなってしまうような最終段階の言語（不動点言語）を想定し，そこにおいて「嘘つき文」というものがどのような性質をもつものであるのかを再帰的に示そうとしている。

り,「表」の主張は偽となってしまう。では逆に,「表」が主張する内容が間違っていると仮定しよう。すると,「裏」が主張する内容は真となる。しかし,「裏」の主張内容は「表に書いてあることは真である」なので,これがもし真であるとすれば,「表」が主張する内容は間違っていないことになるので,やはりこれはパラドックスである。しかし,これらの文はどちらも自己言及的ではないし,「ここ」「この」という指標詞も用いていない。しかし,われわれはそれらの文が何を言っているかの意味は分かる。タルスキ流にパラドックスを解決しようとするならば階級のヒエラルキーを導入すべきであろうが,しかし,それぞれの文に対しどのようなメタ言語を設定して元の文に言及すればパラドックスが解消できるかは不明である(表面と裏面とで相互的言及をしている点で互いにイーブンであって,どちらかをメタ言語として利用することは不可能である)。

3 真か偽か,の二択ではない?
――クリプキの不動点言語と,基底的でない文

このように,階層理論では汲み取りきれないようなケースについて,われわれの日常的直観に背かない形でうまく説明するためにはタルスキとは別の枠組みが必要となる。この枠組みを提示したのがクリプキ(Kripke [1975])であるが,そのやり方を一言で表現するならば,「文というものは,真であるもの,偽であるもの,そして真でも偽でもないものがあるとみなす」というものである。つまり,二値原理を拒否して,真と偽との間の真偽未定なもの,すなわち真理値ギャップを認めるということであるが,これだけ聞くと「何を当たり前なことを……!!」とあきれる人もいるかもしれない。しかし,(古典的とはいえ)論理的に有意味な文とは「真もしくは偽であるかのいずれかである」という考え方が一般的であったことを思い出してほしい。そもそも,そうした「意味と真理」の理論が出てきたのは,曖昧でいいかげんな

---

(7) ただし,こうした真理値ギャップについての考え方はクリプキがオリジナルというわけでなく,クリーネの三値論理や第7章で紹介するファン・フラーセンの超付値などがある。

言葉遣いを排除し,哲学・科学というものをきちんとした形で新たにはじめるためであった。このことは第1章で論じた科学重視の立場,とりわけ論理実証主義においては自明とされていたことでもあるが,これをベースとした研究が進むにつれてそうした真偽の二値論理以外の解決法が現われたということは,論理学や言語哲学における大きな進展とも言えるであろう[8]。では,真もしくは偽という真理値をもつ文と,そうでない文の違いとは何であろうか? ポイントとなるのは「基底的」「無基底的」の区別である。クリプキは,「もしそれらの文自身のうちの若干が真理概念を含むものならば,それらの文の真理値は順に他の文を見ることによって確認されねばならない……このようにして,もとの言明の真理値が確認できるのであれば,われわれはそのもとの文を〈基底的 grounded〉と呼び,それ以外を〈無基底的 ungrounded〉と呼ぶ」と述べている(Kripke [1975], p.694)。

たとえば,「～は真である」というコトバ(真理述語およびそれを用いた文)を知らない人々がいるとしよう。その段階においては,いずれの文もその人たちの言語において真か偽かについては言及されていないことになるが,その初期段階の文を A_0,その言語を L_0 とする(たとえば,それが真であるか偽であるかに関して特に誰も気にしていないとしよう)。やがてその人たちにとって,その文のあるもの,たとえば文 A_0「鳥は空を飛ぶ」はその言語共同体において——まさに「知識」として——議論の対象となるであろうが,それは「「鳥は空を飛ぶ」は真である」という形でそうなのであり,ここにおいては新たな文 A_1 および新たな言語 L_1 が使用されていると言える。さて,言語 L_1 での文 A_1「「鳥は空を飛ぶ」は真である」に真理値を与えるものは,言語 L_0 における文 A_0「鳥は空を飛ぶ」である(ちょうど,形式Tにおいて,「「雪は白い」は真である」が,「雪は白い」でありそのときに限られる,というように)。この場合の文 A_0 は「基底的」と言われる。そし

---

[8] もっとも,クリプキの理論の画期的な点としては,真理値ギャップをもつ文を「不動点」の概念などを援用しつつ数学的に(帰納法などを用いながら)示した点にあるのだが,本書ではその証明方法について詳細には論じない(比較的分かりやすい専門的解説としては——とはいえ,これまで数理論理学にまったく触れたことのない人にとっては難解かもしれないが——山岡悦郎 [1990] で分かりやすく解説してあるので参照されたい)。

て、これは言語 L_1 における A_1、さらに言語 L_2 における A_2 においても同様に真理値を与え続ける。たとえば、「……は真である」や「「「……」は真である」は真である」といった拡張的な真理述語をもつ文に対し、基底的である「……」の部分は常に真理値を与えることができる。このように、「「「鳥は空を飛ぶ」は真である」は真である」などという形での言語的拡張は可能ではあるが、真理述語の有意味性の拡張には最終段階があり、そこでの言語を「不動点言語」L_n としよう。この不動点言語 L_n における文 A_n においても真理値を与えるのはやはり基底的な文 A_0（言語 L_0）である。

さて、言語 L_0 における基底的な文 A_0 を使用する人たちは、文 A_0「鳥は飛べる」に関する外延（飛べる鳥の集合：{コンドル、雀……}）および反外延（飛べない鳥の集合：{ダチョウ、ペンギン……}）というものについて経験上知っている。この外延・反外延は（もちろん経験された内容次第ではあるものの）「「鳥は飛べる」は真である」とか「「鳥は飛べる」は60％で真である」などの拡張された文（言語）において真理値を与えるが――つまり、それを真か偽かのどちらかに決定するが――これは不動点言語 L_n においてもまた同様である。こうした外延の文の集合を S_1、反外延の文の集合を S_2 としよう（S_1 は L_n での A_n に関して「真」の根拠となり、S_2 は「偽」の根拠となる）。すると、L_n における (S_1, S_2) は、L_0 が拡張されてゆくなかにおいても常に真理値を常に与え続けるものであり、この意味で、L_0 の写像 L_n における不動点 (S_1, S_2) は文 A_1 から A_n まで常に真理値を与えるものと言えよう（不動点とは数学的概念であり、簡単に言えば、或る像とその写像との間において同一不変であるような点のことである）。分かりやすくイメージを以下に描いてみた。

不動点イメージ図1：

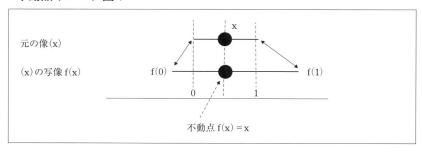

クリプキはこれを数学だけでなく言語にも適用する形で，言語的拡張のもと変化しない不動点の存在，そしてそこにおける基底的な文の存在を主張する。

不動点イメージ図2：

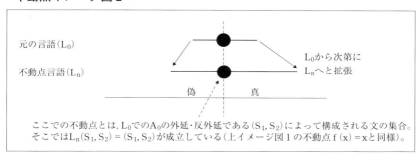

ここでの不動点とは，L_0 での A_0 の外延・反外延である (S_1, S_2) によって構成される文の集合。そこでは $L_n(S_1, S_2) = (S_1, S_2)$ が成立している（上イメージ図1の不動点 $f(x) = x$ と同様）。

イメージ図2についてであるが，「真」の側，「偽」の側にそれぞれ不動点を構成する集合 S_1, S_2 があるとして，それらはちょうどイメージ図1の $f(x) = x$ と同様に $L_n(S_1, S_2) = (S_1, S_2)$ となっている。そもそも，(S_1, S_2) は A_0 に関する文の真偽を決定づける外延・反外延であるので，それが拡張されて L_n に至ったとしても，文 A に対し真理値を与え続けているという点ではその役割は不動のものと言えよう。もちろん，文 A についてのみそうした不動点が存在するわけでなく，文 B, C などについても当然そうした不動点は存在しうる（ゆえに不動点は複数存在しうる）。しかし，拡張されたそれらの文のいずれもが，そこには基底的な文 A_0, B_0, C_0 を含んでおり，だからこそ，それらはいずれもそれぞれの不動点において真理値をもちうるのである。

しかし，嘘つき文の場合はどうであろうか。「この文は嘘である」という文は，すでに真理述語をそのうちに含んでいるために基底的ではありえない。「「……」は真である」という文の真理値を「……」の部分が与えるとすればそれは基底的文ということになるが，「「この文は嘘である」は真である」と

---

(9) 本来であれば，イメージ図2のような直線モデルをもってクリプキの議論を説明するのは不適切であるのだが（クリプキ自身は集合論および帰納法的証明を用いているため），言語的な「拡張」，および「不動点」というイメージを視覚的に与えやすいため，本書ではこのような形で説明した。

いう文の真理値が,「この文は嘘である」によって与えられることはない。写像 L_n においても真理値を与えるはずの不動点に含まれる文とは異なり,それが嘘つき文である場合ではいかなる真理値も与えないので,そうしたものは「真理値ギャップ」に該当する非基底的な文として分類されることになる[10]。

すると,「この文は嘘である」の意味を理解するにあたっては,基底的文に対してそうであるように真理述語をくっつけて「「この文は嘘である」は真である」とするのではなく,「「この文は嘘である」は真偽未定である」とみなす必要がある（そして「「この文は嘘である」は真偽未定である」は真理値をもつことになる）。実際,文「私は嘘つきだからね」という文が有意味なものとなる場合には,文の真偽そのものは曖昧なまま,別の要素によって真理値が付与されることもあるが,このことは,その文が真偽未定であることと矛盾するものではない。真理値ギャップを認めることで,日常的に使われる曖昧でいい加減な言葉や文であっても,その有意味性が担保され,そうした文は日常言語において生き残ることができる。

4 意味の捉え方の多様性
——文,言明,命題の区別の重要性

クリプキ自身の説明をかなりはしょった形であったが,前節ではわれわれの日常言語のなかには「真」と「偽」のほかに,「真偽未定」の文が位置するようなギャップがあることが論じられた。こうした哲学者たちの仕事は決して形而上学的なものではなくわれわれの日常的に潜むパラドックスについて深く考え,そしてその構造を分析することで,言語・論理の有効性とその限界を描き出したものと言える。では,そうした言語や論理の構造に無頓着であるようなわれわれであっても,なぜそのような真偽未定である自己言及文から意味を拾うことができているかについて考えてみよう。

---

(10) ポストカードパラドックスにおける二つの文それぞれも基底的文ではないので,それぞれの面は単独的には真理値をもっていないと言える（つまり,自己言及的でなくとも基底的でなければ,真理述語をそこに加えられても真理値をもたない,ということである）。

われわれがその構造に無頓着であっても嘘つき文のような自己言及文を理解できる場合，大まかに３種類の仕方が考えられる。まず，(i) 或る文や発言の意味を理解しているとき，その文がどんな文脈において真となりうるのかについて理解していること，あるいは，(ii) 文（sentense）ではなく「言明 statement」とそれを述べるところの発話行為に着目し，話し手と聞き手との意味論的な相関をもって真理値が与えられること，さらに，(iii) 真理という性質について，文や言明に備わるというよりは，むしろ「命題 proposition」に備わるものとして理解していること，などであろう。
　まず，(i) の「文脈」について考えてみよう。嘘つき文のような自己言及文がそのままでは理解困難であることはこれまで述べてきたとおりである。しかし，「これは嘘ですけどね」の背景や文脈を知ることによって，それを理解することは可能である。たとえば，島を案内していたエピメニデスが「私を含め，クレタ人は嘘つきなんで気をつけてくださいよ。これは嘘ですけどね」と言ったとき，それまでエピメニデスが有能なアドバイザーであり，しかしクレタ島の住人に対し批判的な人物で，かつ自虐的な人物であると聞き手が理解していれば，エピメニデスは嘘つきではなく，それ以外のクレタ人が嘘つきという意味で理解可能であろう。もちろん，文脈抜きに「これは嘘です」といきなり言い放たれればたしかに意味不明であるが，しかし，そもそもいきなりそのような発言をすることには（相手を混乱させる以外は）何もコミュニケーション的意義はないし，そのような人物は日常においてほとんどいない。ただし，こうした理解の仕方の欠点としては，文脈の読み取り方においてすでに結論が含まれてしまう点がある。「私を含め，クレタ人は嘘つきなんで気をつけてくださいよ。これは嘘ですけどね」という発言がなされた文脈を「それまでエピメニデスさんが有益なアドバイスをくれていて，エピメニデスさんをクレタ島の住人に対し批判的な人物であり，ここでは自虐的な言い方をしている……」と解釈することにおいてすでに「エピメニデスさんは嘘つきではなく，それ以外のクレタ人が嘘つきである」というように，すでに読み取るべき内容が含意されている，と言えよう。聞き手によるそうした文脈理解は或る種の「思い込み」「決めつけ」であって，本来真理とは文の書き手，もしくはその文の発言者から発せられるところのものに属するはずであるという点から，この (i) というものは難点を抱えていると

言える。

　すると，ここで（ii）の「言明」の意義が見えてくる。「言明 statement」とは「文 sentense」を述べたり書いたりするところの行為であり，そこに着目することで，話し手と聞き手との意味論的な相関をもって真理値が与えられる可能性が見えてくる，まず，言明が「行為」であることについて説明しよう。通常，真理という性質は文に備わっているとされている（タルスキやクリプキが一生懸命その構造を取り扱っていたことからもそれは理解できるであろう）。しかし，文が何のためにあるかと言えばそれは「何かを伝えるため」である。その「何か」が文字として紙の上に書かれたものであろうが，音声として空気を震わせているものであろうが，それは「なされるもの」であり，これこそが「言明 statement」というものである。つまり「言明」とは，「或る機会に，或る人物によってなされる語り，ないし文」であり，それは一種の「行為」と言える。もちろん，だからといって「文」そのものが無意味と言っているのではない。ただ，「文」そのものの性質としては事実確認的な意味をもつ一方，「言明」（としての文や発言）は行為遂行的性質をもっている点で大きく異なる。すると，文自体が事実確認的には曖昧であっても，その言明が行為遂行的に確定した意味をもつことは十分ありえる。たとえば「私って嘘つきだからねえ……」というものも，事実確認的な文としてはそれ単独では役に立たないものだとしても，言明としては何かを伝えようとしている点で有益かつ有意味なものと言えるかもしれない。

　ただし，その場合には「話し手」と「聞き手」との間で，真理値が与えられるような規則・規約が共有されている必要がある。「私は嘘つきなんで……」と語る話し手に対し，聞き手が（タルスキを煮詰めたような人工言語学派のように）「文の構造こそが真理に関わるものだ」と考え，そのような曖昧な文を拒絶するような信念をもっているとすれば，そこではコミュニケーションが成立することなく，話し手の言明は無意味なものとなってしまうであろう。しかし，聞き手がそこまで頑固ではなく，「私は嘘つきなんで……」ということは自虐的ジョークの一種であり，そうした表現を或る種のブラックユーモアとして許容すべき慣習をもっているならば，「またまたそんなこと言っちゃって！（あなたは嘘つきなんかじゃないでしょ？）」というような切り返しもできるであろう。文にだけ着目していれば，正直このやり取り

は意味不明なものでしかないが、しかし、われわれが話し手と聞き手の振る舞いをそのうちに含むような規約的慣習を共有し、それを用いてうまく機能しているとすれば、それら言明のやり取りは有意味であり、コミュニケーションもそこで成立可能である。[11]

　実際、こうした状況は日常的に見ることができる。たとえば、「ここでは静かにしないといけませんよ！」と大声で叫ぶ人がいたとして、そこがオーケストラのコンサート会場であれば、そのような場所で静かにする規約的慣習のなかで生きている限りでは「たしかにそのとおりだ」と理解できるし、もしそこがお祭りでにぎわっている場所であれば「そんなことはない」と考えることもできる。このように、発話や言語行為で示されるところの「言明」は、文だけでなく、時と場所、それに話し手・聞き手を含むところの規約的慣習に基づくものであり、或る言明の意味を理解するということは、その規約的慣習がどのようなものであるのかを知っている、ということでもある。もっとも、慣習まかせによって意味が決まる、というのはわれわれの言語的直観と相容れない、と感じることもあるかもしれない。実際、慣習には多種多様なものがあるし、同じ規約的慣習のなかで生活している話し手と聞き手との間においても曖昧な状況があるので、言明であればおよそ一般的に理解可能かと言えばそうではないだろう。

　すると、そこにおいて (iii) の仕方、すなわち、文や言明そのものではなく、それが指し示すもの、すなわち「命題」を理解するということの重要性が浮かび上がってくる。「言明」と「命題」との違いは、以下のように説明できる。たとえば「Aは嘘つきだ」「A is a liar」というのはそれぞれ異なる言明であっても（日本人の発話行為、イギリス人の発話行為、というように）、意味内容、すなわち命題としては等しい。すると、文や言明ではなく命題を真理の担い手と考える場合、「私を含め、クレタ人は嘘つきなんで気をつけてくださいよ。これはすべて嘘ですけどね」という文を理解するポイントは、「私（エピメニデス）」が嘘つきかどうか、そして「クレタ人」が嘘つきかどうか、そして「これ」が何を指し、それが真かどうかを確認するこ

---

(11)　これはいわば日常言語学派であるオースティン（Austine［1961］）の立場である。

第3章　自己言及のパラドックス

ととなる。これは非常に分かりやすいし，明快なやり方である。他方，言明を真理の担い手として考える限りでは，それは話し手や聞き手，さらには規約的慣習などと関わってくるので不安定であるし，文のみを真理の担い手として考えると，「嘘つき文」を真か偽かのどちらかで捉えようとする人々——そして真理値ギャップの話などに興味がない人たち——においてパラドックスが生じてしまったりもする。[12]

われわれはついつい，その文や言明に言及されるところの発話者本人や発話行為に注意がひきつけられてしまうし，それはそれで重要なことでもあるが，その真偽を理解するにあたっては意味内容それ自体を考えることも大事なことである。戦場にいるあなたは隠密任務についており，相棒と一緒に行動しているとしよう。敵兵に見つかれば死ぬかもしれないようなそんな状況で，あなたの相棒が「死にたくないなら大声出すんじゃない！　大声を出せばここでは死ぬんだぞ!!　俺も死にたくないんだ!!!」と叫ぶとすればどうであろうか。相棒の言明（発話行為）は文脈的に矛盾しているし，迷惑なこと極まりないが，命題そのものについては理解可能である。というのも，このケースにおいては，その発話行為によって敵に見つかった場合，その命題が真であることを証明することが可能であるし，逆に，こうした発話行為をしても敵に見つかることなく生き残ることで，その命題が偽であることを示すことも可能だからである。

すると，「私を信じるな！」「ここでは静かに！」「〈絶対〉という言葉は絶対に使ってはいけない！」と発言する人が奇妙に見えるか，あるいはもっともらしいことを言っているように見えるかは，真理の担い手としての文や言明そのものに注目するか，それらが指し示す意味内容に注目するか，の違いに対応してくると言える。しかし結局のところ，こうした対応は，聞き手で

---

(12)　真理の担い手を「命題（文・言明の意味内容）」とみなすのは哲学においてはいわば「古典的」な立場であり，前述のタルスキをはじめ，現代分析哲学者の多くは「文」「言明」そのものを真理の担い手としてみなす傾向にある（そもそも，命題が世界実在的なものか，あるいは主観的信念にすぎないのかという点で混乱があるため，文そのものを真理の担い手としてみなす方がそうした煩わしいことに囚われず，問題点をクリアに示すことができる）。しかしなかには，命題を真理の担い手として考える哲学者も存在する（Barwise & Etchemendy [1987]）。

あり解釈者でもある「あなた」次第である。もちろん，このことは聞き手である「あなた」が恣意的に判断してよい，ということを意味するものではない。解釈者である聞き手がどのような態度をとるべきかは，或る状況のもとでの「発話者」「言明」「文脈」，そしてその発話的状況において聞き手である自分の「位置」，発話者と自分との関係性，などが関わってくる。たとえば，クレタ島に到着してまもなく，ガイド役のクレタ人が「クレタ人は嘘つきだから信じてはいけませんよ」と言う場合，やはり少々混乱せざるをえない。ましてや，そのガイド役がその発言直後に「ホテル宿泊のデポジットのため，２万円お預かりしたいのですがよろしいでしょうか？」と言ってきた場合，どうにも素直にお金を預ける気にはなれないかもしれない。しかし，自身がクレタ島を離れてしまえば，発話者であるガイドを「クレタ人」という集合の一部分としてみなしつつ，そのクレタ人ガイドが２万円を預かるような一連の行為において嘘つきであるかどうか，そしてその他のクレタ人も同様に嘘つきであるかどうかを検証するような「命題を重視する態度」をとれるだろう。

　さて，本章のまとめに入ろう。言葉の意味，真偽の捉え方，そして論理的に考える，ということは一見すると自明であると信じている人はわりと多いように思われる。そうした人たちは，何が無意味であり何がそうではないか，どのような言語表現や発話行為がパラドックスであり，どのようなものが理解可能であるか，という区別もまた自明なものであり，他者との食い違いが生じた際には「自分か相手かのどちらかが間違っているはずだ」と思い込みがちである。しかし，そうではない。メタ言語の違いや，真理の担い手に関する捉え方の違い，文脈の理解の仕方や，状況における立ち位置の違いなどによって，或る文や言明が理解可能であるかどうかには違いが生じることはありうるし，そしてその場合において「誰かが間違っている」「誰かが不合理である」とは限らないのである。また，科学言語は論理的であり，日常言語は非論理的であるという主張は，仮にそれが正しいとしても，日常言語の理解にあたってはわれわれはうまくやっている（うまくやれる）ことを鑑みるに，言語や意味を理解するにあたっては，では論理以外の何が必要になってくるのか，を押さえておく必要もある（その一つが規約的慣習であったりするのだが）。

ここまでは言語と論理の結びつきについてざっと見てきたが，そのなかで，当事者すべてがロジックにおいて一致しているのであれば，およそその文の意味は理解可能である，という主張を所与として議論を進めてきた。これはわれわれがおよそ一般に信じるところの事柄でもあるし，知識とは客観的なもので，どんな人であろうともおよそロジックによって共通的に理解し合えるものである，という信念は根強いものである。しかし，果たしてそうであろうか。われわれの「知識」とは本当にロジックによって支配され，ロジックに沿ったものこそを「科学的である」「客観的である」「正しい」とみなすことができるのであろうか。

第4章

確率のパラドックス
——モンティホール問題——

> **Q** なぜ, 最初に選んだ扉から, 別の扉へと選びなおした方がよいのか？
> （そんなの意味ないのでは？）

1 曖昧さのもと, どのように判断するか？
——確率と統計の重要性

　われわれが日常経験する事柄において,「もっともらしいこと」はたくさんあるが, 必ずそうであるよりほかはないような「確定的なこと」は実はそこまで多くない。或る言語様式のもとでの定まった推論の理(ことわり)を「論理」と言うならば, 論理的推論においては——あくまでその様式が定めるルールのもとではあるが——たしかに確定的な答えが導出される（十進法における「2＋3＝5」, 二進法における「10＋11＝101」などのように）。しかし, われわれの日常においては, そのように確定的な答えが導き出せないような曖昧な問題は実に多い。「あの人に告白したら成功するかどうか」「今度の試験で合格するかどうか」「宝くじに当たってお金持ちになるかどうか」などの諸問題は（もしかすると自分が知らないところでどうなるかは決まっているのかもしれないが）そこに飛び込むまではハッキリとは分からない曖昧なものである。ただし, ハッキリ分からないからといってどうでもよいわけではないし, 何をしても構わないというわけではない。ときに当事者本人にとって重要なもので, 今後の指針を決めるうえで熟慮しなければならないものもある。

われわれの日常において「確率」というものは常に絡んでくるものであって，ときに失敗するとはいえ，なるべく失敗を少なくするような方法があればそちらをとる方が「合理的」である。そうであるとすれば，確率論を或る程度活用できるに越したことはないだろう。

　曖昧な状況をうまく生き抜くにあたって重要なことは，既知の情報や枠組みを上手に利用することである。たとえば，「期待値 expected value」について考えてみよう。辞書的な意味としては，「確率変数の実現値を，確率の重みで平均した値」であり，それを示す難しそうな数式があるのだが，日常的な事例に即するように簡単に言ってしまえば，「よく分からない状況のなか，1回のお試しにおいて予想できる値（およびそれに関わる利得）」と言ってよい。たとえば，サイコロを振ったときに出た目が「1」のとき3000円もらえるような賭けがあるとする。このときの一回あたりの試行における期待値（E）は以下のとおりである。

$$E = 3000 \times 1/6 + 0 \times 1/6 + 0 \times 1/6 + 0 \times 1/6 + 0 \times 1/6 + 0 \times 1/6 = 500$$

　　　　↑　　　　↑　　　　↑　　　　↑　　　　↑　　　　↑
　　　1の目　　2の目　　3の目　　4の目　　5の目　　6の目

　つまり，1回につき500円までの参加料なら払っても良いが，それ以上の参加料を払うのは割に合わない，ということになる（とはいえ，ギャンブルの胴元は，1回の参加料をこの期待値よりも高めに設定しているのが普通である）。もちろん，期待値計算に頼らずとも得をすることはあるだろうが，長期的に見れば「大数の法則」によって1回あたりの儲けは期待値に収束してゆくことが予想されるので，期待値の概念を知らないよりは知っておくに越したことはない。

　しかし，われわれは確率論だけに頼っているわけではなく，統計論にも頼っていることを忘れるべきではない。サイコロのように六つの面しかないものであれば確率的に計算しやすいが，日常的ケースにおいてはそのように分かりやすいものばかりとは限らないし，なにより，事象を規定する枠組みや傾向そのものがまったく不明な場合，まずデータを集めて統計をとる必要がある。統計のメリットとは，（たとえ確率的には自明であったとしても）現実

においてあからさまな偏りが見られる場合，そこには何らかの干渉・作用が働いているかもしれないという推測をもたらしてくれる点にある（複数の事象が現われる可能性のうち，特定の事象の出現に偏りすぎている場合には，そこには何らかの原因や構造があると推測することはもっともであるし，そのためにはまず統計上のデータ記述が必要となるだろう）。確率論が「所与の事象に関する数学的構造の系のもと，その事象の性質を解明する学問」であるとするならば，統計学とは，「或る事象がこれまで生じた頻度や分布についての利用可能な情報に基づきながらその事象の性質を（それが従来の確率論が示す数学的性質とマッチするかどうかも含め）明らかにする学問」と言える。そして統計による分析およびそこからの仮説形成は，当該事象に関する確率的予測にも影響を与える。実際，われわれは日常のちょっとしたことに関しても統計的情報を用いながら確率論に頼ったりもしているので，確率および統計の両者はわれわれの実践的推論において深く食い込んでいる。[1]

　われわれがこの手の推論を普段使用するとき，実はそこまで厳密に計算したりしないし，また多くの場合，そこまで細かく丁寧に計算しなくともおおまかに正しく判断できる。このときわれわれが行なっている推論は，代数学や論理学のように必ず正しい答えを導けるような類のものではなく，ある程度のレベルで正解に近い解を得るものであり，これは「ヒューリスティック heuristic」と呼ばれるものである。このヒューリスティックによってわれわれはスピーディーに物事を判断することができるし，厳密に答えは出せない状況であろうとも何らかの意志決定が必要とされる場面においてはそれに頼ったりもする。しかし，この有効な推論方法にはときに個々の経験則や

---

(1) 　もちろん，どちらをどの程度重視するかについては人それぞれである。カジノでのオッズやレートを設定する経営者や，宝くじを販売する側であれば確率論を軸として物事を決めるであろうし，他方，ギャンブラーや投資活動といった「賭け」を行なう側であればまずはデータを集め，そこから打ち立てられた統計的推論に頼るであろう（とはいえ，自身が支払う参加料や掛け金については，期待値計算のもと適正かどうかは確率論をもとに判断するのであるが）。保険会社については，実際に生じた事故・事件のデータを集め，特定の事象の発生率を統計的に導出し，そこからその事象に関する期待値計算を確率論に沿って行ないながら保険料の設定を行なう，という点ではどちらも等しく重視していると言える。

思い込みなどが入り込んでしまい，認識上の偏り（バイアス）を生ぜしめることもある。そうしたときに，われわれは混乱し，バイアスに陥る形でせっかくの情報をまともに利用できないケースもある。以下の例を考えてみよう。

感染者問題：
K市では1000人に一人の割合で伝染病Xに感染しているというデータがある。検査キットによって，Xに感染していれば90％の確率で陽性反応が出る。ただし，感染していない場合にも1％の確率で陽性の反応が出る。さて，通りすがりの一人を検査キットで調べるとXの陽性反応が出たとして，この人が感染者である確率はどれくらいか？

この問題は，「条件付き確率」という考え方を利用すれば理解しやすくなるであろう。条件付き確率とは，事象Bが起こったという条件のもとで事象Aが生じる確率のことであり，P(A|B)と書く。これは，事象Bが起こるケースのうち，事象AとBとがともに起きているケースの割合として求めることができるのでP(A|B) = P(A∩B)/P(B) と記述する。

さて，そのうえで上記設問の情報を整理してみると，下記のとおりとなる。

P(感染) = 0.001（検査による情報がない場合の基礎確率——いわゆる事前確率——）
P(陽性反応｜感染) = 0.9
P(陽性反応｜非感染) = 0.01

求める条件付き確率は,

P(感染｜陽性反応) = P(感染∩陽性反応)/P(陽性反応)

さて，分母であるP（陽性反応）は，陽性反応が現われるケースの総和（つまり，感染していて陽性反応が出る場合と，感染しておらず陽性反応が出る場合の和）なので

$$P(陽性反応) = P(感染 \cap 陽性反応) + P(非感染 \cap 陽性反応)$$
$$= 0.001 \times 0.9\,(感染者がいて，その人において正しく陽性反応が現われる)$$
$$+$$
$$0.999 \times 0.01\,(非感染者がいて，その人において間違って陽性反応が現われる)$$
$$= 0.01089$$

そして，以上の数値を求めるべき条件付き確率に代入すると

$$P(感染 | 陽性反応) = 0.0009/0.01089$$

となり，答えは 0.08264.... となる。

すなわち，<u>陽性反応が出たその通りすがりの人は約 8 ％の確率で感染者ということになる。</u>

さてどうであろうか。検査キットはかなり精度の高いもの（正解率 90 ％）であるにもかかわらず，「え？ 陽性反応が出た人が実際に感染している確率はそんなに小さいの？」と感じた人が多いのではないだろうか。もしそのように感じたとすれば，「あまりにも確実そうな検査キットや証人が挙げる証拠というものについて，われわれはついそれを過大評価してしまう」というバイアスがそこにあると言えよう。曖昧さのなか，手っ取り早いヒューリスティックに頼ってばかりいるとこうしたバイアスにとらわれてしまうかもしれないし，いくら統計的情報を手に入れたとしても，それを有効活用することなく不要なパニックに陥ってしまうかもしれない。だからこそ，そもそもこうした曖昧な事象の捉え方に関する確率論，とりわけ上記のような条件付き確率の考え方を学ぶことにはそれなりの意義があると言える。

---

(2) このようなバイアスは，着床前診断などの医療現場において生じることもあるだろう。ここで大事なことは「母集団の数」と，その母集団において実際に当該事例がどれくらいの割合で発生しているかという基礎データをきちんと考慮することにある。

2 確率のバイアス
——モンティホール問題のジレンマ

確率論で名の知れたパラドキシカルな問題といえば「モンティホール問題」[3]であろう。アメリカで一時は大論争を巻き起こしたことで大きく注目されたこの問題は，哲学的にも重要な意義を含んでいる。その意義については後に触れるとして，まずは問題の概要と構造について簡単に説明してみよう。

モンティホール問題：
① 閉じられた扉が三つある。三つの扉 A, B, C のうち一つを開けるとそこにはアタリの景品（自動車）があり，残りの二つを開けるとそこにはハズレ（ヤギ）がある（これらはランダム）。景品が入っている扉を最終的に選ぶことができれば景品がもらえるというゲーム。
② ゲーム開始時，プレイヤーは一つの扉を選ぶことができる。扉の選択後，選ばれていない二つの扉のうち，ハズレの扉を一つ司会者が開ける（ただし，プレイヤーが選んだ扉は閉じたままであり，それがアタリかハズレかは分からない）。
③ プレイヤーはいまだ閉じている残された別の扉を選びなおしてもいいし，最初に自分が選んだ扉をそのまま選択し続けてよい。いずれにしても，最終的に選択した扉が開けられ，アタリの場合には自動車をもらえ，ハズレの場合には何ももらえない（ヤギがもらえるわけではない）。
Q. さて，このとき，景品を高確率で獲得するためには，最初に選んだ扉をそのまま選び続けるか，あるいは，扉の選択を変更するべきか，あるいはどちらであっても確率は変わらないか？

---

[3] モンティ・ホール（Monty Hall，本名 Monte Halperin）が司会者を務めるアメリカのゲームショー番組，「Let's make a deal」のなかで行なわれたゲームに関し，1990年，雑誌にてマリリン・ボス・サヴァント（Marilyn vos Savant）が言及したことからはじまった論争。

おそらく，この問題をはじめて見たならば，「わざわざ選択肢を変更する意味が分からない」と感じる人が多いのではないだろうか（率直に告白すると，私もそうした一人であった）。「変えて外れることもあるし，結局は1/2の確率でしょう？」とか，「もともと自分が選んだ扉の正解率は1/3，自分が最初に選ばず，もう一つの選択肢として残された扉も本来の正解率は1/3。どちらにしても変わらないじゃないか……」と考える人もいるだろう。しかし，こうした直観はさておき，まずは数学的ロジックのもと，それぞれの確率を分類し並べながら考えてみよう。まず，プレイヤーが任意の扉（ここではA）を選んだケースを以下の表で示してみた。

モンティホール問題解説表：

①選んだドア	A			
②正解のドア	A		B	C
③司会者が開けてみせるドア	B	C	C	B
②かつ③が生じる確率	1/3×1/2＝1/6	1/3×1/2＝1/6	1/3×1＝1/3 ＊プレイヤーが扉Aを選んでいる以上，正解が扉Bである場合には司会者は扉Cしか開けられないので，その場合，扉Cが開かれる確率は1となる。	1/3×1＝1/3 ＊プレイヤーが扉Aを選んでいる以上，正解が扉Cである場合には司会者は扉Bしか開けられないので，その場合，扉Bが開かれる確率は1となる。
扉を変えると→	不正解	不正解	正解	正解
扉を変えないと→	正解	正解	不正解	不正解

・任意の扉Aを選び，司会者の行為後であっても扉Aを変えることなく正解する確率：1/6＋1/6＝1/3
・任意の扉Aを選び，司会者の行為後に扉Aから選択を変えることで正解する確率：1/3＋1/3＝2/3
（結論）扉の選択を変更した方が正解の確率は上がる，ということになる。

さて，どうであろうか？　これは最初の直観と大きく異なる結果ではなかっただろうか。われわれは司会者がハズレの2枚の扉のうちの1枚を開けることにたいして意味がないと思ってしまいがちであるが，実はそうではない。プレイヤーが一つの扉（上記の例ではA）を選んだとき，司会者のここでの行動は，どれでもいいから残りの二つの扉のうちを開けるような気まぐれな（確率1/2の）ケースでなく，「当たり扉を外し，かつ，プレイヤーが選んだ扉を選ぶことができない形でハズレ扉を選ぶ」という確定的な（確率1の）行為を強制されている，という点が重要なポイントなのである。だからこそ，プレイヤーによって選ばれた扉が不正解である場合，司会者には自由がない形で，必然的に残り1枚の扉を開けなければならない（ゆえに，上記表の右側においてその確率はともに1となり，同じ扉（B or C）を開けるにしても，プレイヤーが選んだ扉（A）に正解が含まれる場合よりも2倍の確率で同じことをしている，ということになる）。すると，司会者が同じこと（たとえばBの扉を開く）をするにしても，一方のケースでは確率1/2でそうしているのに対し，もう一方のケースにおいてはその2倍の確率（1）でそうしていることになる（これが，扉の選択をそのままにすることと，扉の選択を変更することとの間の差となって現われる）。このように，それぞれの確率をきちんと分類しながら示すことで多くの人はすんなりと理解しやすくなるだろう。ただし，それでもやはりプレイヤーの観点に立つとすれば，「それぞれの扉はどれも正解率は1/3だったはずだ。なのに，なんでそれが一方はそのまま，残されたドアはそれが1/3から2/3に変化するんだ！そんなことって……」と不思議な感じが残っているかもしれない。そのモヤモヤ感を払拭するためには，確率に関する上記の説明モデルとは別の，自分自身の認知的状況における確率変化を説明する理論モデルが助けとなるだろう。以下ではそのモデルについて紹介しよう。

　司会者が扉を開けることを行なう前は，いずれの扉を選んでも正解率はそれぞれ1/3である。これは間違いない。そして，司会者がハズレ扉を1枚開けてしまった後では，2枚の扉しか残されていないので，いずれの扉も正解率はそれぞれ1/2である。実際，その状態からクイズに誰か参加するならば，その途中参加者にとっては二つの扉それぞれの正解率はともに1/2の確率でしかない。しかし，最初に扉を選び，その後司会者が別の扉を「開

けてみせる」ことで情報を受け取っているプレイヤーと，途中参加で何も情報をもたないプレイヤーとでは，残された扉の正解率は異なりをみせる（最初に選んだ扉がアタリである確率は 1/3 のままであるが，変更可能な残された扉のその確率は 1/3→2/3 へと変化している）。なぜこのような確率的変化が最初から参加していたプレイヤーにおいて生じるのかを理解するためには，「事前確率」と「事後確率」，そしてベイズ主義の考え方が助けとなる。

　ベイズ主義とは，確率に関する主観的な捉え方をする立場であり，簡単に言えば，確率を「信念の度合い」とみなす立場である[(4)]。たとえば，或る出来事 X が生じる確率（信念の度合い）があるとして，それに関する有力な証拠・情報を手に入れたときの X が生じる確率（新たな信念の度合い）を「事後確率」，それ以前のものを「事前確率」とすることで，主体の信念の度合いの変化をうまく（正当化可能な形で）説明できるようなモデルをベイズ主義は提示する。これだけ聞くと，「確率を主観的な信念の度合いとみなすって，何か胡散臭い。そんなのできちんと確率というものを語れるの？」と思ってしまう人がいるかもしれないが，しかし，実はこれを用いることで前節での「検査」のハナシも説明できる。検査キットが「陽性」を示すことで，それ以前とそれ以降とでは確率が変わっていたことを思い出してほしい（ 1 %→ 8 %）。モンティホール問題も同様に，司会者が扉を開けるという「情報」を手に入れる以前と以降とでは，そこに関わる主体が認識するところの確率が変化するのである。

　ではまずベイズ主義の定理について簡単に説明しよう。曖昧な状況において，或る出来事 X が起きるかもしれないという予測をわれわれは最初に立てているとしよう。しかし，さらに出来事 X の予測において利用できそうな証拠 Y というものを発見したとき，証拠 Y が出てくる前の状況において X が生じる確率を「事前確率」，証拠 Y が出てきた後に X が生じる確率を「事後確率」として以下のように記述する。

　$P(X)$ = 事前確率（prior probability）
　$P(X｜Y)$ = 事後確率（posterior probability）

（4）　ベイズ主義については，松原望［2008］，涌井［2012］などが分かりやすく解説してあるので参照されたい。

第 4 章　確率のパラドックス　　65

そして，この事前確率と事後確率を使用したベイズの定理とは下記のとおりである。

$P(X|Y) = P(Y|X) \times P(X)/P(Y)$

さて，このベイズ主義の立場からモンティホール問題を考えてみよう。最終的には，扉Aを選んで，扉Cが開かれたときに「扉Aから変更しないで当たる確率」と，「扉Bに変更して当たる確率」とを比較する必要がある。そこで，「Aを選んだ」という所与の条件のもとでの確率をP_Aと記述し，当たり扉を「当」，開かれた扉を「開」，扉を示すアルファベットの順で表記するとしよう。

それぞれの確率の分類：
$P_A(当A) = P_A(当B) = P_A(当C) = 1/3$ ……どの扉が当たるかは等しい確率
(情報を得る前の事前確率)

$P_A(開B|当A) = 1/2$ ……残りドアは2枚しかなく，司会者は1枚しか開けられない

$P_A(開C|当A) = 1/2$ ……同上

$P_A(開C|当B) = 1$ ……開けられるドアがC以外ありえないので

$P_A(開C) = P(当A \cap 開C) + P(当B \cap 開C)$
$\qquad\qquad = 1/3 \times 1/2 + 1/3 \times 1 = 1/2$

ベイズの定理による計算：

ベイズの定理に基づき，プレイヤーがAを選び，司会者がCを開けたとき，A，Bそれぞれが当たりである確率を比較すると

$P_A(当A|開C) = P_A(開C|当A) \times P(当A)/P_A(開C)$
$\qquad\qquad = \quad 1/2 \quad \times \quad 1/3 \quad \div \quad 1/2 \quad = 1/3$

$P_A(当B|開C) = P_A(開C|当B) \times P(当B)/P_A(開C)$
$\qquad\qquad = \quad 1 \quad \times \quad 1/3 \quad \div \quad 1/2 \quad = 2/3$

当たる確率は後者が2倍！

すると，扉Aを最初に選び，扉Cが司会によって開かれた後，そのまま扉Aに留まれば1/3，扉Bへと変更すれば2/3の確率で景品を手に入れられることが分かる。つまり，残されたBの扉（この場合は，自分が選ばず，そして司会者にも開けられなかった扉）は，ハズレ扉（C）を開ける司会者による情報提供以前の事前確率は1/3であったが，司会者による情報提供後の事後確率としては2/3へと正解率が変化していると言える。

さて，ここまでの説明において，モンティホール問題における現実と論理との間でのギャップは解消し，パラドックスは解決されたと言えるであろうか。たしかに，誰にでも分かるように数学的解答が提示され，さらにはベイズ主義による説明もなされた。しかし，どうにも不可思議な感触が残る。それは，同じ状況，すなわち2枚のドアが残され，そのうちの1枚のドアがアタリで他方がハズレであるような二択状況において，一方の扉から他方の扉へ選択を変更することでどうして正解率が変化するのか，という違和感である（二択問題であれば，当たるも八卦当たらぬも八卦なのに！）。

ゲームの最初から参加していたプレイヤー1が扉Aを先に選び，そして司会者がハズレ扉Cを開いてみせた場合にはプレイヤー1においては扉Aが1/3，扉Bが2/3の正解率であった。しかし，司会者がハズレ扉を開けた後にもしゲームに参加してくる人（ここでは「プレイヤー2」とする）がいるとすれば，たしかにその人にとっては残されたどちらの扉の正解率もそれぞれ1/2でしかない。すると，プレイヤー1は選択を変更して扉Bを選択する一方，プレイヤー2はヤマ勘で扉Bを選択した場合，両者は同じ扉Bを選んでいるにもかかわらず，前者の方が高確率で当たるというのはおかしいようにも見える。しかし，これは実はパラドックスではなく擬似パラドックスである。プレイヤー1は最初からゲームに参加しており（この時点においてはどの扉を選ぼうが正解率は1/3），司会者がもたらす利用可能な情報を利用すれば，そうしない人——別のプレイヤー1——と比べて正解率が2倍となるが，これはプレイヤー2とはまったく無関係なハナシである。他方，プレイヤー2は途中参加の時点においてもはや利用可能な情報はないため，ただ確率の等しい2枚の扉のみが残されているためどちらの扉を選んでも正

解率は1/2となる。もちろんこれもまたプレイヤー1とはまったく無関係なハナシである。ここでのポイントは，プレイヤー1が選ぼうとする扉（B）の正解率が変化することは，一連のゲームの流れにいるプレイヤー1にとっての状況変化の問題，と理解すべき点にある。

　おそらく，モンティホール問題で生じる直観と論理のズレは，われわれの直観において生じる「性質」に関する誤認と関わっているように思われる。われわれは「司会者がハズレ扉を開ければ，扉は2枚しか残されていないので，それぞれ正解率は1/2でしかありえないであろう」とついつい考えがちであるが，それは「確率（正解率）」という性質を扉という「モノ」の性質とみなすようなものである。確率とはそれに関わるところの「状況」において或る事象が予測される割合であり，その状況とは「認識主体が位置づけられている環境」にほかならない。ゆえに，プレイヤー1が位置する流れにおいて変更可能な扉（B）が正解である確率はプレイヤー1にとっては2/3であるが，プレイヤー2が参入した流れにおけるその扉（B）はプレイヤー2にとって（（A）も（B）もであるが）その確率は1/2でしかない。われわれはついつい確率というものを，世界における個物の性質として実在論的に誤認することで「状況」と「認識主体」を度外視しがちであり，モンティホール問題はそうしたケースの一つと言えるが，ベイズ主義モデルは，確率に関するそうした強い思い込みを解きほぐし，「確率」という現象がわれわれの主観的な認識や信念と関わっていることを理解しやすくしてくれる。

　それに加え，ベイズ主義的思考法は実際にわれわれの社会でも使われているものである。事件の捜査や裁判などを考えてほしい。ひき逃げ事件が起きたとしよう。警官も検事も裁判官も裁判員も，いずれも実際にひき逃げの現場をライブで見ていたわけではない。破損した車が発見されたり，破損した車から被害者の血液が採取されたり……など，さまざまな証拠・証言が出てくるなかで事後確率は高まってゆき，最終的には或る容疑者が犯人ということになり有罪判決を受ける。つまり，事前確率から事後確率への変化を踏まえ，われわれの社会における捜査や裁判というものは成り立っているとも言える（たとえそこでの「犯人仮説」が100％ではなくとも，その仮説は妥当性をもったものとみなされる）。しかし，なかには信用できない

証拠・証言があるかもしれない。よく弁護士が「目撃者であるあなたは本当にその位置から容疑者が見えたのですか？」とか，「目撃者は見間違えたのではないですか？」とか，「その現場に落ちていた物品は，容疑者以外のものである可能性もあるのではないでしょうか？」などと言うとき，それは証拠・証言というものが，事前確率から事後確率を高く変動させうるに足るものであるかどうかを疑っているとも言える。こうしたベイズ主義の考え方は，確率というものを「主観的な信念の度合い」と考える立場，いわば「確率の主観説」と言えるが，これは客観的確率へと到達不可能であるようなわれわれおよびその日常生活と非常にマッチした考え方と言えるようにも思われる（しかし，確率の客観説の立場からは批判されることもあるが）。

3　確率のパラドックス
―― 等しい確率の事象同士でも，等しく生じるとは限らない

　さて，これまではモンティホール問題における違和感と，それを解消・理解するためのベイズ主義的な考え方を紹介してきたが，しかし，だからといってベイズ主義がとる「確率の主観説」こそが唯一無二の正しき確率の捉え方というわけではない。実際，われわれには確率について，世界に関する客観的な事象として理解する傾向性も備わっている。たとえば，6面体のサイコロを振って「1の目」が出る確率について，サイコロにイカサマが施されていない限りそれは1/6であり，観察者がどんな信念をいだいていようが，試行の途中でどのような統計データを得ようが客観的に決まっている，とわれわれは考えるし，それ自体が間違っているとは言えない。こうした「確率の客観説」が依拠しているのは「頻度主義」である。頻度とは「或る事象がくり返される度合い」であり，頻度主義とは，試行が重なるにつれて，途中で得られるデータや信念はどうであれ，確率に関する真の値（この場合は1/6）にその度合いは近づいてゆく，と考える立場である（その一例として「大数の法則」を挙げることができる）。

　前節では，ベイズ主義的な主観説というものは，確率に関する頑なな思い込みを和らげ，錯誤に陥ることを避けさせてくれる，ということを述べたが，

しかしそうした主観説であっても（あるいは主観説だからこそ）錯誤に陥ることだって十分ありうる．たとえば，サイコロを50回振り終えたとき，「1の目」が5割以上の確率で出たとしよう．このとき，事前確率では1/6であったものが，いわば50回振り終えた時点での情報（データ）をもとに，「このサイコロには細工がしてある」という仮説，そしてその仮説のもと，51回目以降において「1の目」が出る事後確率を1/6以上に見積もることは多いにありえるだろう．しかし，実はそのサイコロには何の細工も施されておらず，そうした結果はたまたまであり，1万回の試行においてはほぼ1/6になるとしたら，確率に関する主観説よりも客観説をとる方が錯誤に陥りにくい，という見方もできる．

　ただし，客観説自体はやはり頻度主義に基づいているので，まともなサイコロかどうかを判別するには長い期間での観察が必要となるし，頻度主義的な考え方に固執してしまうと，常識的に見ればあからさまにイカサマの見本のようなサイコロに対しても「いや，見極めるためにはもっと試行回数が必要だ……」と言って長期間それを放置してしまうリスクを背負うことにもなりかねない．そもそも，頻度主義が想定する「確率の（客観的な）真なる値」に近づくまで試行をくり返さなければ最終結論を得られないとすれば，もともとその枠組みにおいて頻度主義は絶対不可謬となっているのであって，そこでは仮説としての反証可能性が排除されていると言えるだろう．他方，ベイズ主義のような確率の主観説というものは，その都度生じるさまざまな証拠のもと，主観的な信念の改訂可能性を認める点では客観説よりも柔軟であり，かつ，無限回の試行が不可能な状況において，随時利用可能な情報をもとに妥当な仮説を採用できる，というメリットがあるようにも思われる（ベイズ主義におけるベイズ推定とは，真なる値を一つのみのものとして捉えるのではなく，グラデーションのような確率分布で捉え，情報をもとにしながら現象をよりよく説明できる事後分布を推定する）．

　さて，「正しく確率を理解する」ということが，確率の客観説に行き着くのか，あるいは確率の主観説に行き着くのかという点では議論の余地があるとしても，やはり注意すべきは，或る事象が発生する確率は，当事者がそこに含まれるところの状況との関連のもとで理解されるべき，という点であろ

う。とりわけ，当事者が複数存在したり，あるいは，競合する事象が二つ以上存在する状況においては，それぞれが単独である場合とは異なる様相を見せ，場合に応じて移り変わりを見せるときもある。

たとえば，ここに六つの面に以下のような数字が彫られている一風変わった3種類のサイコロA，B，Cがあるとしよう。

サイコロA：３３４４８８
サイコロB：１１５５９９
サイコロC：２２６６７７

それぞれのサイコロを振った場合に出る目の期待値はいずれも30/6＝5であるので，A, B, Cどのサイコロを振っても変わりはないように見える[5]。では，サイコロA, Bを振って，より大きな目が出た方を勝ちとするならば，どうであろうか？

		サイコロA					
		3	3	4	4	8	8
サイコロB	1	A	A	A	A	A	A
	1	A	A	A	A	A	A
	5	B	B	B	B	A	A
	5	B	B	B	B	A	A
	9	B	B	B	B	B	B
	9	B	B	B	B	B	B

（枠内のアルファベットは勝者）

上記より，サイコロAが勝つのは16/36，すなわち，4/9であり，Bの方がやや優位である。

では，サイコロBとCとでは？

---

(5) このサイコロの例は，I. スチュワート『迷路の中のウシ』(2015)，9-10頁から抜粋。

		サイコロ C					
		2	2	6	6	7	7
サイコロ B	1	C	C	C	C	C	C
	1	C	C	C	C	C	C
	5	B	B	C	C	C	C
	5	B	B	C	C	C	C
	9	B	B	B	B	B	B
	9	B	B	B	B	B	B

　サイコロ C が勝つのは 20/36，すなわち 5/9 であり，C の方がやや優位である。ここまでの優位の付け方で言えば，サイコロ B＞サイコロ A，サイコロ C＞サイコロ B，であるので，当然サイコロ C＞サイコロ A のように思われるが……

		サイコロ A					
		3	3	4	4	8	8
サイコロ C	2	A	A	A	A	A	A
	2	A	A	A	A	A	A
	6	C	C	C	C	A	A
	6	C	C	C	C	A	A
	7	C	C	C	C	A	A
	7	C	C	C	C	A	A

　このように，A が勝つ確率は 20/36＝5/9 となり，予想されていた推移律は成り立たない。つまり，出目の平均値である期待値がたとえ等しくとも，各数字の分布の仕方次第では競合において差が生じるし，どちらのサイコロがより大きな数字が出るか（どちらが勝つか）についての確率というものはジャンケンのように相手次第によって変化してしまう。つまり，単純な期待値計算によって示されるような客観的な確率的値だけではそれぞれの「優位さ」「強さ」を示すことはできない。

　同種の非推移的な事例で言えば，「ペニーのコインゲーム Penney's coin game」というものがある。元々は，1969 年にウォルター・ペニーが娯楽雑

誌 *Journal of Recreational Mathematics* に載せた記事がネタになったものであるが，それは次のようなゲームである．細工もイカサマもない状態においてコインを投げると表か裏のどちらかが現われる．表は英語で Head なので "H" と，裏は Tail なので "T" と略記する．コイン投げを試行する前に2名のプレイヤー A, B がそれぞれ早く現われそうな三つの並び，たとえば，A は "HHH"，B は "THH" などと予測し合い，実際の試行のもとでそれが早く現われた方を勝ちとする（そこでは，TTHTTHHTHHTHHHTHTTH のようなシークエンスにおいては B の勝ちとなる）．さて，A が予想する "HHH" の並びになる確率は 1/2×1/2×1/2＝1/8，同様に，B が予想する "THH" の並びになる確率も 1/8 であるが，「どちらが早く現われるか」に関しては，実は A に対しては B の方が優位なのである．

　少しそれを説明しておこう．A の選択 "HHH" に対して B が勝つためには，B の選択 "THH" がそれ以前に現われる必要がある．THH が勝利するためには，HHH が現われる直前の試行に T，もしくは TH，あるいは事前のシークエンスにおいて THH がそのまま現われていればよい．HHH が先に現われる確率（つまり A が勝つ確率）を 1/8 とすることに対し，それ以前にそれらのパターンが出現さえしていれば B が勝つことになる．それらのパターンとは "HHT" "HTH" "THH" "HTT" "THT" "TTH" "TTT" という7通りとなる．つまり，HHH を選んだ A に対し，B が A に勝つ確率は 7/8 であり，戦略的には7倍の勝算ということになる．しかし，注意してほしいのは，ここでは支配戦略的シークエンスは存在しない，という点である．今紹介した THH に対し TTH は2倍優位であるし，その TTH に対し HTT は3倍優位であり，その HTT に対し HHT に対し2倍優位であり，しかしその最強とも思える HHT に対し最初の THH は3倍優位であるように，この3回試行型コインゲームには，いわばジャンケンのような構造が含まれている[6]．

　さて，上記事例で示されている重要なポイントとしては，①支配戦略を示す確率的な性質というものが存在しない確率論的状況が存在すること，そして，②その状況を理解することなく，確率というものを「事柄そのものに内

---

(6) こうした事象については Nishiyama [2010] で詳しく解説している．

在する客観的性質」としてのみ捉えようとする態度では，こうした事態をパラドキシカルなものとみなしてしまいかねないこと，の2点を挙げることができるであろう。

　曖昧な状況のもとでは，より正解へと近づくための「正しい判断」「正しい選択」をする必要があるが，そのためには，独自の関わり方をしているそれぞれの認識主体が自らの立ち位置や，問題となる状況の構造を理解したうえできちんと判断していなければならない。たとえば，モンティホール問題において，最初に選択することなく，その後司会者が開けることなく残された扉（B）を，最初から参加しているプレイヤー1の観点で眺めるか，あるいは司会が扉を開けた後で参入してくるようなプレイヤー2の観点から眺めるかで，扉の意味はまるで変わってくる。ここでのプレイヤー1が確率論的な意味で「合理的な人物」であるならば，その扉の意味を裏づける根拠，すなわち，正当化された信念をもちながら，自分が選ばず司会者にも開けられなかった扉Bへと選択変更するであろうし，ペニーのコインで言えば，相手にまず選ばせて，その後自身が有利となる選択肢を選ぶような戦略をとるであろう。こうした正しき判断・正しき選択ができるということは，その状況において「正しい認識」をしているということであり，そこでは或る種の信念が行為の理由として正当化されている，とも言える。こうした「正当化された信念」というのは知識の根幹であり，それは，ロジックに基づく形で理性的に正解を導出できる，とみなすいわば哲学上の伝統的立場とも言えるものである(7)。しかし，それは理性的な認識主体において反省を通じて導出可能なものなのであろうか？　この点との関連で，次章においては「知識」というものについて考えてゆきたい。

（7）　哲学における「認識論 epistemology」とは，「知識」というものについての性質・起源・範囲（限界）などに関する研究分野である。

第 5 章

推論のパラドックス
―― 絞首刑のパラドックス ――

> **Q** 事実に基づいて合理的に推論し,その結論が現実と合わないとしたら?(間違いはどこにあるのか?)

1 正当化された信念
　　――ゲティア問題

　前章の最後において確認したことは次のことであった。曖昧な状況のなかで何を選択すべきかの理由を与えるのは正当性が認められた信念,すなわち「知識」であり,それに基づく判断・行為をしていれば不必要な失敗が減ることになる。
　もちろん,正しい信念,すなわち知識のすべてがその保有者の利益につながるわけではない。地球より遥か彼方にある冥王星の大気や地質についての知識をもっているとしても,その保有者が大金持ちになったり,何らかの名声を得られるわけでもない。しかし,それは価値や効用の有無にかかわらず,やはり知識なのである。この点において,「役に立たなければ知識ではない」と主張したがる人の知識観というものは非常に狭いもので,世界における客観的事実や真理について軽視している態度と言えよう。そもそも,それがいつ役に立つかは人それぞれであるし,意外なときに役立つこともあるだろう。さらに言えば,その内容が間違っていたり,非科学的な思い込みですら役に立つことを考慮するならば,「役に立つ」を知識の必要条件とみなすことに

75

はかなり問題がある（十分条件の一つとしてカウントするくらいならよいかもしれないが）。

　すると，知識において重要なことは「役に立つ」「役に立たない」ではなく，それが世界における事実や真理をきちんと反映したものであるかどうか，と言えるかもしれない。しかし，そこに無根拠な思い込みや憶測，偏見が入り込んでいてたまたま事実と合致しているのではそれは知識とは呼べない。無論，われわれ人間は有限な能力しかもたず，それゆえ100％の確証へと至るようなことはおよそありえないが，しかし，或る程度の証拠もしくは説得力ある説明のもとでそのような信念が保持されているとするならば，それが客観的事実を示しているのはたまたまではなく，それなりの根拠をもってそうであるということになる(1)。すると，推論およびそこから得られる信念とは如何にして正当化され，「知識」と呼ばれるに相応しいものとなるのであろうか？

　哲学の伝統的な考え方においては，或る信念が正当化されるとは何らかの形で基礎づけられていることであるとされてきた。たとえば，デカルトにおいて基礎となるものは，いかなる懐疑をつうじても生き残るような明晰判明なもの，すなわち，「我思う，ゆえに我あり Je pense, donc je suis」――いわゆる「Cogito, ergo sum（コギト・エルゴ・スム）」――において否定できない「私（自己）」であった(2)。そうした基礎的な信念に基づいて適切な推論が為される限りにおいて，そこで得られる信念は真なる知識ということになるが，こうした考え方を「基礎づけ主義 foundationalism」と呼ぶ。さら

（1）　もし100％の確証がなければ知識ではないというのであれば，ほとんどの経験科学は知識を取り扱っていないことになるが，これはあまりにも厳しすぎるであろうし，その場合，数学・論理学以外の知識はほとんど否定されることになる。しかし，そうした学問でさえ，何らかの経験的事実およびそれと結びついた予測可能性があってはじめてわれわれの実生活において有意義な知識となるため，経験的要素および蓋然性を排除するようなスタンスは知識論としては不適切であるように思われる。

（2）　ただし，そもそもデカルト自身は前述のようにフランス語でこれを表現したのであって，「Cogito, ergo sum（コギト・エルゴ・スム）」はそれがラテン語に翻訳された後に拡がって有名となったものであることには注意。

にデカルトの場合，そこでの信念が主体内在的に正当化される形で真なる命題を示すとする立場をとっていたので，これについては「内在主義 internalism」と呼ばれる。内在主義自体は古くからある立場であるし，デカルトのような大陸合理論者だけでなく経験に基づいた推論から知識を導出するような経験論者もここに含まれうるが，主体内在的に正当化された信念を重視するこうした立場は現在までも継承されており，その多くは，知識においてロジックとそれに沿った推論を行なうための主体内在的な「合理性」を必要条件とみなす合理主義の形態をとっている。

ただし，デカルトは明晰判明な「自己」を基礎とし，そこから演繹的な形で「明晰判明に知られるもの」としての真なる知識を想定しているが，たとえ思考上の推論とはいえ，その推論において使用される情報が何らかの知覚に基づく限りそれはやはり「間違い」「錯覚」である可能性がある。簡単に言えば，コギトは疑いようがなくとも——それでもヒュームがそうしたようにそれですら疑いようはあるのだが——コギトに基礎づけられた知識はやはり疑いようがあるし，さらに言えば，主体において自己完結的に正当化された信念は，たとえそれが世界の事実に対応する形で「真」であっても（そして論理的かつ合理的に推論していても），やはりそれが偶然的であって「知識」とは呼べないケースもある。この点を指摘したのが，次に紹介する「ゲティア問題」である。

「ゲティア問題 the Gettier problem」とは，内在主義が想定するところの「正当化された真なる信念 justified true belief（以下，JTB）」というものが知識の条件としては不十分であることを示したものである。

知識についてのJTB方式：
　或る認識主体SがPを知っている（Pについての知識をもっている）とするならば，それは以下の条件が満たされるときであり，かつそのときに限る。

---

(3)　つまり，ここで言う「内在主義」とは，主体の認知状態における推論・判断によって正当化された信念こそを「知識」とする立場である。他方，それを否定する「外在主義 externalism」とは，それらの要素とは別の外在的な要因を重視する（その信念がどのような（主体外部の）事実と関わっているか，あるいは，そうした事実と主体がもつ信念との間の因果関係がどのようなものか，など）。

(ⅰ) Pは真であり
(ⅱ) SはPを信じており，そして
(ⅲ) SはそのPを信じることを正当化されている(4)
　　（Pについて正当化された信念をもっている）

さて，このような知識の定義は一見すると非常にもっともらしく思われるが，ゲティアは次の事例を挙げ，JTB方式がもっともらしくないことを示そうとする。

ゲティアが示す反例（Gettier [1963]）：
　スミスとジョーンズは，とある会社に就職しようと応募している。スミスは「ジョーンズは採用され，かつ，ジョーンズはポケット内に10枚の硬貨をもっている」という命題（d）を信じ，かつその強力な証拠をもっている（会社の社長からその情報について聞いているとしよう）。そして，命題（d）は，「採用されるその人はポケット内に10枚の硬貨をもっている」という命題（e）を含意しているので，スミスにおいて「命題（e）が真である」と信じることは正当化されていると言える。
　しかし，実は採用されるのはジョーンズではなくスミス本人であった。そしてスミスは自分のポケット内に10枚の硬貨が入っていることも知らなかった。すると，スミスが信じていた命題（d）は偽であるが，それが含意しており，かつスミスが信じていた命題（e）が真であることになる。ここで，（ⅰ）命題（e）は真であり，（ⅱ）スミスは命題（e）を信じており，さらに（ⅲ）命題（e）を信じることを正当化されている，といえるが，スミスは「誰が採用されるか」について誤って信じていた（知識をもって

---

(4) 「何かを知っている」とは正当化された命題を信じていることであり，その信じ方には或る種の合理性が規範的に求められているとも言える。たとえば，「もしpがqを含意し，主体Aがpを信じるなら，Aはqを信じるはずである（信じるべきである）」というのは，信念保有者における規範的合理性——そしてその信じ方についての弁護可能性——を示している（Hintikka [1962], pp. 30-31／訳46-48頁）。

いなかった）ことになる。[5]

　さて，このようなゲティアのJTB批判，すなわち，内在主義への批判は決定的なものであろうか。ゲティアの問題提起はその後多くの研究者たちに影響を与えたという点ではその意義を認めざるを得ないが，そもそもこのゲティアの論法は妥当なのであろうか。問題をちょっと整理しながら見てみよう。
　（d）が（e）を本当に含意しているとして，（d）を「xは採用され，かつ，xはポケット内に10枚の硬貨をもっている，そのような任意の人物xが存在する」，そして（e）を「採用される任意の人物（x）はポケットのなかに10枚の硬貨をもっている」と言い換えてみよう。ここでは，xがどのようなものであれ，合理的な人間であれば（d）を信じるならば同時に（e）も信じるべきであろう。ゲティアが指摘するところによれば，スミスは（e）を含意するところの（d）を信じ，（d）が偽であるのに（e）が偶然的に真となっていることが問題視される。これは前者における任意の人物xはジョーンズであるのに，後者における任意の人物xがスミスとなってしまったからにほかならない。こうした状況は，最初の命題（d）は心理的な信念命題である一方，後者の命題（e）は非心理的な事実命題であることに起因するように思われる。
　そもそも「（d）が（e）を含意している」というのは，合理的人物における信念命題（d）は，その内容xを含むところの信念命題（e）を含意している，ということのはずであった。この時点では（d）も（e）もどちらも心理的な信念命題である。しかし，ゲティアが反例として挙げる（e）はむしろ事実命題であり，それは（e）の形式をした（e_1）とも言うべきものである。この（e_1）は文の形式は（e）と同じであるが，これはそもそもの信念命題（d）に含意される心理的内容を含むものではなく，非心理的な世界的事実内容を含むものである（だからこそ主体外在的な事実に対応する形で，

---

(5)　これはGettier［1963］，p.122のCase 1の事例。本文の英語は「その仕事を得るget the job」となっているが，この事例が採用面接のハナシでもあり日本語のニュアンスでは「採用される」の方がしっくりくるため，本書では少しアレンジしている。

任意の人物 x のところにジョーンズではなくスミスが代入されてしまう)。つまり,「(d) が (e) を含意している」としても, (d) が (e_1) を含意しているわけではない。ゲティアは問題提起の仕方において, (e) を最初は心理的な信念命題として記述しながら,後半にはそれを非心理的な事実的命題として記述している点で,異なる用語法を用いている,と指摘できるように思われる。もしそうであるならば,これは主観−客観の断絶という問題であって,主体内在的な合理性と知識との断絶という問題と同一視してよいかどうかは議論の余地がある。

それにゲティア問題の別のからくりとして,そこでは「もし (d) が (e) を含意し, (d) を信じるなら, (e) を信じるはずである(信じるべきである)」という規範的合理性基準を満たす「合理的な主体」を信念保持者としながらも,それと同時に,不十分な証拠を「強力な証拠」と思い込んでしまうような愚鈍な信念保有者を想定している点も問題である。当然その愚鈍な信念保有者が信じていることは知識ではないため,内在主義的な知識論は無残なものであるように見えるが,そもそも(とりわけデカルトのような)内在主義者が想定するところの合理的な認識主体がそこにはいないという点でそれは内在主義への決定的批判となっていないのではないか,という疑問もある。[6]

とはいえ,ゲティアの問題提起には大きな意義もある。そもそも, (e) を含意するところの (d) を信じる「理由」というものが,スミスにおいて心理的かつ自己完結的なものであったからこそ,そこに含まれていた (e) はそれと偶然的に(かつ事実的に)「真」である一方,心理的な信念命題である (d) は主体外在的な事実と照らし合わせると「偽」であるという混乱した事態となった。これは推論の前提としてのそもそもの (d) を信じる正当な理由をスミスはもっていなかった,ということである。つまり,「知識」とは,特定の信念が主体内在的に正当化されていればよいというわけでなく,主体外在的な事実や原因との関連上でその信念が正当化されること,あるいは,「その信念を信じる理由」の形成のされ方の適正さ,などの要件を満たす必要があるようにも思われる。こうした議論は,信念の正当化のプロセスを「合理的な主体」の外側へと持ち出す可能性を示唆することで,内在主義

---

(6) この論点については,古田［2008］,19 頁を参照。

が陥りがちな主観主義的な知識観が客観性を帯びる，というメリットもあるだろう。この点で，ゲティア問題は知識論に一石を投じたものと言えるかもしれない。

2 エメラルドは何色なのか？
　　——グルーのパラドックス

　さて，合理的な主体における推論，およびそこから導出された信念というものが「知識」としての資格があるかどうかに関し，それに対する批判的なゲティアの主張を吟味した。もちろん，それでも，所与としての正確な情報（信念），経験を基礎としつつ，そこからきちんとした推論を行ない，正当化可能な信念を知識として形成することを可能とする「合理性」が人間には備わっている，という希望は残っているかもしれない。科学的知識が各種経験から得られるデータをその基礎としている以上，科学を支えるところの「合理性」とは，或るデータに関する正しき読み方，正しき推論，そして正しき判断を与えるものである，という考え方は根強いものであり，合理性および論理性に基づいた統一科学の夢をもっている人もいるだろう。むろん，人類に普遍的に通用するようなそうしたものが「合理性」のもと保証されるに越したことはない。

　しかし，合理的な人間同士が同じ経験をすれば同じように推論し，そして同じ結論・信念へと至るかといえばそんな簡単なハナシではない。経験からの帰納的推論およびそこから形成される信念の適正さはそれ自体で定まっているわけではなく，それが複数生じる場合にはそのいずれが適正であるかが決定不可能な場合もあるし，そもそも推論のための言語用法すら異なる場合もある。その一例としてグッドマンの「グルーのパラドックス the grue paradox」を見てみよう。

　述語としての「グリーン（緑）」「ブルー（青）」は普段われわれが使うものであるが，この「グルー」とは「時刻 t 以前に確認されたその対象がグリーンであるときに適用され，t 以降に確認されたその対象がブルーであるときに適用される」というものである（Goodman [1983], p. 74／訳120頁）。「エメラルドは時点 t（たとえば「2050年」）以前はグリーンであり，時点 t 以降

はブルーである」という用法のもと「グルー」という述語を使う人がいるとしよう。このとき、「時刻t以前に確認されたすべてのエメラルドはグリーンであった」というデータは、「時刻t以前に確認されたすべてのエメラルドはグルーであった」というデータと同一のものである。したがって、このデータは、「すべてのエメラルドはグリーンである」という仮説形成に寄与すると同時に、「すべてのエメラルドはグルーである」という別の仮説形成にも寄与する。しかし注意すべきは、この二つの全称命題は、時刻t以後に検査されるエメラルドの色に関して異なる主張をしている別個の命題である。そして問題は、この二つの全称命題はどちらも同一データ・同一経験から導出されうるもので、一方が他方より妥当であるかどうかは両者を並べるだけでは決着がつかない、ということにある。

　グッドマンが示唆するところでは、経験された或る現象に対し、われわれは何らかの性質概念たる「述語」を投影する。われわれが投影する自然な述語としては「グリーン」や「ブルー」であって、「グルー」はいわば不自然なものであるが、しかしそうであることに正当な根拠などはないし、どちらが正しいものであるかの保証などもない。もちろん、「グルー」のように、或る時点以降その見え方・現われ方が変わるであろう述語が奇妙と思う人が多いかもしれないが、そうでないケースとして経済政策などを想像してほしい。たとえば経済政策Aはこれまでうまくいってきたとしよう。多くの人がこれを共通的に経験しているとしても、「日本を不況から回復させる優れた経済政策とはAである」という信念Xをもつ人もいれば「日本を不況から回復させる優れた経済政策とは時点tまではAであり、それ以降はBである」という信念Yをもつ人もいるかもしれない。ここで重要なことは、変化的意味合いを含む信念Yだからといってそれだけで不自然であるということはないし、政策上の性質に関する仮説としてそれが間違っているとも言えない。「それまでそうだったからこれからもそうである」という信念をもつ人は「自然の斉一性(7)」を想定しているにすぎず、なぜ関連する一切のものがそのままそうであるのかについては不問のまま、これまでのケースから

---

(7)　自然の斉一性とは「自然界においては何らかの法則性もしくは秩序があり、同じような条件のもとでは、同様の現象・出来事が生起するはず」という想定・原理のこと。

類推的に結論を導出しているにすぎない。

　さて，気をつけるべきは，このグルーのパラドックスの話を「知識なんて何でもアリなんだ」といって相対主義的に解釈してはならない，という点である。経験からの帰納的推論および信念形成が複数種類あるからといって，そうした営みが何の規範性も備えていないような無制約・無節操なものかといえばそういうわけではない。なぜなら，推論がもたらす信念はもちろんのこと，その基となるデータそのものについて，知的営みとそうでない営みとの差異は，観察者の認知スキーマに内在する規範性の制約を受けるかどうかに依拠しているからである。

　たとえば，デーブとケントという二人がいて，二人は時点tに至るまで同じ100個のグリーンのエメラルドを確認したとしよう。デーブは「時点t以降もエメラルドはグリーンである」と推論し，ケントは「時点t以降はエメラルドはブルーである」と推論した。さて，これまでの文脈では，両者は同一データからそれぞれ異なる推論をしている（そしてその両者の間において決定的な勝者は存在しない）ということであったがそうではないかもしれない。実は，両者は同一データではなく，同一事象における異なるデータを見ていたのかもしれない。そこでの両者は好き勝手にそのような異なる読み取り方をしていたわけでなく，制約的な推論・予測をするよう，或る種の規範（norm）に従っているとも言える。もちろん，だからといって自然の斉一性を前提とした保守的規範と，自然の変化を許容する可変的規範との間の優劣は，そこで行なわれる推論それ自体のもとで定まっているわけではない（そもそも「自然は変化する」ということもまた自然の斉一性として理解可能である）。すると重要なのは，これまでその観察者が経験し，これから経験するであろう事柄を解釈・説明するための方向性として，そのどちらが「人々

---

(8) この点は，一ノ瀬［2001］，197頁でも指摘されている：「規範は，事実として未来に成り立つかどうかに関わりなく，未来を縛る働きをしうるものだからである。ならば，「グルー」のパラドックスは解消する。「グリーンデータ」と「グルーデータ」は実は同一ではなく，前者はこれまでもこれからもグリーンであるべきとする規範を内包し，後者はこれまではグリーンでこれからはブルーであるべきとする規範を伴う知覚情報なのだから，それらが異なる規則性を確証し，異なる予測を導いても奇妙な点は何もないからである」。

が認識するところの世界全体に関する説明」として相応しいか，という点になる。

　たとえば，これまで身の回りにおいて，或る対象が一日以上同じ色であったことを経験していない人たちがいるとしよう。そうした共同体においては，バナナの色は——われわれにとっての「グリーン→イエロー」という変化を含意するような——「グエロー」と呼ばれるように，ありとあらゆるものは可変性を備えた述語のもとでうまく説明されてきたかもしれない。そして，この共同体においてはじめて輸入され，人々の目に触れることになったエメラルドに対して人々が「グルー」を用いてそれを説明することは間違っているどころか，自然であり理に適っているかもしれない（逆に，このような共同体において可変性を一切排除した色述語を使うことこそが不自然であり不合理であるだろう）。われわれの社会において「グルー」が奇妙であり「グリーン」が自然であるとすれば，物事の斉一的な現われ方において，その性質を恒常的なものと仮定して呼ぶような習慣・規約が定着し，そこではとりたてて不都合がないためである。およそわれわれが当たり前のものとして使用するような述語や，論理的な用法のもとで使用される名詞の定義さえも，単独的にその自然さ・正しさが確立しているのではなく，日常的に経験されるところの環境および習慣のネットワークのなかでうまく世界の事実を表現できるかどうかに依拠している。このように，エメラルドの性質を示す述語として「グリーン」や「グルー」や「グエロー」などのいずれが自然で適切であるのかはその述語そのものにおいて単独的に決定しているとは言えないが，ここには，①取り扱う事象を何らかの普遍言語へ統一的に還元することへの批判（要素還元主義批判），そして，②合理的な個々人が主体内在的なプロセスのもと推論することで客観的知識を確立できるということへの懐疑（内在主義への批判），というものを見ることができる[9]。

---

(9) クワインは論理実証主義の還元主義を否定し，個々の命題はそれ単独で検証できるものではない，と説いている。「外的世界についてのわれわれの言明は，個別にではなく，一つの団体として感覚的経験の裁きに直面する」(Quine [1953], p. 41／訳 61 頁)。

3 「知識」とはどのようなものか？
――整合主義

　さて，知識を取り扱うにあたり，内在主義に対する外在主義だけでなく，基礎づけ主義に対する「整合主義 coherentism」もまた意義あるものであり，前述のグルーのパラドックスはそのことにも関連している。整合主義のメリットは以下のように説明できるであろう。たとえば，限定的状況において限られた時間と情報，推論能力しかもたない主体が，特定の信念から単独的に推論して導出した結論を「知識」としてしまうと早とちりや間違いも起きるし，普段自明として用いている他の知識と矛盾したものとなっているかもしれない。そこで，その結論をその他の事柄との関連のもと，無矛盾でバランスがとれており現実世界を説明する理論体系に組み込めるものであればそれを「知識」とみなすということは，或る意味では反省を通じた理性的な正当化とも言える。この手法はプラグマティズム（実用主義）の観点からもウケがよい。

　ただし，こうした整合主義には欠点もある。まず，個々の検証よりも理論体系全体が整合的であることが重視されながら「知識」が正当化されるというのであれば，或る現象を説明するための物理学・生物学・化学などよりもより整合的な魔術理論・宗教理論の方が優れているという事態も考えられる。一つ一つの知覚経験を説明する述語としての受け入れやすさは従来の自然科学が勝るとしても，想像力によってうまく信念の網の目を補修しながら――それこそ反証の余地がないくらいに――整合的に説明するような魔術理論・宗教理論があるとすれば，われわれはそれを「知の理論」として採択す

（10）「整合主義」とは，認識主体のもつそれぞれの信念が互いに調和し合っていることをもって（「無矛盾的」など），当の信念が正当化されるものとする立場。全体論を唱えたクワイン自身（前註）はこうした整合主義をとっているように見えるが，しかし，そうであることとその立場が外在主義であることとは別のハナシである（なぜなら，主体内在的な認知状態において各種信念が無矛盾であれば，そこで当の信念は正当化され「知識」と位置づけられることもあるので）。クワイン解釈は本書のテーマではないので，ここではこれ以上掘り下げて扱うことはしない。

べきとなるのだろうか。おそらく，そんなことはないであろう。

　それに，こうした整合主義は，個々の命題それぞれに対し検証を通じた真理値が与えられることを排除するものではない。もし真理値がいずれの命題にも与えられないとすれば，個々の命題の検証・確証はまったく無意味となるだろう。そもそも，有限な存在者であるわれわれは，自身が生きている間に或る命題が含まれるところの諸信念のネットワークをくまなく調べ尽くしたり，それをうまく整合的に改修できるわけではない。そうしたなか，われわれが「知識のもとで暮らしている」と言えるとすれば，自身が経験した個々の命題がそれぞれ真か偽か或る程度ハッキリしたものとして現われることに頼るしかない。たとえば，あなたは地球が公転していることをその眼で確認したことがないし，そのうえ，地動説がどのようなデータと理論から構成されたものであるのかをうまく説明できないかもしれない。しかし，あなたは知識として，「お気に入りの季節（ここでは「冬」としておこう）は前回の約1年後に訪れる」という信念，そして，「地球は公転しているから1年という周期で同じ季節が訪れる」という確信をあなた自身の経験に根差す形でもつことはできるであろう。そこでは，あなたの認識に整合性と正当性を与えてくれる天文学などの理論は，あくまであなたの経験に根差す確信をサポートするだけのものにすぎない。もし経験に根差す確信を抜きにするような形で——たとえば，あなたは季節感のない部屋に生まれてからずっと閉じ込められていて，1回も季節による温度・湿度などの違いを経験したことがないというように——単に辞書的な意味で天文学的理論に精通していたとしよう。そこでのあなたは「冬は1年周期で訪れる」ということをきちんと知っているかといえば，それはどこか疑わしい（もしかすると，あなたは部屋の外へと解放され，きちんと1年以上過ごすことで「わあ，天文学の本に書いてあったことは本当だったんだ……」とそこではじめて分かるかもしれない）[11]。

---

(11) これと類似したハナシとして，フランク・ジャクソンの「メアリーの部屋」というものがある（Jackson［1986］）。生まれてからずっと白と黒しかない部屋で暮らし，神経生理学などの知識に精通することで「色」という物理現象のすべてを理解したメアリーがはじめて部屋の外に出たとき，「新しい知識」を得るとするのであれば，「知識」とは認識主体における内在的要素を含んでいる，というものである。

個別的事例に関する主体自身の経験と信念，そしてその検証を通じた確信というのは，日常という現実を生きるわれわれがもつ「知識」において決して軽いものではない。

　ただし，幅広い観点のもとで「知識」をプラグマティックに捉えようとする点では整合主義は意義ある考え方と言えるし，また，知識確立のための主体外在的な要素を重視する外在主義の立場は，主体内在的な合理性だけでは捉えがたい事象を「知識」として理解するうえでは重要な考え方を示している（主体外在的な観点から諸事象に関する明示化された信念を形成し，それを科学理論に組み込むという点で）。或る人が「AはXである」という信念をもっており，それがその人における基礎的な信念のもと演繹的な形で正当化されているとしても（そしてそれがたまたま「真」と合致しているとしても），もしかするとその基礎的信念は個人的経験や思い込みといった主観的なものかもしれないし，そうであるならばそれに依拠するよりも，それとは別の形で正当化できるような理由が求められることはよいことである。たとえば，前述の天文学の原理を理解しているわけではないが，天文学が主張している内容を信頼し，それをもとに行為選択をすることも十分知識を活用していると言えるであろう。あるいは，本書第4章で説明したモンティホール問題についていまいち納得できないような人が，コンピュータにシミュレーションしてもらって同様の結果が出たことを確認し，そちらの方を根拠として，そのような状況においては扉選択を変更するようになったとしても，それは内在主義とは異なる――しかし効果的かつ実践的な――知識とその活用と言えるだろう。

　もちろん，われわれは極端な懐疑主義者でない限り，自身の目で見て，直に触って，その耳で聞いたものを「所与」とすることでそこからさまざまな推論を行ない，正当化された信念を保有するのであるから，そうした知覚情報とそこからの確信そのものを軽視すべきではない。しかし，気をつけるべきは，そうした知覚は信念の「原因」であっても，信念を正当化する「証拠」ではない。つまり，感覚を所与とするセンスデータ文や観察文は知識において必要であってもそれだけでは十分ではないので，主体外在的な理論や根拠，さらには他者とのコミュニケーションのもと，自身の信念内容について自身がもつところの確信とは独立的に確証してゆくプロセスは科学的営みとして

第5章　推論のパラドックス　　87

必要となるだろう。この意味で，外在主義的な知識論とは，他者や社会，ひいては知の共同体のもと，信頼に足る理論的ネットワークによって「知」が保証されることを目指すものと言える。内在主義においては主体自身の合理性のもとで確証されるところの当該信念の正当化が重要なポイントであるが，外在主義においては，「信頼できるところの信念形成プロセス，もしくはその信念形成に必要な主体外在的な（理由を与える）証拠」のもと，どのようにその信念が正当化されているかがポイントとなる。

4　いつ刑が実行されるのか？
　　　──予期せぬ絞首刑のパラドックス

　ここまでは認識論（知識論）における内在主義 vs.外在主義の構図などを見てきた。知識の本質をどのように捉えるかについて両者の間で決定的な優劣をつけることは難しいが，しかし，「或る出来事に関する推論・予測の妥当性というものが認識主体の信念のみに依拠するものではない」という外在主義の言い分は，客観的な形でのオープンな検証・反証，および構造の分析などが求められる分野においては理解しやすいであろう。いずれにせよ，われわれがロジックに沿って行なうところの推論および信念形成は，それが「知識」と関わるものである以上は，どこかにそれを正当化する道がありえるように思われるし，その道を探すことこそが認識論がこれまで取り組み続けている課題とも言える。

　ただし，基礎的で確実とも思われる前提のもと，そこでの推論から導出された信念が正当化されていても間違っているようなケースもある。ここでは「予期せぬ絞首刑のパラドックス the unexpected hanging paradox」というものについて考えてみよう（このバリエーションについては「抜き打ちテ

---

(12) この点については Davidson［1983］, pp. 142-146／訳 226-232 頁を参照。

(13) 信念の正当化においては，その信念が信頼のおける認知プロセスによって形成されることが必要であると主張する「信頼性主義 reliabilism」，あるいは，その信念が因果的に適切な仕方で生じたかどうかによってそれが知識であるかが決まるという「知識の因果説 causal theory of knowledge」などがある。これらについて分かりやすく解説したものとしては，戸田山［2002］などを参照されたい。

スト」や「軍事キャンプの停電訓練」などがあるが，ひとまず本書では絞首刑の例で議論を進めることにする)。そこにおいて，妥当な推論および信念形成というものがどうしても現実と乖離してしまう事態をわれわれは見出すであろう。こうしたパラドキシカルなケースに対し，「これは知識論が取り扱うケースではない」と割り切ってしまえば楽なのであるが，しかし正しい前提，正しい推論から導出された結論がどうして間違ってしまうのか，という点から目を背けてしまうのであれば，それは知識を取り扱う哲学の存在意義の否定ともいえるであろう。もちろん，理論には限界がある以上，知識論でも取り扱えるものとそうでないものはありえるが，知識論の観点から何が言えるかというところで粘りながらその問題を考えてゆきたい。

予期せぬ絞首刑のパラドックス：
- 或る死刑囚に対し日曜日に絞首刑が宣告されたが，それは次週のいずれかの日の正午に抜き打ちで執行される。
- 死刑囚は以下のように推論する。
  「土曜に刑が執行されるとすれば金曜正午までそれは行なわれていないことになり，すると金曜正午になると土曜に行なわれる以外ありえない。しかし，それを自分は知ることができるので，土曜に抜き打ちで絞首刑が執行されることはありえない。同様に，金曜に執行されるとすれば木曜正午までにそれが行なわれていないことになり，同様の推論によって金曜の抜き打ち絞首刑もまた執行されることはない。ここから，木曜，水曜，火曜も同様である，と推論できる。すると月曜（明日）の可能性しかないが，私はそれも予想しているので月曜に実行することも不可能である。すると，来週の抜き打ち絞首刑は実行不可能である」
- 死刑囚は安心していたが，突然木曜の 11 時 55 分に死刑執行人が到着し，絞首刑は木曜正午に行なわれた（つまり，宣告どおり，絞首刑は抜き打ちの形で実行された）。

---

(14) 私が実際に参照できた一番古い出典としての論文は Quine［1953］であった。
(15) 元ネタは，第二次世界大戦中（1943 or 1944 年）のスウェーデンのラジオ放送での，抜き打ち民間防衛組織の訓練という説がある（諸説諸々については Poundstone［1988］の第 6 章で詳しく論じてあるので参照されたい）。

さて，死刑囚は一見すると正しく推論しているように見える。しかし，正しく推論しているはずであるのに，導出されたその信念が見当違いな形でハズレてしまい，結局は抜き打ち絞首刑が執行されてしまうのであるが，これはなぜであろうか。基礎的な信念（情報）である「抜き打ち絞首刑を行なう」は間違ってはいなかった（結局，抜き打ちで死刑は行なわれたので）。「金曜正午までに行なわれなければ，抜き打ち絞首刑は土曜に行なわれるしかないが，それは予測可能であるので，土曜には行なわれることはない」という推論・信念も正しい。土曜の可能性が消えるなら金曜こそが実質的な候補日となるが，「木曜正午になれば金曜に絞首刑が行なわれるしかない。しかし，それは予想可能であるので，金曜には行なわれることはない」という推論・信念も正しい。命題 P を「絞首刑が執行されない」とした場合，死刑囚はあたかも数学的帰納法を後ろ向きに行なうように，「命題 $P_\pm$（土曜の執行はありえない）が真であるならば，命題 $P_金$（金曜の執行はありえない）も真であり，命題 $P_木$（木曜の執行はありえない）も真であり……」と推論し，いずれの曜日においても絞首刑が執行されないという結論を導出したわけであるが，この推論の何が間違っていたのであろうか。もしここで「現実は理屈じゃないんだよ！」と言ってしまうならば，妥当な推論とそこから導出される正当化された信念，すなわち「知識」というものはそのまま何の役にも立たないことになってしまう。現実と理屈とを区別するにしても，まず考えるべきは，なぜこの手の推論が現実とズレてしまうのか，ということであろう。

クワインはこの問題に対し「死刑囚の推論の仕方が間違えている」と主張する。しかし，それはどのようにしてであろうか。クワインは以下の四つのケースが可能性として存在することを指摘する。[16]

(a) 絞首刑は X 曜日までに執行される。
(b) 絞首刑は X 曜日に執行され，死刑囚はその前日にそのことを予想する。
(c) 絞首刑は X 曜日までに執行されない。

---

(16) Quine [1953], pp. 65-66 を参照。ここではクワインの説明の仕方を少しアレンジして，死刑執行日を X 曜日として記述している。

(d) 絞首刑はX曜日に執行されるが，死刑囚は前日にそのことを予想していない。

　クワインの説明によると，予期せぬ絞首刑のパラドックスにおいては，一見すると（a）と（b）の二つの可能性しかないように見えるし，死刑囚がその二つの間でのみ思考・判断する限りでは，死刑囚にとってはどちらも等しく起こりえない。（b）は「抜き打ち」というルールに反するので——死刑執行側がそのルールを守る以上は——実現するものではないし，そのルールに則る限り死刑囚は常に前日において「翌日の死刑」を予測できるので，（a）が実現することもないからである。しかし，実際の可能性は（a）から（d）までの4通りある。つまり，この問題がパラドックスに見えるのは，（a）と（b）しか可能性がないと考えるその思考法にある，とクワインは指摘する。重要なポイントは，そこには（c）と（d）の可能性が残されていることを忘れてはならない，ということである。死刑囚は（c）についても信念形成は可能であるし，合理的に推論してしまった死刑囚はそうした信念を最終的には形成してしまう。もちろん，その信念は偽となってしまうことから（d）が成立する可能性も認めるべきであるので（実際，この事例において死刑囚は予想を裏切られる形で処刑されている），（c）と（d）を抜きにこの問題を理解しようとすること自体が不適切と言えよう。クワインの考え方によると，絞首刑が執行されることにおいてパラドックスは存在しないし，死刑囚が推論によって導き出した「絞首刑が執行されることは不可能である」というのは端的に間違った信念でしかない（それゆえ，（c）は偽となる）。しかし，それではいったいどのような構造のもと，死刑囚がいだく信念は偽となってしまうのであろうか。

　私が思うに，これについては二つの説明が可能である。まず一つ目として，「最終日である土曜に抜き打ち絞首刑を実行することは不可能である」ということから，「実質的な最終日が金曜であり，すると最終日である金曜にも抜き打ち絞首刑は不可能である」ということを推論することは妥当ではなく，同様に，「金曜は不可能」「木曜も不可能」……という諸信念もまた真である保証はない，と説明できるだろう。たしかに，金曜正午までに抜き打ち絞首刑が行なわれないのであれば土曜にそれが予見されながら執行されることは

ルール上不可能である。しかし，だからといってそこから「実質的な最終日が金曜である」と推論を進めることは不適切であろう。たとえば，火曜正午までに抜き打ち絞首刑が行なわれないのであれば，行なわれる可能性として「水曜」「木曜」「金曜」「土曜」の4日が揃っているのであって，これは「金曜正午以降の時点において予測可能性のもと土曜の刑執行がありえない」ということとは独立的なハナシである。すると，「金曜」こそが実質的な最終日となるわけではなく，「土曜」は候補日として残り続ける。金曜から遡る形で推論をしたとしても，いずれの日も候補から消し去ることはできないので，実質的な最終日を遡って確定させながら消してゆくという当初の推論は成立しないことになる。それゆえ，死刑囚がもつ「死刑はありえない」という信念は必然的に真であるというわけではなく，絞首刑は一週間におけるいずれの曜日においても可能なままと言える（だから木曜に刑が執行された）。

　二つ目の説明は，当事者が自分以外にもいるこのようなケースでは，死刑囚の信念は必然的に「偽」となってしまう，というものである。クワインが示唆するように，(d)のように実際に抜き打ち絞首刑は執行されるわけであるが，死刑囚は何の信念ももっていなかったわけではない。死刑囚はX曜日（例：土曜）の前日（金曜正午すぎ）には，「残りあと1日しかなく，死刑が執行されるとすれば明日だと自分は予想しているので，ゆえに土曜はありえない」と信じているが，しかし，そうであるからこそ，土曜にそれが執行されることは「ありえる」のである。つまり，死刑囚が「土曜はありえない」「金曜もありえない」「木曜も……」という信念を形成するそのこと自体が，「土曜」「金曜」「木曜」に絞首刑が執行される可能性を成立させている。すると，こう言えるであろう。「抜き打ち絞首刑はX曜日にはありえない」という信念を前提として刑はX曜日に執行されてしまうので，それゆえ，死刑囚がもつ「○○はありえない」という信念は必然的に偽とならざるをえない，と。

　正当化された信念が真である場合に重要なことは，その信念内容において矛盾するような命題が同時にそれに内包されていない，という点である。たとえば，あなたがもし猛吹雪のなか「あそこにハスキー犬がいる！」という信念をいだくとする。この信念が真であるとするならば，それは，「あそこにいる動物がハスキー犬以外の動物（オオカミやタイガーなど）の可能性は

ない」ということを含意していなければならない。認識主体がいだく信念が正当化された形で真であるためにはこのような，「排除の原則 principle of exclusion」（PE）が機能していなければならない。これは以下のように定式化できる。[17]

　　PE：任意の仮説 X について，X を知る（X が真であると知る）ためには，X を知ることと両立しないような，あらゆる可能性 P を排除しなければならない

　こうした排除の原則は「知識」にとって重要な役割を通常は果たすものであるが，しかし，絞首刑のパラドックスにおいてはこの原則が通用しない。「死刑執行は X 曜日にはありえない」という確定的な信念をもつ場合，それと反する信念の可能性が排除されなければならないが，そうした排除的意味を含意した信念が成立するやいなや，そこでは抜き打ち絞首刑がどうしても確立してしまう。このように，絞首刑のパラドックスについては排除の原則を用いた認識論的正当化が成立しえない。
　その大きな理由の一つは，この問題というものが，世界における静的な事実に関する信念を形成することではなく，当事者の信念を所与として戦略的選択を行なう動的な——かつ支配戦略的な——他者が介在し，当事者の信念内容とは異なるよう後出しジャンケン的に世界を変えてしまうことにある。たとえば，この問題が「そこに七つの箱が並べられ，そのうち当たり（死刑）が一つ入っているものを指し示すゲーム」のようなものであれば，死刑囚の信念が真である確率はゼロとはなりえない。なぜなら，死刑囚がそこでいだく信念は，選択肢のうちの一つだけを選択しつつ別の選択肢に影響を与えないものだからである。しかし，絞首刑のパラドックスにおいては，死刑囚の信念形成は或る種の情報を他者へと与える「行為」であり，それは別の選択肢に影響を与えるものである。この構造は前章における「ペニーのコインゲーム」のような対人ゲーム——しかも相手（執行人）が選択を後出しすること

（17）　この表現については，バンジョー／ソウザ『認識論的正当化——内在主義 対 外在主義』（2006），186 頁から拝借した。

によって常に優位に立てるようなゲーム——の類であって，ここでは死刑囚は必ず負けることになる（つまり，どのようにしても死刑が執行される）という状況なのである．

この説明のもとでは，たとえ金曜正午以降の時点においてでさえ，推論および信念形成をしてしまうような合理的な死刑囚に対し，翌日（土曜）に刑を執行することはルール違反でもなければパラドックスも存在しないことになる．金曜正午以降の時点で「土曜に刑を執行することは不可能である」という信念を死刑囚はもつことができ，たしかにその信念は正当なものであるが，しかし，この後出しジャンケンのようなゲームにおいては，そうした信念をもつということそれ自体が，そうした信念に反する結果を招くこととなる．ここに，内省的な推論と信念の限界が見えてくる．

従来の古典的な内在主義的な知識論ではこうした問題に対応できず，これをパラドックスとみなすしかなかったが，外在主義的な捉え方のもとでは，こうした主観的信念はその内省において正当化されていても，現実世界における事象とズレがあり，そのズレの構造を理論的に説明できる余地が残されている．たとえば，前章で取り扱った「ペニーのコインゲーム」では，3回連続で何らかの目が出る確率はすべて1/8であるにもかかわらず，対人ゲームの相においては，後出しにおいて（必勝ではないにしても）確率的には有利な選択が常に存在し，勝負において優位に立てることが示された．絞首刑のパラドックスも同様に，或る条件（前提）のもと，当事者たる個人が内省において可能な限り合理的推論を行なったとしても，そこでの信念は別の当事者の介在によって「偽」となってしまうのであり，正当化された信念が真であるための枠組みは主体内在的に用意されてはいない（そしてそのことは，主体外部の状況，ゲームの構造およびそこでの行為主体の判断の意味づけを分析してはじめて理解可能となる）．このように，主体外在的な枠組みを理解することではじめて分かる「知識」もあり，それゆえ外在主義的思考法はやはり重要と言える．ただし，このような対人ゲーム的な状況において「知」を発見するには，自然科学に関する知見だけでは十分ではなく，理論科学である「数学」や，人文・社会科学における「経済学」「心理学」などの知見も有益なものとなる．「知識とは何か」「科学とは何か」といった問いかけをしてきたのはたしかに哲学であるが，しかし，哲学だけが知識を見出せると

いうわけではない。哲学は多くの学問の基礎であるし，思想史的にも古いものかもしれないが，世の中には真理を取り扱うためのさまざまな学問があるし，それぞれが互いを補強し合っているように思われる。

　現代においてはそれぞれの学問はかなり細分化され，さまざまな知識を提示しているので，「最近の学問はジャンルが細かく分かれすぎていて，本質的な真理について何も語っていない」などと言いたがる人がいるが，私はそうは思わない。細かくなったジャンルにおいて，それまであまり注目されていなかった，あるいは，これまで見えづらかった事柄の本質や構造，意味を捉え，それを「知識」として示すものもある。哲学とは「自身の無知について知ること」「知を愛し，それを希求すること」であるとすれば，哲学の限界を認め，これまで捉え切れなかったものを捉えてくれるような別の学問に素直に頼ることは，より根本的な意味での哲学的態度と言えるであろう。そこで，次章においては，経済学において有名なパラドックスを紹介し分析してゆく。その過程において，絞首刑のパラドックスにも似た事象が登場し，再度われわれを混乱に陥れるかもしれない。

第6章

戦略のパラドックス
──チェーンストア・パラドックス──

> **Q** なぜ，合理的人物でも現実において失敗してしまうのか？（バカでも利益は上げられる？）

1　正当化された信念同士のすれ違い
　　──対人ゲーム

　前章で取り扱った予期せぬ絞首刑のパラドックスが示したことは次のことであった。それは，状況によっては自身の正しき推論・予測・信念というものが真となりえず，そうした状況は，もはや個人における基礎的信念や内省的推論を超えた構造をもっていること，であった。そして私が思うに，外在的な知識論というものはそうしたものを取り扱うことができる理論であり，ときにそれは心理学や経済学などの知見をも組み込むものである。その可能性について本章では議論してゆきたい。

　その前に，注意してもらいたいのは，前章での議論が示す教訓は「珍しいケースがあるよ」という程度のことではない，ということである。当事者において特に間違えているわけではない推論とそこから導出された正しき信念が，現実世界のものとズレてしまう可能性はどこにでもある。そのように，推論と現実がズレてしまうような事態そのものは決して特殊というわけではなく，それこそ日常的に観察されるようなものである。予期せぬ絞首刑のパラドックスのようなケースでは，そこでの当事者の非対称性があまりにも強

いため，まっとうな推論や正当化された信念がまったく役に立たない特殊状況として――というより，それが裏目に出るような状況として――推論と現実にズレが生じるのは必然であった。では日常においては，多くの主体にとっていろんなことを考慮しながら（待ち合わせ，協調，裏切り，などの意志決定の場面において）きちんとした正解を見つけることはおよそいつも可能なのであろうか。私が思うに，絞首刑のパラドックスのような特殊状況でなくとも，合理的人物同士がきちんと推論した結果，その判断がともに現実とズレてしまう可能性は常に残されている。

　たとえば，龍雄と虎子という二人の学生がいるとしよう。二人は清く正しい交際をしながら，同じ学校の別のクラスで学生生活を送っている。或る日の正午，学校の食堂で会った二人は，「明日18時にハチ公前で待ち合わせしよう」と言ったが，翌日その約束した時刻においては，傘をへし折るほどの暴風雨が吹き荒れていた。二人はここ一か月間「お互いスマートフォン依存症みたいだから，しばらくもつのをやめよう」ということで携帯電話を手放しており，その日は互いに別の授業が入っていたこともあって連絡がとれない。二人の学校は渋谷駅まで約1時間くらいかかる場所にあるが，龍雄は17時頃にようやく居残り授業が終わって学校を出ることができた（龍雄は，自分が居残り授業をしていることを虎子が知っているかどうかは分からない）。そこで龍雄は急いで約束どおりハチ公の前に18時3分に駆けつけたが見当たらないのでそこから5分間ずぶ濡れになって待っていた。さすがにきつくなって駅構内に行くと，改札前で待っている虎子に会った。虎子はずっと改札前で待っていたが，龍雄が18時頃に駅の改札を通り抜けたことには気づかなかった（ラッシュ時で混雑していたので）。龍雄は「なんで約束どおりハチ公前で待っていてくれないんだよ。5分もずぶ濡れになったじゃないか。だいたい，改札付近で待っているなんて自分には分からないし，急いでいる自分がそんなにあたりを見渡す余裕なんてないよ」と虎子に文句を言ったが，虎子は「こんな雨のなかで外で待つわけがないし，そもそも虎男は遅れてきたじゃないの。遅れてきた虎男を雨のなかで私が待ち続けることに正当性はないし，私がそのように考えていることだって龍雄は予測できるはずだったでしょう！」と言い返した。

　このように当事者が二人以上いて，それぞれにおいて正当化された信念を

もっていたとしても——そしてその信念形成プロセスがそれぞれの主観において確固たる信念に基礎づけられているとしても——，その信念は真とは限らない（必然的に偽となる場合もあれば，そもそも真偽未定の場合もある）。そもそも，こうしたケースを通常の命題や因果法則のように静態的に捉えることは不適切であろう。なぜなら，これは当事者相互の在り方・選択・判断そのものがその事柄における「正解」に常に影響を与えるような動態的な事例だからである。もちろん，だからといってこの手の問題を「どうしようもないことで考えるだけ無駄」と諦める必要はない。日常の対人関係において，いかに答えが決まっていないにしても，うまくいくに越したことはないし，そうした状況において何らかの構造・法則性・傾向性を理解することは可能であろう。

　当事者が二人以上いて，それぞれの「利得」（効用，利潤，など各主体における評価指標の値）が互いの行動に依拠していながら，それぞれが独自に推論を行なうことで選択・決定を行なうような状況を取り扱う研究分野として，経済学における「ゲーム理論 game theory」というものがある。おおまかに言うならば，その状況というものを一種の対人ゲームのように解釈し，その構造を分析することによって，どのような選択的行動をすればどのような結果に至るのかを分析し明らかにする分野である。そこで想定される「合理的」な行為主体は，自身の境遇，経験や基礎的信念だけを判断材料とするのではなく，①相手方の利得，②自分の選択に関する相手方の予測，さらには③その全体構造（そこでの選択が同時的か通時的か，そのゲームが一回限りかくり返しか，くり返しゲームであるとすればそれは有限回かどうか，など）というものも判断材料とする。[(1)] もちろん，合理的な個人同士であっても常に最高・最善な結果を実現できるとは限らない。しかし，少なくとも①，②，③すべてを考慮したうえで正しく選択できるとき，そこでは「最適な結果」が実現されることが予測される。多くの場合，この最適な状況はナッシュ均衡[(2)]であるが，しかし，ときに（後述の囚人のジレンマのように）ナッシュ均衡であっても最適ではない場合もある。それは，その均衡状態がパレート

---

(1)　ゲーム理論についての解説書は数多くあるが，最近出版された分かりやすいものとしては，神取［2015］を参照されたい。

最適ではなく，各当事者すべてがその状態を改善可能であるような状況のことである。たとえば，互いに協力した方が双方ともに良い結果が実現できるであろう二人が，互いに「相手を信じて協力しようとするとき，その相手が裏切ったら自分にとって破滅的であるので，ならば信じて協力的になるよりも，非協力的でいる方がよい」と判断し，ともに非協力的なままでいる状況などがそうである。ゲーム理論とは，そのように個々において正当化された信念とそこでの行為選択だけではうまくいかないような状況についてその構造を明らかにすることで，その原因と対策とを提示するような実践的学問としても意義あるものであり，哲学とはまた別の角度から「推論」（およびそこでの正当化された信念）と「現実」とを接合しようとするものと言えよう。

2　ゲーム理論
——囚人のジレンマ，トリガー戦略

　ゲーム理論と言えば，そのなかで最も有名なものは「囚人のジレンマ prisoner's dilemma」であろう。そのバリエーションはいくつもあるが，簡単に言えば，利己的で合理的な——そして，相手に対し互いに同情も敵意も感じないような——当事者2名が存在し，相手がいずれの戦略をとるにしても，「裏切り」を選択する方が「協調」よりも高い利得を期待できる一方，互い

---

(2)　他のプレイヤーの戦略を所与とした場合，どのプレイヤーも自分の戦略を変更することによってより高い利得を得ることができない戦略の組み合わせとしての解のこと。この解においてはどのプレイヤーも相手が戦略を変えない限りは自身のその戦略を変更する誘因をもたないので，それは「均衡点」として安定的なものとみなしてよい。

(3)　当事者のうちの誰かの効用（満足度）を犠牲にしなければ他の誰かの効用を高めることができない状態のこと。つまり，そこでの各人にとっては，それ以上自身の利益を増やすためには誰かの利益を減らすよりほかはないような，或る意味では無駄のない効率的な状態であることを意味する（というのも，他人の利益に影響を与えることなく自身の利益をさらにまだ増やせるような状況は「改善の余地がある状況」，すなわち「改善できる無駄がいまだ残っている状態」と解釈できるからである）。

が「裏切り」を選択する場合よりも，互いが「協調」する方がより高い利得をともに得ることができる，という状況である。たとえば，以下のような状況であれば，それは囚人のジレンマ状況である。

囚人のジレンマ利得表　　　　　　　　　括弧内は，（Xの利得, Yの利得）を意味する

Xの戦略 ＼ Yの戦略	C（協　調）	D（裏切り）
C（協　調）	(3, 3)	(−6, 6)
D（裏切り）	(6, −6)	(1, 1)

　1回きりのゲームの場合，利己的で合理的な行為者が行なうであろう選択と，現実の結果はマッチしがちである。つまり，各当事者が合理的に考えれば「裏切り」を選択することになるし，実際当事者たちはそうしてしまう。この場合，上記マトリックスにおける互いの利得は（1, 1）で均衡することになり，より良い状態（3, 3）へとパレート改善する余地があるにもかかわらず，個々の利己的判断のみに依拠する限りはそれが実現困難となっている。しかし，これはあくまで1回きりのゲームのハナシであって，くり返しゲームにおいてはそうではない。実際，われわれの日常生活も，よく分からない利己的な他人との間でのくり返しゲームであって，しかしうまく協力できている。互いに相手を裏切ってばかりの非協調的な集団よりも，協調的な集団の方が長期的には高い利得を実現できているし，経済規模が大きな社会ほどそうした集団と言えるが，しかし，このことはどのように説明できるのであろうか。日常生活におけるくり返しゲームを説明するにあたっては，囚人のジレンマをずっとくり返すかもしれないという想定のもと，数学的に考えてみるのがいいだろう。「ずっとくり返すかもしれない」という想定とは，現実における無限回を意味するのではなく，当事者たちにとって何回続くか分からないという状況のことである。もしかすると，目の前の相手とのあいだで裏切るか協調するかという選択を突きつけられるのは，あと10回かもしれないし，あと1000回かもしれない（何らかの事情により相手が途中で立ち去るかもしれない）。そのように曖昧な状況が曖昧なままくり返されそうなとき，どのように利得を計算してゆけばよいのであろうか。現在の時点から見て，次のゲームが行なわれる確率をδとしよう（$0<\delta<1$）。たとえ

ば，$\delta = 1/2$ のとき，2回連続で目の前の相手と囚人のジレンマゲームを行なう確率は 1/2，3回連続でなら 1/4，ということになる（1回目は所与でありその確率は考慮しない）。さて，合理的で利己的な当事者は，何回ゲームが続くか分からないとき，相手の戦略に応じて自身がどのような戦略をとった方がよいのかを考える必要がある。できれば，なるべく損を少なく得を増やす戦略をとった方がよい。

仮に，相手が最初は協調的であり，しかし，1回でもこちらが裏切れば，その後非協調的な戦略を延々ととり続けるようなタイプだとしよう（いわゆる「トリガー戦略」をとる相手）。すると，前述の囚人のジレンマであれば，こちらがどうするかについては以下のような比較のもとで検討すればよい。

自分が裏切る場合
に得られる利得　：6, 1, 1, 1, 1, 1……
その場合の総利得：$6 + 1 \times \delta + 1 \times \delta^2 + 1 \times \delta^3 \cdots\cdots = 6 + \dfrac{\delta}{1-\delta}$
　　　　　　　　　（6，および初項 δ・公比 δ の無限等比級数の和）

協力し続ける場合
に得られる利得　：3, 3, 3, 3, 3, 3……
その場合の総利得：$3 + 3 \times \delta + 3 \times \delta^2 + 3 \times \delta^3 \cdots\cdots = 3 + \dfrac{3\delta}{1-\delta}$

もし協調の方が得になる見込みが高いとするならば

$6 + \dfrac{\delta}{1-\delta} \leq 3 + \dfrac{3\delta}{1-\delta}$ となる（このとき，δ は 3/5 以上）。
（裏切り）　（協調）

つまり，次回のゲームが 3/5 以上の確率でくり返されそうな場合，トリガー戦略型の相手とは協力する方がお得ということになるし，逆に，自分が取ろうとする戦略に対応しようとしている相手に対しては，トリガー型戦略をとった方がよい（もちろん，このことは互いに周知の事実として知られていなければならない）。

しかし，現実においては，協力による利得の見込みというものはそれほど大きく見えることはないし，非協調的戦略の方こそが合理的であるように見

える場合もある。さらにここに、δ以外の定数、たとえば、現在の価値よりも将来の価値を低く見積もったりするような割引因子 a（$0<a<1$）、さらに、きちんと予定どおりの利得が得られる信用率 β（$0<\beta<1$）などを加えることで（そのそれぞれを乗することで）将来見込まれる利得の値が小さく見積もられてゆくと、無期限くり返し囚人のジレンマ状況において協調から得られる利得（の見込み）は限りなく低くなってしまう。こうなってしまうと、1回目に裏切ってひとまず利得6を得て、後は非協力的関係なままでいる方が「合理的である」という推論が働くであろう。しかし、実際のところ（あくまでこのゲームの枠組みであればだが）、そのような非協調的戦略をとったとしても、ゲームが3回目に突入するやいなや、利得は協調的戦略の方が大きかったことが分かるので、3回目終了後には「ああ！　協力しておけば良かった……」と後悔することになる。もちろん、この後悔は結果論であるし、1回目の時点では4回目の協調の利得は大したことはなかったので、1回目の時点における判断そのものは間違ってはいない（そのときの観点からは利得は割り引かれていたし、利得を得られる保証は100％ではなかったので）。しかし、3回目終了の時点においては、1回目の利得3も3回目の利得3も同じ「3」でしかない（通常、人は将来の価値については割り引いた形でカウントするが、これまで獲得しストックしてきた利得については、獲得時点の違いに応じて価値を割り引くことはしないように思われる）。つまり、合理的に考えて裏切った（非協調的選択をとった）結果、何も考えない協調的な人よりも損をしてしまう（そして後悔してしまう）ことは十分ありうるのである。

　合理的に非協調的戦略（裏切り）を選択した結果、結果的に損をしてしまうということは「有限回くり返し」の事例でも見ることができる。さきほど

---

(4)　たとえば、「来年100万円もらう」と「今すぐ100万円もらう」という二つの選択肢がある場合、後者を選択する人は多いであろうが、その場合、「来年の100万円」は、「現在の100万円」から価値が割り引かれている、とも言える。割引現在価値とは、現在の観点からみた将来の利得が割り引かれているところの価値であり、現在の利得に割引因子 a を乗する形でそれは示される。

(5)　これは、一年前に稼いだ1万円も、昨日稼いだ1万円も、どちらも同じ1万円の価値をもっている、ということである。

の無期限くり返しと異なり，今度は回数が決まっているとしよう。たとえば，ゲームがN回くり返されるとする。N回目は最後の回なので，「これ以降，決して協調からの継続的利益が得られることのない相手と協調する理由はない」と判断し，N回目は互いが「裏切り」を選択する（さきほどの例で言えばともに利得1）。すると，N−1回目で何をしようがN回目において少ない利得しか得られないなら，実質上N−1回目こそが最終回であるのでそこで不必要な損失を防ぎつつ最大の利得を得るため，またも「裏切りが採択されるべき」と推論できる。このように遡ってゆくと，初回から最後まで「裏切り」をとる方が合理的という帰結が導出される（ここで使用される推論は「後ろ向き推論 backward induction」と呼ばれるものである）。

しかし，ゲームが1000回くり返されると分かっているとき，このように後ろ向きに推論してともに裏切り続けるグループ（メンバーA, B）と，そのような推論に頼らず，相手が裏切らない限りはとりあえず協調し続けようとするようなトリガー戦略を保持するグループ（メンバーC, D）とでは，当然後者のグループの方が享受する利得は大きくなる。もちろん，ゲームが2回しか行なわれないと分かっているならば，いずれの当事者たちも「裏切り」に終始するであろう。しかし，ゲームが1000回続くと分かっているならば，残り回数を意識するような最終局面に突入するまでは，何らかの固定的な戦略的ポリシーのもと協調的選択をとり続けることが「合理的選択」であるような期間（term）が存在する。実際，われわれは，どんなビジネスパートナーとも長くてせいぜい100年くらいしかお付き合いできないことは分かっている。しかし，だからといって「理詰めで考えた結果，最初から最後までビジネスでは相手を裏切り続けます！」といってそれを実行するような人は，それをしない人に比べて大きな利得を失ってしまう。そのような理詰めの裏切りタイプの人物は，少なくとも私が気づく限りでは周囲には存在しないし，仮に存在したとしても，その人が得る利得はそうでない人に比べてはるかに小さい。つまり，チェスや詰め将棋のような理詰めの「推論」に頼るだけでは，現実においてはかえって不合理な結果に帰着するのである。次節では「チェーンストア・パラドックス」の事例を見ながら，このことについてより考察を深めてゆこう。

3　なぜ現実はチェスのようにうまくいかないのか？
──チェーンストア・パラドックスと後ろ向き推論

　対人ゲームにおいて後ろ向き推論が通用しないケースとして，「チェーンストア・パラドックス」の例を紹介しよう．このパラドックスはラインハルト・ゼルテンが問題提起したものであるが（Selten［1978］），簡単に言えば，「P，Qタイプの当事者が互いに合理的なプレイヤーであれば達成されるはず」と予想されるところの均衡は現実とズレてしまう，というものである．それは以下のとおりである．まず，売り上げを最大化しようと試みる大手チェーンストアPがあり，自身が取り扱っている商品をもって今後Pが参入するところの20の市場があるとする．しかし，それぞれの市場においてPに対抗しうる零細企業経営者Q_1〜Q_{20}がいる（ただし，一つの市場にQは一つのみであり，互いのQは協力的関係ではない）．もし，或る市場にPが参入し，Qが対抗しなければ，そのときのP，Qそれぞれの利得を〈5, 1〉とする．他方，Qがその市場において対抗するとき，大手企業Pには報復的な措置をとるか，共存的な措置をとるかの二つの選択が可能である．仮に報復的措置をとった場合は〈0, 0〉となり，共存的措置をとるならば〈2, 2〉となる．どの市場も独立的であり，大手企業Pは戦略を練りながら市場$_1$から市場$_{20}$まで順に参入してゆく一方，各Qは一つの市場のみで戦略を選択するしかない．ただし，それぞれの市場におけるQは，自身の市場以前において他の零細企業Qが対抗的に参加したかどうか，そしてそれに対してPが何を選択したかをすべて知っているとする（つまり，これはPにとっては20回という有限回のくり返しゲームであり，P，Qにとっては各ノード（選択分岐点）において各当事者のそれまでの行動および利得が知られているような完全情報ゲームである）．

　さて，Q_{20}はこう考えるだろう．「これがPにとっては最後の市場（20番目）であるので，利益最大化しようとするPは，自分が対抗的な態度をとっても，報復することなく共存的に振る舞うはずだ．だから，自分は対抗的に参入し，相手から共存的譲歩を引き出してやろう」と．この推論・判断自体に特に誤りはない．そしてまた，Q_{19}はこう考えているであろう．「自分が何

をしようと，市場$_{20}$においてQ$_{20}$が対抗的な態度をとることをPは理解しているし，そのうえで報復はしないだろう。すると，この市場$_{19}$こそがPにとって実質的に最終回とも言える。だって市場$_{20}$では利得2しか稼げないと分かっているのだから，ここではなるべく損はしたくないはず。そうであるならば，この市場$_{19}$において自分が対抗的に参入したとしても，利得ゼロと利得2のどちらを選ぶかといえばPは後者を選ぶはず。ゆえに，自分は何もしないよりは対抗的に市場に参入しよう」と。この推論・判断にも誤りはない。そしてこの種の考え方はQ$_{18}$, Q$_{17}$……Q$_1$に至るまで帰納的に推論が行なわれ，20の零細企業はいずれも対抗的態度をもって競争に参入し，大手企業Pは最初から最後までそれぞれの零細企業に対し共存的に振る舞う，という均衡が予想される（このときのPの総利得は，利得2×市場数(20) = 40となる）。

ではそこで，最初の市場$_1$においてQ$_1$が自信満々に「Pが報復するなんてありえないよ」と安心しきって対抗的態度のもと参入し，Pにより手ひどい報復を受けたとすれば，Q$_1$はどこが間違っていたことになるのであろうか。さらに，Q$_2$，Q$_3$も同様に失敗し，それを見ていたQ$_4$以降の零細企業経営者は自身が報復されないよう対抗的態度をとらなくなったとしよう（そしてその結果，Pは利得5×残りの市場数(17) = 85もの利得を実現できた）。このとき，零細企業Qシリーズにおいて正当化されていた信念は「間違い」であり，「Pの報復はありえる」が真であったことになる。つまり，後ろ向き推論から導出・正当化された信念は，前述の「絞首刑のパラドックス」における信念同様，それ以外の事態を否定するような「排除の原理」を満たすものではないと言える。しかし，なぜそうなるのであろうか？

ここでのポイントは，現実における効用最大化の手法には，それ自体合理性とは無関係な「コミットメント（宣誓的自己制約）」と「ポリシー（政策的方針）」と言われるものが混じっている点にある。たとえば，前述の事例で85もの利得を稼ぐことができたPにおいて当初なされた（市場$_1$〜市場$_3$までの）選択とは，「自分が損をしようが，対抗的な相手にはとにかく報いを与える」というコミットメント，および，それによって「自分はときに損をしてでも報復するので，それを今後の相手に知らしめよう（そして相手の行動を自分に都合の良いように変化させよう）」というポリシーを見ること

ができる。このポリシーとコミットメントを基礎として、いわば、頑固で不合理なようにも見える「しっぺ返し戦略」をとることによって、後ろ向き推論に従うだけの（Qから見た）合理的なPが計算する以上に多くの利得を現実において得ることができる。そしてこうした不合理な――しかし結果的には合理的な――Pこそが、相手方（Qシリーズ）において正当化されている信念を「偽」とすることができるのである。言い方を変えるならば、「するわけない」「できるわけない」という信念とそれを基礎とした相手方のまっとうな判断・行為に対し、その信念に反する行動を不合理な形で突きつけることで、合理的であった相手方の判断・行為を「不合理なもの」へと変質させてしまう、ということである（そして相手がそれを認めたうえで行動を変化させると、今度はP自身の不合理な行動は合理的なものへと変質する）。

　しかし、だからといって、Pのような大手企業であれば常に強硬的かつ威圧的な報復的戦略をとることで大きな利得を享受できるとは限らない。もし、Pが上述のチェーンストア・パラドックスのハナシを知っていて、また、「すべてのQもそのハナシを知っている」とPが信じており、ゆえにPは「少なくとも、自分が頑なな報復的態度をとる限り、Qの多くは自身に対し対抗的態度をとらないので、自身の利益は最大化できる」という（主体内在的に）正当化された信念をもっているとしよう。さて、そこで市場$_1$においてQ$_1$は対抗的態度をもって参入してきたので、Pは「バカなやつだ。ここでは私は報復することで利得はゼロだが、その態度を見せておけば以降のQどもは対抗してこないので結局私は大儲けすることになるのに。だから、お前のそれは無駄死にのようなものだ」と考えて報復した。そして次の市場$_2$において、Q$_2$もまた同様に対抗してきたのでPはさきほどと同様に考え同様に報

---

(6) チェーンストア・パラドックスの提唱者であるゼルテンは、こうしたゲームにおいて最適な結果を実現するには異なるさまざまな選択肢がもたらしうる結果を予測したり、現実の相手の立場に立ったつもりで感じとろうとするような「イマジネーション（想像力）」が大きな要素を占めているので、単一的な合理性を前提とするだけではこうした事象について説明できない、と主張する（Selten[1978]、pp. 152-153）。他方、合理性仮説を修正しながらこうした問題を解決しようとする論者もいる。こうした各種理論を詳細に紹介している文献としては、末廣[2003]を参照されたい。

復した。また次も……という感じでQ_6が対抗してきたとすればどうであろうか？　Pが合理的であるならば，ポリシーに基づく結果予測と，現実とのズレに気づき，ここらあたりから新たに手に入れた情報（経験）を参考にしながら後ろ向き推論を働かせ，「もしこのまま Q どもが自爆覚悟で同じことを続けるなら，残り回数からいって自分はとんでもなく損をしてしまう……」という可能性を考慮するのではないだろうか。このような可能性がPの頭をよぎったとき，すでに最初にPがいだいていた信念は確固たるものではなくなっているのであるが，ここでもしPが反省し，利益最大化の観点から「これからはQが対抗的態度をとっても報復しないで共存的に振る舞おう」と判断・行為するならば，それをしない場合よりも「合理的」と言えるかもしれない。実際の実験室実験においても，PはQの参入に対し前半の市場では報復的態度をとっているが，後半の市場においてそれはゼロに近づいてゆき，逆に，後半の市場においてQは対抗的に参入する傾向にある。[7] つまり，Pにおいて前半は想像力および因果予測に基づく「ポリシー」と「コミットメント」，後半においては現状確認という形での「逐次的反省」，および，後ろ向き推論に基づく「譲歩」を重視するバランスのとれた態度こそが合理的と言えよう。対照的に，前半におけるQは不合理で頑なな（前半の）Pに対しその行動を変化させるような方策をもっていないので，前半においては自己利益最大化の観点から「譲歩」に頼らざるを得ないが，中盤から後半におけるQは後ろ向き推論を利用しつつ，Qシリーズで共有可能な「ポリシー」と「コミットメント」に頼ることで自己利益を最大化することもできるし，その傾向が見られる。

　もし上記ケースにおいて，市場$_5$までの経験で懲りたPが，市場$_6$以降は相手が参入してきても共存的に振る舞うようになるのであれば，それはQ_6以降のQたちにとっての勝利とも言える。これはQ_1〜Q_5までの捨て身の対抗的態度は無駄ではなくなることを意味するのであるが，しかしそれは利他

---

(7) Jung, et al.［1994］（Table 4-6）を参照。ここでは 8 市場バージョンのチェーンストア・パラドックスの実験が行なわれ，その傾向が確認されている。とりわけ注目すべきは，実験に慣れた（実験群の）大企業役においては，7 回目（7 市場目）から零細企業役が対抗的に参入してきても，報復することなく協調的に対応する割合は 50％ を超えている。

的な意味においての「成功」であり，利己的意味においてはQ_1〜Q_5はいずれも「失敗」している。もしこのケースにおいてすべてのQがカルテルのように組んでいて，市場$_{20}$が終わった時点でQ側が得た総利得を20等分することになっていれば，もちろんそれはQという一つの行為主体による合理的な戦略的勝利とも言えるであろう。しかし，もしそのことをPが分かっているのであれば，「Qもまた，自分と同じようになるべく利益は欲しいはずだから，最終的には譲歩しがちになるだろう」という判断のもと，Pは後半にも強硬的なポリシーとコミットメントを継続するかもしれない。そして，その結果，今度はQカルテルの方が総合的判断のもとで譲歩しがちとなってしまうかもしれない（弱者において，カルテルのような連合を組むことで必ずしも強者から譲歩を勝ち取れるとは限らない理由もここにある）。もちろん，こうした場合であっても，P，Qともに強硬的なポリシーとコミットメントに固執することもありえる。逐次的反省をすることなく，チキンレースのように最初から最後まで決して自分からは互いに譲歩することがなければ，その場合，ともに「不合理」な行為者として互いにとって悲惨な結果を招いてしまう。つまり，頑固な報復的戦略あるいは対抗的戦略が有効であっても，その戦略そのものに「合理性」が備わっているわけではない。さて，これらのことから，チェーンストア・パラドックスにおいて「合理的な判断」の条件を挙げるとすれば，以下のようになるであろう。

　　合理性条件1：相手に対しそれを認識させることで——自身に好都合であるように——相手の戦略に影響を与えうる行為指針のもとで振る舞えること（**ポリシー**と**コミットメント**，それを最低限遂行し続ける意志の強さ）

　　合理性条件2：合理性条件1の行為指針のままでは最低限確保したい利得を失う見込みが生じたとき，それとは異なる行為指針を採用することで軌道修正できること（**逐次的反省**と**譲歩**，それを実行する意志の柔軟さ）[8]。

戦略に関するこれら合理性条件1と条件2はそれぞれ異なる要素を含んで

いる。前者は，①完全情報ゲームのもと，自身が採用する指針に沿った行為をすることで，自身にとって好都合な反応を相手がするような展開を期待する「因果推論」，および，②短期的には自身にとって不利益であっても，それに一喜一憂することなくひたすらそれに従うような「規範的態度」をその核としている。そして，後者は，③トータルの利得を予想するような可能性予測，そして，④「あと残り回数はこれだけしかないから，自身における最低限の利得をかせぐためには○○するしかない」といった，いわば③を支えるところの推論能力（後ろ向き推論）である。とりわけ際立って対照的であるのは，①の因果予測という「前向き」の推論と，④の逆算的な「後ろ向き」の推論であり，移りゆく状況のもと，異なる方向性をもったこれら2種類の推論をうまく組み合わせることができる能力こそが，こうした対人的なくり返しゲームにおいて「合理性」と呼ぶに相応しいものであろう。

　ここで，前章での「抜き打ち絞首刑のパラドックス」や，本章での「チェーンストア・パラドックス」において，自身の信念に裏切られる形で失敗する人たちに何が欠けていたのかが見えてくる。つまり，「抜き打ち絞首刑などはありえない！」と推論し信じていた死刑囚や，「大手チェーン店が報復することなんてありえない！」と推論し信じていた（前半市場における）零細企業経営者は，それが機能しないような状況において後ろ向き推論に頼りすぎていたために間違っていたと言える。ただし，死刑囚も零細企業も，単独的にはそうするより仕方ない状況であったことも理解する必要がある。死刑囚は，自身に好都合に働くような因果的影響を死刑執行人に与えることは不可能であるし，前半市場における零細企業Qは単独では1回きりしか選択

---

(8)　この合理性条件2は，「逐次合理性 sequential rationality」と言い換えることもできるだろう。そもそもの逐次合理性とは「ベイズ推定（ベイズ更新）」に備わる性質であり，大雑把に言うならば「複数のデータを逐次的に得てベイズ推定が行なわれる場合，データの順序にかかわらず，そこで行なわれる判断更新（信念形成）の結果に変化がない」というものである。これをベースとした戦略的意志決定における逐次合理性とは，「これまで起こったことから逐次的に更新されてきた信念体系のもと，各情報集合（その状況下で起こりうるすべての可能性として当事者がもっている情報）において，これから選択する行動戦略が最適反応（期待利得が最大）となる性質」と言える。

の機会がないので，やはり自身に対し好都合なように大企業Pに影響を与えるような振る舞いは困難である（相手であるPがよほど気弱で，強硬的なポリシーをもっていないならばハナシは別であるが）。しかし，こうした構造を理解することで，単独的なロジック・推論・判断・信念の限界を理解し，確固たる信念を――或る状況においては――あえて形成しなかったり，あるいは，似たような同業者と協力しながらも，自分たちが合理的なカルテルであることをあえて相手に伝えないような情報制限がなぜ有効であるのかも理解可能となる。このように，「知識」には静的な事柄についてだけでなく，動的な事柄についても含まれているが，そこでは自分自身の限界を知ることもまた必要とされていると言えよう。

第7章

同一性のパラドックス
―― テセウスの船のパラドックス ――

> **Q** なぜ，変化してゆき面影もなくなってしまったのに，「以前と同一のものだ」ということが言えるのか？（そこにはどんな基準があるのか？）

1 変化のなかの「同一性」
―― テセウスの船

「同一性」とは自分自身のアイデンティティに関わるものであり，非常に重要な概念である。もし同一性というものが無意味であり，現在のキャサリンと過去や未来におけるキャサリンとの間にいかなる同一性も存在しないとするならば，異なる時間点におけるキャサリンの財産・資格などは無意味となってしまうので，「権利」や「責任」といった，社会的に通用していた概念もまた無意味なものとなってしまう。現在のあなたの財産権を将来においても保障する社会制度は，少なくとも現在のあなたと同一的な「将来のあなた」を想定しているはずである。ほかにも，考古学的な発見や歴史的建造物に意義があるのは，その遺物・遺跡・史跡というものが古代に使用されていた物と同一のモノと考えられているからである。たとえば西暦 2016 年の時点での「清水寺」と呼ばれるところの木造建築物を調べると，その建築材料における炭素 14 の存在比率が低下しており，建築当初（8 世紀末ごろ）の清水寺とは厳密には同一ではないことが示されるかもしれないが，だからと

いって，そう呼ばれている建築物は，昨年その近所に建てられた木造民家と変わらない，ということにはならない。連続的存在に含まれる同一性は，対象が人格であろうがモノであろうが，変化をそのうちに含んでいようとも有意味なものと言える。

しかし，同一性概念が日常的に有意味なものとして使用されているからといって，それが自明で普遍的な基準をもっているとは限らない。ここで，「テセウスの船 ship of Theseus」と呼ばれるケースを考えてみよう。

テセウスとはギリシア神話に出てくるアテナイの王であり，このテセウスの船の話は哲学者プルタルコスの『テセウス』に出てくるものである。それは以下のとおりである。アテナイの若者たちとテセウスを乗せた船はクレタ島から戻ったが，その船は（当時としては当たり前であるが）木造船でありオールが30本ついていた。その船は記念に保存されていたが，そのさなか朽ちていた部分が新しいものに取り換えてゆかれたので，それがテセウスの船と呼べるかどうかが哲学者たちによって論じられた，というハナシである（プルタルコス『プルタルコス英雄伝（上）』，31頁）。つまり，構成要素が次第に変化してゆくとき，最初の段階と最後の段階とでは類似性が消失し，まったく同一性が存在しないように見えるが，しかし，その途中においてはいずれも類似性・同一性は存在しているように見える，というパラドックスである。

さて，そもそも日常的な「同一性」という言葉は，類似性に支えられた可変性（および推移性）を含みうる。すると，テセウスの船（時点t_0）は，時点t_1, t_2……と類似性を保ちながらも次第にその構成部分の割合が新しいものへと移り変わってゆく。これはよい。では，最終的な時点t_nでの船が，最初の時点t_0での船とまるで異なり，類似性が喪失してしまっている場合には「同一性はなくなった」となるのであろうか？　しかし，その船（のオールなど）を修理し続ける職人さんたちに対し「あなたたちは何を修理しているの？」と問うならば，やはり「テセウスの船だよ！」という答えが返ってくるであろう。

もちろん，推移的に変化してゆくモノを「同一ではない」と捉える見方もありえるし，それが説得力をもつケースもある。たとえば，テセウスの船が数千年経った現代において，ギリシアの或る博物館に展示されているとしよう。そこに，「神話の時代から存在し続けるテセウスの船を見るのが楽しみ

なんです」といって日本からの観光客が訪れた。しかし，数千年の間にテセウスの船と呼ばれていた木造船は次第にバージョンアップされ，21世紀になるとその船体は合金と鉄鋼とが組み合わされたものに変えられ，ガソリンエンジンとレーダー，さらには対艦ミサイルまでがとりつけられており，デザインは日本の護衛艦のように様変わりしていた。博物館のガイドはその船を指しながら「われわれギリシア人が手を加え，大事に保管し修理してきたテセウスの船はこちらです」と誇らしげに言ったとしよう。さて，日本からの観光客はどう感じるであろうか？　誇らしげに語られる本物（？）を「テセウスの船」とみなすであろうか，「そもそも，この博物館にはテセウスの船は存在せず，それはすでに失われてしまった」とガッカリするであろうか。

　テセウスの船のように，部分が次第に変化してしまった対象については，少なくとも3通りの考え方ができる。第一に（i）「同一性がなくなった」という考え方，第二に（ii）「同一のものが変わっていった」，という考え方がある。しかし，（i）においては「変化におけるどの時点で同一性がなくなるのか？」という線引き問題，そして，（ii）においては「変わってゆく（変わり果ててゆく）なかで，どのように同一性が保持されているか？」という問題に直面する。そこで第三に，（iii）通時的な「同一性」はそもそも真偽未定であり，だからこそ，そこではそれを確定的なものとする容認可能な解釈を模索すべき，という考え方もある。しかしこれについても，複数の解釈が存在する場合，恣意性を排除しながらどの解釈に優位性を見出すかについては意見が分かれるであろう。

　さらに言えば，このような同一性の議論は，（a）「人格」についてのものと，（b）それ以外の「モノ」についての2種類に分類することができる。もちろん，唯物論者からすれば人間は物質にすぎないので，人格同一性を論じるからといってそれらをいちいち分ける必要はない。ただし，自己言及的に「人格（私）」が論じられる場合，通常の「モノ」の場合とは異なる論じ方がされることが論理的に排除されるわけではない（だからこそ，心身二元論はもちろんのこと，独我論でさえも，言語的に理解可能なものとして共通のテーマになりうる）。本書においては，唯物論と二元論のいずれかにコミットすることは避けつつ，とりあえずであるが，客体的なモノについての同一性問題を論じてみたい。そこで，まずはテセウスの船のように「各部分から

構成され，それらが変化しうるモノ」に関する同一性概念がいかに可変性を包摂しうるか——あるいはしえないか——を論じてゆこう。

　さて，まずは物質的要素に構成されている「モノ」が可変性のもとどのように同一的でありうるかについて考えてゆきたい。テセウスの船のパラドックスにおいて変化のもとでの同一性保持が問題となるのは，それを「テセウスの船」とするような真部分の範囲が曖昧だからであった。だからこそ，大幅な改修によってそれがテセウスの船でなくなったり，さらには，廃棄した部品を含みつつ組み立てられたものがテセウスの船とみなされることもありうる。ホッブズはテセウスの船の別バージョンとして，もともとの材料（破片）を集めて一隻の船を造るとすると，次第に改良されてしまった船と，バラバラにされた元の材料を組み合わせてつくられた船のどちらがテセウスの船となるのか，という疑問を提示した（ホッブズ『物体論』, 2.11.7）。ここでは少しそれをアレンジした形で問題提起してみよう。

　もし時点 t_0 においてテセウスの船があり，その前方部分が壊れかけていたので，時点 t_1 において前方部分（全体の 50％）を取り除き，新たな木材で補強したとしよう（半分改修されたそれを船₁とする）。そして，時点 t_2 においてその接合部分が傷みはじめていたので，さらに残されていた部分の或る箇所（全体の 30％に該当）を新しいものに変えて修理し，時点 t_3 において「テセウスの船」として出港した。すると，この船₁は，元の材料 20％を保有しながら変化のさなか連続的に「船」であり続けたことになる。しかし，こうした船₁に関わる改修作業がなされるなか，最初に取り除かれたはずの木材 50％が別の箇所に集められ，それが接着剤やセメントによってマストやオールなどに利用されながら別の船（船₂）が造られていた。その船₂は時点 t_2 を経て，時点 t_3 においてやはり「テセウスの船」として出港した。どちらに関わった職人も「俺たちが関わった船こそがテセウスの船だ！」と言い張っている。機能性はどちらも同程度であり，どちらか一方の船が存在していなければこうしたトラブルはなかったであろう。船₁に関わった職人たちはこう言った。「テセウスの船の真部分は元の船において残されていた「まともに機能していた後方部分」であり，それらは修理されていって結果的に 20％しか残らなかったが，真部分が連続しているという事実は変わらない。ゴミとして捨てられていた真部分でない 50％からなる船₂よりも，船₁

の方こそがテセウスの船である資格があるんだ！」と。しかし，それに対し船$_2$に関わった職人たちはこう反論した。「真部分が後方部分であるというのは恣意的な基準だ。それに，ゴミとして捨てられていたから真部分でないというが，それは新たな活用方法のもとで機能しているのでゴミではない。むしろあんた方が大事にしてきた後方部分の大半（全体の 30 %）は役に立たず廃棄されたわけで，われわれが使用している木材部分の方が，あんた方がもつ後方部分よりも船全体を構成しているし役に立っている。そもそも，船のどの部分が真部分であるなど決めつけることは馬鹿げているだろう？　すると，元の材料のより大きな比率を占めるものこそがテセウスの船たる資格があるわけで，ゆえにわれわれの船こそがテセウスの船なのさ」と。

　さて，こうした対立の背後には，船を構成するそれぞれの諸部分——それが前方部分だろうが後方部分だろうが側面部分だろうが船底部分だろうが——のいずれもがすべてテセウスの船でありえた，という事情がある。これは哲学的に非常に重要な問題である。たとえ後方部分の 20 % しか残されてなくとも船$_1$の職人が言うようにそれはテセウスの船でありうるかもしれないが，これは前方部分やその他の部分にも言えることである。すると，論理的には，オリジナルの「テセウスの船」だったものには，将来的にはそれと同一視されるべき「テセウスの船（シリーズ）」が何隻も含まれていたことになる。だからこそ，元の船がそれらへと分裂したときに「こちらこそが本物だ」というトラブルが起きてしまう。すると，分裂して独立的な船の真部分となってしまうであろう各部分（可能性としてのテセウスシリーズ）について「すべてがテセウスの船だ」と言ってしまってもよいのかもしれないが，そうなると，オリジナルのテセウスの船を見ていた人たちは，実は一隻の船を見ているのではなく，何隻ものテセウスの船を見ていたことになる。しかもそれだけではない。そうなってしまうと，そもそもオールが 30 本ついていたテセウスの船こそが本物であったなどという根拠すら失うことになる（そこで見ていたのは，オールが 15 本ついている「真なるテセウスの船」に，余分にオールが 15 本くっついていたような状態だったのかもしれない）。これでは同一性を語るどころか，どの時点におけるどういうものが「きちんとオリジナル」であるのかすら定まらなくなってしまう。テセウスの船のパラドックスは，単なる呼び方・指し示し方の問題だけでなく，同一性を備えて

いるとされる個物のなかにすでに他者（かつ多者）が潜んでいる，という問題をも孕んでいる．

さて，このことをさらによく理解するにあたり，ギーチという哲学者が提唱した「1001匹の猫のパラドックス paradox of 1001 cats」という例と (Geach [1980], pp. 215-216)，その解決法について考えてみよう．

2　多者の問題
──1001匹の猫のパラドックス

ここに「ティブルス Tibbles」という名前の猫がいるとしよう．ティブルスには毛 (hair) が生えており，それらのうちの1000本を h_1, h_2……h_{1000} としよう．そして h_1 が抜けたティブルスを C_1, h_2 が抜けたティブルスを C_2, といった具合に，h_n が抜けた後の猫を C_n とする．さて，h_n を引っこ抜くことで何か新しい猫が生まれるわけではないので，h_n を引き抜く前の C_n の部分は最初から猫ティブルスであった，と考えるべきであろう (Geach [1980], p. 215)．すると，毛がいまだ抜け落ちていないとき (h_0)，そこには C_0 としてのそもそものティブルスがいるわけであるが，それと同時に h_1 が抜け落ちた後でハッキリと見てとれる猫 C_1 もそこにいるわけで，かつ，h_2 が抜け落ちた後でハッキリと見てとれる猫 C_2 も……，といった具合に，そこには1001匹の猫がいることになる（さらに言うならば，h_1 から h_{10} までが抜け落ちている C_{1-10} といった猫も存在しているので，1001匹よりもっとたくさんの猫がそこにいることになるだろう）．つまり，そこには異なる複数のティブルスがいるのである（これがいわゆる「多者の問題 the problem of the many」と言われるものである）[1]．このように，ティブルスの「真部分」と呼ばれるものが複数ありえることは，ティブルスの変化においてどこまでが同一性を保持できているのか明確な答えを示すことにおいて大きな障害となっ

---

(1) アンガーはこれを説明するにあたり「雲 (cloud)」の事例を使っている (Unger [1980])．雲はいくつもの水滴から成っているが，「雲」の真部分というものは見当たらないし，そこでは「たくさんの雲がある」と言うこともできる（ちなみに，アンガーは，「そこに一つの雲がある」という主張を退けている）．

ている。なぜならば，われわれの日常的直観としては「そこには一つのオリ
ジナルがあり，変化のさなか構成要素の或る割合が失われることでオリジナ
ルの真部分が欠けてしまい，その結果，同一性が失われる」と考えがちであ
るが，もしティブルスやテセウスの船が複数存在するというのであれば，そ
こにはティブルスやテセウスの真部分が複数かつ多種多様に存在するという
ことであり，「変化のもとオリジナルの同一性が失われる」どころか，「オリ
ジナルと言える存在などはいない」ということになってしまう。こうなって
は，もはや同一性を語るどころではない。なぜなら，オリジナルなどいない
し，異なる多数の存在者がいるだけなのであるから，変化を通じて何が同一
であるのかを語ること自体が無意味となってしまう（言えるのは，ただ，
それぞれの時点においてそれぞれ異なる複数の存在者が同時に現われ続けてい
る，というだけということになる）。このように，「そこにはそもそも何があ
るのか？」と考えたとき，われわれは解決困難な哲学的パラドックスに直面
することになる。

　ただし，こうしたパラドックスがあるからといって，「同一性」およびそ
の前提となる「オリジナルな存在」という概念が無意味になるわけではない。
1001通り以上のティブルスの在り方がそこに可能的に見出されるとしても，
毛が1本も抜けていない状態のもとで「そこには1匹のティブルスがいる」
とみなす解釈をとれば，毛が1本も抜けていない C_0 こそがそこにいるティ
ブルスということになる。そして，別の状態（h_{1000}）が観察されるような時
点においてもそうした「そこには1匹のティブルスがいる」という同様の解
釈が容認されるのであればそこには同一性が確認できるわけであり（つまり，
その C_{1000} はティブルスということになる），実際われわれはそのようにして
日常的に同一性概念を使用している。重要なことは，個別性と同一性とを同
時に指し示す手法（解釈）が複数時点を通じて容認可能であるかどうか，と
いうことである。

　そもそもよく考えてみるならば，或る特定の状況において「これはティブ
ルスである」「これはテセウスの船である」といった文Sが真か偽のいずれ
かでしかない，と決めつける必要はないように思われる。特定状況を記述し
ている文，すなわち「そこにいる，猫 C_{1000} はティブルスである」という文
は曖昧なもので，その文そのものは真偽未定なものとして取り扱っても構

わないであろうし，実際われわれはそうしているのではないだろうか。もちろん，われわれの言語的実践においては，「Ｓは真であるか，またはＳは真ではない」ということを排中律のもとでハッキリさせる必要がある[2]。通常の二値論理（命題の真理値は真もしくは偽のどちらか一方でしかない，とする立場）では，「C_{1000}はティブルスである」という文それ自体は真偽未定で無意味なものとされてしまいかねないが，しかし，そのような真理値ギャップをもつ文であっても，特定の容認可能な解釈のもと，排中律を満たす有意味なものとして理解可能となる。マットの上の猫について，毛が１本抜けていようが1000本抜けていようが，頭の毛が抜けていようが尻尾の毛が抜けていようが，いずれのケースにおいても「ここには一匹の猫がいるとする」という解釈のもと，「この猫（C_{1000}）はティブルスである」は常に真となる[3]（そのような解釈の仕方は「超付値 supervaluation」と呼ばれる）[4]。こうした超付値によって，そこにいる「多くのものを含む存在」に関する同一性命題が有意味であるというわれわれの常識的直観はおよそ守られることになる。

ただし，こうした超付値的解決法にも問題点がある。というのも，ここでの「解釈」「手法」というものはわれわれの規約的態度に依拠しているからである。たとえば，毛が１本だけ抜けているならば，それに関する1000通

---

(2) 排中律とは，真理値がハッキリとした文Ｐを扱う古典的命題論理において"$P \vee \neg P$"（Ｐであるか，Ｐでないかのいずれかである）で表現されるものである。たとえば，「Ｘは犬であるか，犬でないかのいずれかである」は常に真となる。そして，これに真理述語を加えた文「「Ｘは犬である」は真であるか，真でないかのいずれかである」においても排中律は同様に成立する（この場合，「Ｘは犬である」という文は基底的である）。

(3) これは「超真 supertruth」もしくは「重真」と呼ばれる。

(4) あるいは「重ね合わせ付値」とも呼ばれる。古典的な命題論理における（真偽の）二値論理の枠組みを保持しつつ，それだけでは取り扱えない文について真理値ギャップのもとで解決を図るような方法である。こうした「超付値 supervaluation」については van Fraassen [1966] を参照。また，デイヴィッド・ルイスの論文「たくさん，だけど，ほとんど一つ」（柏端 [2006] 所収）ではそれを用いた解決法が論じられている。

りのいずれの在り方をしていてもそこにいる猫はティブルスかもしれないが，毛がすべて抜け落ちてしまったとき，それをティブルスとみなすかどうかはわれわれの規約的態度次第である（「猫とは毛がフサフサした生きものである」という常識のもとで暮らす人々であれば，そこにいるものはもはや猫としては扱われないであろう）。それに，こうした規約的態度においても「線引き問題」というものが浮上してくる。「皿の上の1本のバナナaを観察している」という状況解釈のもと，その皿の上で「色」「匂い」「固さ」「形状」が変化してゆく対象を「同一のバナナa」とみなす態度は或る程度までは妥当であろうが，溶けかけたり風化しつつある「それ」をどこまでバナナとみなすかどうかについては，超付値的解決法は何も教えてくれない。つまり，「多者の問題」を常識とマッチする形で片づけ，同一性言明を有意味たらしめる枠組みを提供するにしても，変化のもとでの同一性を見定めるにおいて直面する「線引き問題」そのものを片づけたわけではない。目の前に寝転がり毛が抜け落ちてゆく猫についての問題であれば線引き問題には目を瞑っても構わないかもしれないが，「同一の船」たる資格が議論されているような「テセウスの船」については目を瞑るわけにはいかないかもしれず，問題はいまだ残されたままと言えよう。毛がすべて抜け落ちても多くの人にとっては「ティブルスはティブルス」であろうが，オールや船底の木材の半分以上が取り外されたモノはもはやテセウスの船ではないかもしれない。すると，テセウスの船のパラドックスはどのように取り扱うべきなのだろうか。ここでは「分析形而上学」と呼ばれる，わりと新しい哲学的思考法がそのヒントを与えてくれるかもしれない。

3　分析形而上学による捉え方
　　　——耐時と延続

　たとえば，「ハゲ頭」で考えてみよう。髪（h）がフサフサで抜け落ちる前の頭を B_0 としてみよう。すると，B_0 から B_{1-10} までは同一性は保持されているかもしれないが，$B_{1-100000}$ に至るともはや「フサフサ頭」としての同一性は失われているように思われる。もし，ハゲ頭が B_0 の時点においてすでにそこに存在しているというのであれば，そこには「フサフサ頭」「てっぺん

ハゲ」「でこっぱち」「つるっパゲ」などが同時に存在していることになるが，それはわれわれの自然なモノの見方に反するし，超付値的手法によってこの問題は克服できる（そこには一つしか頭はなく，「フサフサ頭」が現われているときには「ハゲ頭は存在しない」と言える）。すると，この超付値的手法の有効性は，そこに「頭」という性質の担い手がいる，というわれわれの実在論的思考法に依拠しているようにも見える。つまり，「頭」という実体概念のもと，「フサフサ頭」は可変性のもとで同一性を——容認可能な解釈のもとではあるが——連続的に維持できているように思われる。このことは猫ティブルスについても同じことが言える（下図参照）。

ハゲ頭の例：

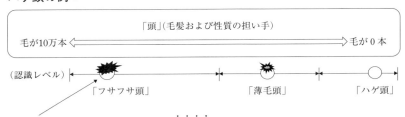

ここにあるのは，「ハゲ頭」＋毛髪９万本ではない！
＊「多者の問題」を不問とする解釈のもとでは，「フサフサ頭」と「ハゲ頭」は性質として同時に現われることはない。

ティブルスの例：

さて，「ハゲ頭」や「ティブルス」についてはこれでよいであろう。それでは，「テセウスの船」についてはどうなるであろうか。「頭」や「ティブルス」という概念は，たとえその性質を示す毛がすべてなくなっても担い手としての同一性はそのままであるが，テセウスの船においてオールが１本もなくなってしまうともはや船ですらなくなるかもしれない。すると，「テセウスの船」とは担い手ではなく，担い手であるところの「船」がまさにその時

点において或る性質，あるいはその性質を例化しているような個物，と言えるかもしれない。われわれは，つい何気なく「テセウスの船」を性質の担い手である実体のように考え，「テセウスの船はずっと存在しているだろう！　で，どれがテセウスの船だっけ？」というように語ってしまいがちであるが，実はそれは「性質の担い手のもとで例化されたもの」[5]であって，或る特定の時点において特定の観察者の前に現われるところの「フサフサ頭」「フサフサティブルス」という同種のものであるかもしれない。担い手は「船」であり，形容詞「テセウスの」とは「フサフサの」と同様に性質を示すものであるとすれば，或る船に関して「これはテセウスの船であるか，そうでないか」と問うのは，たとえそれが物議をかもすもの（controvercial）であるとしても有意味と言えるのではないだろうか。もちろん，「フサフサ頭」の線引き問題が異なる規約をもつ者同士の間で論争になるように，そこでは「テセウスの船」の線引き問題もまた異なる規約をもつ者同士の間で論争となってしまうが，テセウスの船に関する同一性を語る文（言明）の有意味性はこの枠組みにおいて保証されていると言ってもよい。

　しかし，問題は「テセウスの船」を性質として捉えるとき，それは「フサフサ」と同様の性質とみなしてよいのか，という点である。たとえば，「フサフサ」という性質について言えば，それは人間の頭だけでなく，猫や他のモノにも現われる性質であるが，それはプラトンの「イデア」[6]のような普遍者（universal）であるとは限らない。「私の頭のフサフサ」と「猫の身体のフサフサ」とは異なる「フサフサ」であるように，個別者（particulars）と

---

(5)　この場合の「例化 instantialtion」とは，個物超越的な普遍的なものと想定される性質（「赤」「人間」「猫」などのいわゆる概念）が個物（個体）の性質として備わっている事態のこと。

(6)　イデアとは「物事の真なる在り方」「原型」であり，身体的知覚を超越したもので，純然たる魂の認識のもとで理解可能なもの。たとえば「美」に関し，この感覚的世界にはそのコピーとも言うべき多種多様な模造的存在（「美人」「美しい皿」「美しい絵画」など）が溢れているが，身体的・感覚的にそれを理解しようとすると，その真なる本質を捉えることはできない。真なる本質はイデアであり，多種多様な模造的存在が「美しい」という性質をもっているとみなされるのは，そのそれぞれが真なる「美」のイデアを共有しているから，ということになる。

しての性質として「フサフサ」を理解することもできる。実在論的ではなく，このように唯名論的に（いわば個別的なものとして）性質を捉えたものは「トロープ trope」と呼ばれる。これが普遍的に実在する性質ではないとすれば，そうしたトロープとはそれぞれの個物においてまさにその個物を構成するところの一要素として理解することもできる[7]。ただし，「テセウスの船」がそのようにトロープ的なものであるとするならば，そうした「テセウスの船」性はどんなものにでも宿りうるものとなってしまうので，日本で西暦2016年以降に建造された船にさえ「テセウスの船」を見出せてしまうことになるが，これでは同一性を有意義に語ることができなくなってしまう。だからといって，テセウスの船そのものは或る時代に造られた単なるモノなのであるから，われわれの感覚世界を超越したところに「テセウスの船」なるイデア的な性質を想定してしまうのも奇妙なハナシとなる。するとやはり，「テセウスの船」はどこかで，時間的変化のなかで同一性を保ち続けるところの「実体 entity」として取り扱うべきものなのであろうか（ここには実在論か唯名論かのパラドックスが——正確にはアポリアが——あるようにも見える）。

　こうしたなか，「同一性」を保持する対象の取り扱い方の一つとして，それが時間の経過を耐えぬく三次元的対象とみなすもの，すなわち「耐時 endurance」と呼ばれる考え方がある。「テセウスの船」は三次元的対象として空間的に位置し続けるものとすれば，部分を取り外され全体を改修されゆくなかその形や質量が変化するにしても，或る観察時点においては一つの個体としてその全体が余すところなく現われている（wholly present），とこの考え方はみなす。すると，時点 t_0 においてオールが30本ある船も，時点 t_1 においてオールがすべて取り除かれた船も，いずれもがそれぞれの時点において（三次元的存在者として）十全な形で顕現しており，部分的に幾分か欠落していようと（そしてそれに伴い「オールフサフサ」性が失われていようと），われわれはそこにテセウスの船としての「同一性」を見出せる，と言える。こうした「耐時」という考え方は，実在論的態度をもって暮らす人々にとっては直観的には受け入れやすいのではないだろうか（実際，われわれは変わり果てるモノや人の在り方のなかで同一性を見出すときにはそのよう

---

(7) この場合，個物はトロープの「束」という見方もできる。

な想定をしているようにも思われる）。

　こうした「耐時」の考え方については，日常的にうまくいっている慣習的実践とマッチしやすいというメリットがあるが，そうした実践そのものが問題視されるような，異なる複数の時間点においてあからさまに異なる性質をもって対象が現われる場合，そこにおいて同一性を見出すことの困難さがネックとなる。耐時的存在は，それが時間を超越しながらも或る時点において自らを余すところなく顕現させているゆえに，たとえ過去においては異なる性質をもっていたとしても，現在において別の性質を伴って現われていることについて通常うまくいっているケースでは問題はない（だからこそ，まるっきりオールの数が変化したとしても，うまくいっている状況においてそれは「テセウスの船」でありえる）。しかし，こうした耐時の概念は，通常ではない特殊状況下においては，「同一性」に関する原理的なものを逸脱しているようにも見える。なぜなら，二つの異なる時点における二つの存在者の同一性は，まさにそれら二つの個物がもつ内在的性質の同一性によって成り立つものであるが，特殊状況においてそうした同一性は確認困難だからである。ライプニッツの不可識別者同一の原理は，「XとYとが識別不可能であるならば，XとYとは同一のものである」というものであるが[8]，これをここで援用するならば「異なる時間点におけるXとYは内在的性質の点で識別不可能であるならば，XとYとは同一である」ということになる。もちろん，ここでの「内在的性質」を「同一性」というように読み換えてしまうとそれは単なるトートロジーにすぎないので，そうするのではなく，XとYとがそれぞれもつ性質相互の識別可能性・不可能性こそが論じられねばならない。この考え方のもとでは，性質の大幅な変化を許容するような耐時的存在の場合，異なる時間点（t_0とt_1）において異なる性質をもった現われ方をするXとYとは互いに識別可能な形で現われているわけで（単に空間的に異なっているというハナシではなく，それぞれ固有の性質が異なっているわけ

---

(8)　ライプニッツとクラークの往復書簡では「識別できない二つの個物はない」（ライプニッツ［1989］，p. 301），「自然の内には絶対的に不可識別であるような二つの実在的な存在者はない」（*Ibid*., p. 340）とあるが，これは現実世界における異なる二つの存在者であれば（XとYが同一でなければ）それらは識別可能である」ということを言っており，この対偶命題が，本文中の不可識別者同一の原理となる。

であり)，そこにおいて「XとYが同一である」という保証はないことになる。もちろん，だからといって「必然的に同一でない」ということにもならない。不可識別者同一の原理を認めても，その裏命題「XとYとが識別可能であるならば，XとYとは同一のものではない」を認める必要はないからだ[9]。しかし，そのようにXとYとが性質的に識別可能な形で異なっている状況のもと，そこにおいて同一性がどのように成立しているかの説明を「耐時」のみでは説得力ある形で説明することはできないように思われる[10]。「性質的変化を伴う形で時間的変化を耐え，存在として同一性を保ち続け，各時点においては対象自らが十全に現われている」というその考え方が，あまりにも物理的性質が変化したケースに対しどこまで説得力をもちうるかについては不明であるし，「或る程度の変化までなら耐時によって説明できる」というのであればそこでは再び線引き問題に直面することになる。

　さて，こうした「耐時」の考え方に対し，別の考え方によれば，「テセウスの船」というものを四次元的に——つまり，時間的諸部分によっても構成されたものとして——取り扱うことを推奨するような「延続 perdurance」と呼ばれる考え方もある。それによれば，たとえ時間的変化のもと，オールが何本も欠け，船体が金属製になりジェットエンジンが搭載されようとも，それぞれの時間的諸部分をも含め「テセウスの船」として存在し続けている，となる（つまり，或る特定時点において「同一性を保持する対象が，自らを余すところなく現われる」ということはない）。たとえば次の図のように，観察時点においてその物質的構成要素は変化しているとしても，「テセウスの船」とはそれらすべての観察可能な時空点を含んだ包括的存在者であって，神話の時代において人々が見た船も，数千年後の博物館において見物客が見た船も，すべて「テセウスの船」の一部分ということになる（「耐時」として捉えられた「船」が三次元的対象であり，空間的位置を占める物質のみを構成要素として有していたのに対し，「延続」として捉えられる船は，時間

(9)　P⊃Q が真であっても，¬P⊃¬Q が真であるとは限らない。これについては，第1章，註12を参照。

(10)　しかし，後述する「延続」の考え方は，異なる複数時点において例化される諸性質の可変性を四次元的に許容できるため，こうした問題を回避できる，と四次元主義の提唱者であるサイダーは指摘する（Sider［2001］）。

をも含めた時空的諸部分から構成される四次元的対象であることに注意)。

延続イメージ図:

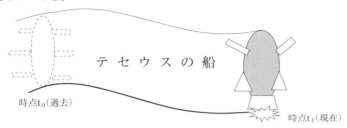

こうした「延続」においては,不可識別者同一の原理は特にネックとはならない。そもそも,「延続」における同一性とは,異なる時点における個物Xと個物Yとの性質の識別可能性を許容するものであり(どちらも四次元的対象の一部分なのであるから),早い話が「どの時点においてもそれはテセウスの船である」ということだからである。ゆえに,耐時における線引き問題のようなトラブルは起きない。これは素晴らしいことであるが,しかし,「テセウスの船」がいつ誕生し,いつそれがなくなってしまうのか,という「始まりと終わり」問題が今度は登場する。最初はそうではなかった木の破片がいつテセウスの船になり,次第に変わってゆくそれがいつテセウスの船でなくなるのかを「延続」の支持者はうまく語りうるのか。もし,「永遠の相のもとでそれは存在し続ける」というのであれば,それは四次元主義というよりは「永遠主義」というものであるが,これはひどく形而上学的であるし,われわれの常識的直観と大きくズレてしまう。というのも,単なる想像のハナシではなく,そうした永遠の相のもとでの「テセウスの船」を現実のものと認識し,日常の実践においてそれを検証・反証可能な「知識」として有効活用できるかは疑問だからである(もっとも,だからこそこうした議論は分析「形而上学」と呼ばれているのであって,こうした疑問が生じるからといって議論そのものが無意味となるわけではないのだが)。

「対象の同一性」という概念自体は有用であり,実践においてわれわれはそれを不必要なものとして取り扱うことなどはおよそできそうにもないが,しかし,これまでいろんな考え方を紹介してきたように,それがどのような理論的根拠のもとで正当化されるかについてはなかなか決着がつかないよう

第7章 同一性のパラドックス　125

に思われる。しかし，デメリットがあるから使えないというのであれば，およそどのようなロジックも使用不可能になってしまうわけで，或る問題を語るとき，その枠組みとしてどのようなロジックや概念を使用しているのかを使用者自身が理解しておくことが重要であろう。

4 分裂への対応
―― ライティとレフティ

さて，ここまでは「モノ」「物体」について，それが変化を含みながらどのように同一であり続けるのか，そしてその認識を可能とするような理論的背景というものをざっと見てきた。率直に言えば，パラドックスが何の問題もなく解決されるわけではないが，仮に「そこにおいてパラドックスなどない」と主張するのであれば，「耐時」か「延続」，あるいはトロープのような考え方を導入することで同一性言明を有意味なものとできるかもしれない。しかし，「分裂」のケースではどうなるのであろうか？ 同一性の背後に「耐時」や「延続」を見出すのはよいとしても，ホッブズが示唆したように，テセウスの船らしきものが分裂してしまったとき，「どちらの船が同一であるか？」と問うことは有意味なのであろうか。もし有意味であるならば，どちらか一方にのみ同一性は継承・保持されているのであろうか，あるいは両者ともがオリジナルの「テセウスの船」と同一であるということもあるのだろうか。もしそうであるとすれば，それはどのような根拠に基づくのであろうか。

ここで「分割脳」について少し考えてみよう。時点 t_1 において，或る人Aの脳梁を手術によって切断し，それぞれの半身に新しい補助身体を与えることで，時点 t_2 において二つの自律的活動を行なう身体「ライティ」と「レフティ」が誕生したとしよう。機能的にはどちらも同じであるし，どちらもAとしての記憶・意識はもっているとする。そうした場合，「少なくともどちらかが人格Aである」ということはできそうなのであるが，しかし，そこには大きな問題がある。というのも，時点 t_2 においてどちらかがA以外の人格であるとするなら，時点 t_1 におけるその脳には，AとA以外の二つの人格が宿っていたということになるからだ。

一つの人格が二つの人格に分裂すること，あるいは，一人の人間に二つの

人格が宿っていたと考えることは，われわれが通常想定するところの人格同一性概念とは異質なものであろう。もし最初は一つであるAの人格・意識が二つの人格「ライティ」「レフティ」によって構成されているとするならば，再度ライティとレフティとを脳梁によって接合することで元通りのAに戻るというのであろうか。もしそうであるならば，Aは分裂している間にいったいどうなっていたのであろうか。Aはその期間中に世界から消えていたように見えるが，「耐時」や「延続」として存在し続けていたのであろうか。もしこうしたことが認められるのであれば，いついかなるときにでもAとライティとレフティの三者は同時に存在し続けていると解釈できるが，それならば，ティブルスのケースと同様，そもそもどれがオリジナルであり，どれが同一的存在者であるかを論じることが無意味となってしまいかねない（なぜなら，或る観測時点においてまったく現われてなくとも，それらはすべて個別的存在者として存在し続けていることになるので）。

　それに，ライティとレフティに分裂しているさなかにAの同一性が保持されているとしても，その人格的意識はどのような変容を遂げているかは想像もできない。これはライティの人格的意識，レフティの人格的意識についても同様である。もし分割以前の時点においてもライティという人格が存在しているというのであれば，分割が起きないような状況がずっと（それこそAが死ぬまで分割されなかったとしても）そのようなライティは存在していることになるが，いったい誰がそれを知ることができるのであろうか（分割が起きてもいないのに，ライティ，レフティそれぞれの人格において「自分はライティだ」「自分はレフティだ」というように自分自身についての意識をもつことはできないし，Aにも当然そのような意識は生じないのに）。

　たとえば，私が生まれたときから，今この文章をタイプしているときまで，この私の身体にも「ライティ」「レフティ」……といった複数の存在者が宿っている（眠っている）ということをいったい誰か知ることができるのであろうか。もちろんその可能性はあるだろう。しかし，可能性が実現していない

---

(11)　ネーゲルは，心が分裂したり再統合したりすることがどのような事態であるかは，議論はできても理解不可能であるとし，いわば不可知論とも言える立場をとる（Nagel [1979], ch.11）。

なか，「それらは存在として実在し続けている」という信念をいかに正当化し，「知識」として確立できるのであろうか。仮に分裂したのち，ライティもレフティも「自分たちこそが「中村」を構成するところの人格であり，自分たち（の意識）は分割以前からもずっとそのままであり続けているのだ」と主張するとしても，その過去の意識が「ライティでもレフティでもない，まさにこの私（中村）の意識である」となぜ言えないのだろうか。分裂以降においてライティやレフティがもつ持続的な記憶や意識内容が彼ら自身のものであると主張できるならば，逆に，分裂前においてこの私が「ライティやレフティが今後もっているであろう意識や記憶は本来すべて自分のものである」と主張することも成り立つのではないだろうか（まるで財産の帰属に関する論争のようだが）。ライティやレフティははたして，分割以前の時点において「自分（たち）はライティ（レフティ）であって，「中村」ではない」という自己意識をもっていたと言えるのであろうか？　もしもっていなかったのであれば，ライティもレフティも分割以前においては「中村」を構成する個別的存在者ではなく，そこでの唯一の存在者「中村」がもつ部分にすぎず，分割以後にそれら部分が自律的・個別的に活動可能となったにすぎないのではないだろうか。いくら，ライティやレフティが自己意識や記憶，心理的連結性と心理的継続性(12)，さらには身体的類似性や機能類似性を示そうが，それによって自身の継続的な——耐時や延続に基づくような——同一性を示すことはできないように思われる。

　これは「テセウスの船」の分裂ケースについても同様にあてはまるように思われる。テセウスの船は，修理される過程において元の構成要素が20%残った船₁と，最初に捨てられた建材50%を含む船₂に分裂したが，どちらかが元の船と必然的に同一であるというわけでもなければ，それぞれが分割以前から存在し続けていたわけでもない。だからこそ，こうした分裂が生じたとき，それに関わる船員や修理工たちを含む二つの派閥もまた発生し，互

---

(12)　心理的連結性（psychological connectedness）とは異なる複数時点の間で直接的な心理的連結があること（或る意識的なつながりや，意図，理由の共有など）。心理的継続性（psychological continuity）とは，強い連結性の重なり合った一連のつながり（連鎖的な継続性）があること（Parfit［1984］, p.206／訳288頁）。

いに「我こそが正当なテセウスの船の関係者である！」と主張しているのである。それはちょうど、ライティとレフティが遡及的な自己意識のもと分裂以降でしか自己同一性を主張しえないのと同様である。その主張は、自然的事実に基づいた論理的な主張というよりは、可能性に基づいた社会的な資格・権利を求める自己主張にすぎない。端的な事実は、個別的な存在者が分裂し、そしてその残滓を組み込むところの存在者がそれぞれ派生した、というだけのハナシである。

5　冷静でプラグマティックな対応
──パーフィットの帰結主義

こうした分裂のケースに関し、功利主義者であるところのパーフィットの態度は──あまりにも冷淡で奇妙なようにも見えるが──見習うべきものがあるようにも思われるので紹介しておこう。パーフィットの主張は、われわれが日常的に配慮する未来時点における「自己」の問題において、そこで本質的であるのは実は「同一性」ではなく「R関係」であると主張する。ここでのR関係とは「心理的連結性および心理的継続性」（Parfit［1984］, p.215／訳299頁）と言われるものであるが、その内容については以下のようにまとめることができるであろう。

R関係：
　順序対 $(a, b) \neq (b, a)$、$(b, c) \neq (c, b)$、$A \ni a, b, c$、のもと $_aR_b$ かつ $_bR_c \Rightarrow {_aR_c}$ という関係が成り立つような心理的連結性および心理的継続性をR関係とする(14)（ただし、必ずしもR関係というものが推移律を含んでいなければならないわけではなく、$_aR_c$ という形の直結的な心理的連結性もここには含まれうる）。

---

(13)　正確には「正しい種類の原因をもった（with the right kind of cause）心理的連結性および心理的継続性」のことであるが、この場合の「正しい種類」とは、そこに錯誤・錯覚を含むものでない、という意味である。それゆえ、通常の新陳代謝であろうが、脳分割による分岐であろうが、転送装置による複数自己の出現であろうが、そのいずれもがR関係においては許容可能である。

たとえば，「私」のこれまでの人生は，「小学生（a）」「中学生（b）」「高校生（c）」という時期によって構成されているとする。cの時点においてはaの時点における人格（「過去の私」と呼ばれる存在者）が将来の自分のために何を配慮したかはよく覚えていなかったり，その配慮が高校生である自分自身（c時点）にとって何の利益にもなっておらずあたかも他人に危害を加えられたがごとく感じているかもしれない（遥か昔のサボり癖のせいで現在進学や就職に困っているような状況を想像してほしい）。しかし，bのときはaでの配慮を覚えていたり，そのa−b間においていろんな行為選択の理由や意図的計画を共有していることもあるだろう（ゆえに，ここでは$_aR_b$という心理的連結性が成立している）。そして，cの時点においてもやはりbとの間でそれらを共有していたり，その意識や記憶もあるとする（ここでは，$_bR_c$という心理的連結性がある）。すると，たとえ小学生時代の私が，あたかも今の自分とはまったく関連のない（それどころか今の自分にとって悪影響を与えてきたような）他人であったとしても，——つまり，「私」としての同一性がないとしても——その心理的連結性かつ心理的継続性に基づくR関係が成立しているという点で，その他とは一線を画す形でそれぞれが「私」と適切に関連する人格ということになる。このように，「自己」「私」において本質的かつ重要であるのは時間的・物理的変化を耐え抜くような「同一性」ではなく，「心理的連結性および心理的継続性」——とそれを実現させるための物理的身体および脳——であって，後者こそがわれわれの日頃の関心事を有意味たらしめている，というのがパーフィットの立場である。
　さて，こうしたパーフィットは，自らの議論のスタンスを次のように主張する（Parfit［1984］, pp. 216‐217／訳301頁。筆者による修正・補足あり）。

（14）　(a, b) ≠ (b, a), (b, c) ≠ (c, b) とは，それぞれの対の順序が一定であり逆ではないということであり，この場合，順序 a, b, c を意味する。A∋a, b, c, とは a, b, c がすべて集合Aに含まれているということであり，$_aR_b$ とは，「aとbは関係Rにある」ということを表現している。ここでは a, b, c を各時点における心理的につながった意識状態，集合Aを人格シリーズ，とみなす（ただし，こうした表現はパーフィット自身がその著作で行なっているものでなく，筆者が便宜上まとめたものにすぎない）。

還元主義：
　われわれは身体（脳）と，それと相互作用する精神を備えた物質的存在であり，自分自身については，物理的出来事およびそれと関連する心理的出来事（R関係を含む）に還元した説明ができる。

不確定性：
　「いつごろ死ぬか」という問いに対し確定した答えはないし，或るケースにおいてそうした問いは空疎な質問と言える。大事なことは，関係する当事者は誰であり，当事者間の関係性はどうなっているのか，ということ。

当事者複数性：
　「意識」と「生」とを，すべて一人の人物のものとして説明する必要はない。分裂のケースであるように，一個人の「生」の問題ではあるが，複数の意識がその過程において並列的に存在することもありうる。

同一性への固執の放棄：
　重要であるのは，心理的継続性と心理的連結性というR関係であり，仮にR関係が同一性と無関係であるときですら，R関係を重視すべき。

　さて，パーフィットからすると，われわれが合理的存在者として「自己」について重視すべき理由としては，同一性がそこにあるかどうかではなく，R関係がそこにあるかどうか，であって，分裂のケースにおいても無理に「どちらか一方のみが同一人格だ！」と固執するべきではない。錯覚や錯誤を含まない形で，分裂以後の存在者たち（複数）が分裂以前の存在者（単数）と関係しているのであれば，そこにおいて考慮されるべき存在者が複数いるというのは端的な事実である。そこでは「分裂以前の存在者が存在しなくなったのかどうか（死んだかどうか）」という問いですら重要ではない。重要なことは，「分裂後に残された存在者たちをどのように取り扱うか」ということであり，その方針は「帰結主義（功利主義）」が与えうるとパーフィットは示唆する[15]。すると，「テセウスの船」において船$_1$と船$_2$に分裂したケース

をパーフィット的に考えるならば,「テセウスの船はどちらであるか?」と問うのも,「テセウスの船は存在しなくなったのか?」と問うのも空疎な問いであって,問うべきは,「船$_1$と船$_2$をどのように扱えば,その状況において最もよいのか?」ということになる。これは形而上学な概念を持ち出したり,解釈の違いから不毛な論争に突入することなく,現実において生じた問題へのプラグマティックな取り組み方であって,非常に合理的な態度であるようにも見える。

しかし,帰結主義・功利主義をとる以上,そこに付随しがちな難問にも付きまとわれることにもなる。たとえば,効用最大化の範囲や当事者をどの範囲で考えるか,という問題があるだろう。効用最大化の当事者を船関係者のみに限定すれば,船$_1$と船$_2$とのメリットを総合的に考慮し,考えられる選択肢において最大効用化を測れば済むかもしれないが,しかし,どちらかの船を一隻だけ「テセウスの船」として歴史的・文化的遺産のように取り扱うことで,後世の人々に「知」に触れる喜びや感動をもたらすことができるとすれば,「船に関わる大勢の市民」を当事者とみなし,そこにおいて効用最大化を図るべき,となるかもしれない。さらに言えば,分裂以降のこうした揉め事を予防するため,たとえ恣意的でも「同一かつ唯一のテセウスの船であるための基準」というものを事前に設定しておくことこそが功利主義的に正当化されるかもしれない。そうすると,誰もが「帰結主義」「功利主義」の名のもとに結果を良くしようと多くの提案がなされるかもしれないが,もしかするとそこでは当事者不在の議論となってしまうこともあるだろう。そもそもここでの事柄とは,「テセウスの船」の一部が分解・修理・復元されながら2隻およびその2隻に関わる関係者たちが存在しているということであるので,それらの船,およびそれに関わる当事者を抜きに(あるいは外在的観点から)「結果を良くするためにどう取り扱うか」と論じ,判断し,決定することがそもそも正当化できるかは疑問である。とはいえ,当事者同士の論争ではそもそも解決しないがため,事態が混迷を極めればやはり当事者の

---

(15) どちらかといえば,批判的吟味を通じて常識道徳や自己利益説を排除してゆくなか,帰結主義(功利主義)が有力なものとして残りうる,という形での議論を行なっている。

思惑は別として功利主義的に考えるしかないのでは……というように，ここにも解決困難なジレンマがある．いずれにしても，いかなる方策をもって臨もうとみんなが満足ゆく結果とはならないかもしれない．

　さて，ここまでずっと同一性に関わるパラドックスに関する議論を紹介してきた．ハッキリ言えば，何一つきちんと解決できたものなどなく，解決したように見えてもその先には別のパラドックスやジレンマが待ち構えていたようにも思われる．もっとも，或る論者は「パラドックスは解決した」と主張するかもしれないし，或る論者は「パラドックスなど最初からない」と主張するかもしれない．あるいは，「パラドックスは解決したが，そこではロジックでは解決不可能なジレンマが生じた」と言う人もいるだろう．なかには「哲学では解決不可能なことは政治的に決定すればよい」と言う人もいるかもしれない．しかし大事なことは，こうした混迷を極める現状をきちんと理解したうえで，それでもこの問題をどのように取り扱うかを論じること，そしてそれを論じる自分がどのような論じ方をしているのかを自身で自覚し，その長所と短所を相手にきちんと理解してもらうよう努めることである．これこそが「真摯な態度」であり，私には，「哲学」とはそうした真摯な態度をとるために必要であるように思われるのである．

第8章

時間のパラドックス
——タイムパラドックス——

> **Q** 過去に戻って歴史を変えたらどうなってしまうのか？（そもそもそんなことが可能なのか？）

1　時間は主観的なもの？
　　——アウグスティヌス，カント，ベルクソン

　前章では変化における対象の同一性というものについて論じた．そうした変化と同一性に関する議論の前提には「時間」というものがあり，さきほど論じた問題というものは，「時間の移り変わりのなかで生じる変化のもと，いかに対象の同一性概念が保たれるか」という問題であったと言える．それもそのはずである．対象が変化しているのに，時間が経過していない，というのは言葉の上でもおかしいように思われる．とりわけ，先の「耐時」で言えば，時間的変化のなかで同一性を保持できる，という概念でもあるので，そうしたハナシが有意義であるとするならば，少なくとも「時間」というものが「在る」ということ，そしてそれが「経過する」ということを認める必要があるように思われる．しかし，時間というものが「在る」とはどういうことなのか？　一見自明のようにも思われる「時間」，そして「時間の流れ」というものの正体について少し考えてみよう．
　時間が世界の側にでなく主観的な精神の側にある，と主張した哲学者として有名なのはアウグスティヌスである．アウグスティヌスにとっての「実在」

とは，変化したり消えたりしない「永遠」の在り方をしたもの，すなわち「神」である。しかし，「時間」というものは変化し，過ぎ去り，消えてゆく。すると，神こそが時間を超越した存在であり，神が創り給いし被造物たるわれわれ人間は，また神が創り与えた「時間」において暮らしている，と言える⁽¹⁾（ここまでは，なんとなく理解できるであろう）。

　では，そのような時間のなか，われわれ人間がどのように生きているかといえば，そこには不思議なことがある。たとえば，〈今の私〉というものは，過去を生きているわけでもなければ，未来を生きているわけでもない。過去は存在しないし，未来も存在しないので，〈今の私〉が存在するとするならばそれは現在でしかありえない。いや，存在するものはそもそも現在にしかありえない（『告白（下）』11. 18. 23）。すると，そうしたポツンと浮いた「現在」とは何なのであろうか。仮に「現在」が部分を有するような延長的な時間領域であるならば，そこには過去と未来が含まれているということになる。ゆえに，〈今の私〉をはじめとする存在者たちが位置するところの「現在」とは，時間的拡がりをもたない非延長的な点でしかありえない⁽²⁾。アウグスティヌスは，過去とは現在の心が想起すること，未来とはやはり現在の心が予期（期待）することにおいて存在するとしているが，現在という非延長的ポイントは過去とも未来ともその接点をもたない「静止した瞬間」として描かれている。すると，そこにおける〈今の私〉とは，時間の流れに囚われることのない——時間的流れに囚われない神の在り方〈永遠〉と類似したかのごとき——在り方をしていることになる。アウグスティヌスによれば，神と人間とのつながりはここにこそ見出せる。いわば「時間の孤島」にポツンと取り

---

(1)　それゆえ，神の天地創造（世界創造）以前には時間などは存在せず，それ以前に神が何をしていたかを論じることは無意味である，とアウグスティヌスは主張する（『告白（下）』11. 13. 15）。

(2)　「もしもどんな部分にも，もっとも微小な瞬間の部分にさえも分かたれることのできないような時間が考えられるなら，そのような時間こそ現在とよばれることができるのであろうが，しかし，それは大急ぎで未来から過去に飛び移るのであるから，束の間も伸びていることができない。もし少しでも伸びているなら，それは過去と未来とに分かたれるであろう。しかし，現在はどんな広がりもどんな長さももっていない」（『告白（下）』11. 15. 20）。

残された有限な人間が，もはや存在しない「過去」，そしていまだ存在しない「未来」の概念をどうやって知ることができるかといえば，それは神の恩寵以外にありえない（単なる想像や勘違いなどではなく，真なる意味で「世界における時間」を理解することができるのは，〈今〉において神と結びつくこと以外に不可能ということである）。

　時間の実在性を否定する論者は，何も宗教哲学者だけではない。カントは『純粋理性批判』において時間・空間を「純粋直観」と呼ぶ。直観とは「内容」と「形式」に分けられるが，前者は感官に与えられる刺激のことであり，その刺激がどのようなものとして受け取られるかは後者によって定められる。カントによれば直観において感覚に属する一切のものを分離して後に残るものこそが純粋直観であり，時間と空間とはまさにそうした，対象の現われを可能とするところの認識の枠組み（もしくは「知る」を規定する形式）のことなのである（『純粋理性批判』A20－22／B34－36）。ここにおいて，「時間」とは主体の外側にあるものではなく，主体の内側に属するもの——というより，主体の認識を構成する形式——と位置づけられている（こうした考え方は，カントのコペルニクス的転回とも関わっている）。

　こうしたカントの発想は後のベルクソンにも受け継がれ発展することになる。『時間と自由』の第2章で言われているように，時間的な「持続」について，ベルクソンはそれを空間とは区別する形で，それ自体が分割不可能な意識として捉えるべきと主張する。これがいわゆる「純粋持続」というものである。たとえば，「一年前」と「現在」と「一年後」というように，分割的に時間を捉える仕方はそれぞれが互いを（排他的な形で）外在化しており，それは「1cm手前」「ここ」「1cm先」のような空間的な捉え方と同様であるが，ベルクソンによればこれでは時間の本質を捉えきれない（というより，時間のもとで現われる事象をきちんと理解することができない）。たとえば，美しいメロディなどを耳にするとき，その美しい調は純粋持続のもと「質」として現われるのであって，音符が示す音を分割的かつ個別的な「量」として捉えようとしてもそうした美しい調が現われることは決してない。これは自分自身についても同様である。たとえば，あなたという人間の時間は「小学校」「中学校」「高校」「大学」「新社会人」「社会人10年目」「社会人20年目」というふうに区分されて記述できるかもしれないが，それだけでこれ

まであなたが積み重ねてきた（いわば持続してきた）「人生」の本質を語っていると言えるであろうか。持続の本質とは，分割的な記述のもとで誰の目にも理解できるようなものではなく，それらの期間を通じあなたとして生きてきた正にその人にしか理解しえないものである。単に音符を眺めているだけでは，あるいは各音を分節的に聞くだけではその曲の美しい調を感じ取れないように，出来事がただ並んでいるかのように（いわば空間的に）世界を捉えるだけではそこにおける「持続」すなわち「時間」を理解できない。この点で「持続」とはまさに認識主体そのものにおいて理解されるべき主観的なものであり，「時間」というものもまた主観的なものである，とベルクソンは考える。

さて，ここまでは以上のような「時間の哲学」，とりわけ主観主義的なものをざっと眺めてきたがどうであろうか。たしかに，アウグスティヌスが言うように〈今〉は単独的かつ瞬間的に存在するがゆえに過去とも未来ともつながっていないため，時間などは流れていないかもしれないし，カントが言うように時間は認識可能な対象ではないかもしれない。さらには，ベルクソンが言うように主観的にしか認識できないものこそが時間の本質であるのかもしれない。しかし，本当に「時間」とは主観的なものであって，世界に実在していないのであろうか？　われわれが生きるところの世界とは，過去もなければ未来もなく，主観的な意識だけがポツンとあるような——ただし，それすらも実在的に「在る」のではなく，自己意識の成立の基盤として想定せざるをえないような——無時間的なものなのであろうか。

2　〈今〉とはどのようなものか？
——マクタガートの時間論

しかし，そのような「時間の主観説」とも言うべき彼らの諸議論においてですら共通している前提として，「順序」というものがある。本節ではこの「順序」とそれを構成する「出来事」について考えてみたい。時間の主観主義者たちは，時間的な持続・変化は主体依存的なものであると主張していたが，しかし，彼らはその持続・変化を語るにおいて「過去」「現在」「未来」という時間的区分をすでに用いている（たとえそれが空間的な仕方であって

も)。もちろん，彼らからすれば，川の流れのように時間が主体外部の世界において実際に流れているわけではない。「過去」「未来」というものは単なる呼び名であって，そう呼んでいるからといって，呼ばれるところのものが「在る」とは限らない（或る対象を「ペガサス」と呼んでいるからといって，その対象が実在するとは限らないのと同様に）。しかし，彼らは——そしてわれわれもであるが——どうやって「過去」や「未来」を区分する形で時間を概念化しているのであろうか。それは，「現在」を基点としつつ，それとの違いをもって或る方向の出来事を「過去」と言い，別方向の出来事を「未来」と呼んでいるからである。「過去」「現在」「未来」という時間区分の根本には，現在を現在たらしめるようなリアルな〈今〉があり，そこから2種類の方向性のもとでの時間的認識が成立している，と理解できるが，それだけでは時間概念の成立を説明するものとしては不足気味である。というのも，リアルな〈今〉を足場としたところで，その足場しかこの世界にないというのであれば，そもそもどのように時間的方向の違いが生じるというのであろうか。昔の航海士が星の位置から方角を知るように，過去と未来との方向の違いを知るには，「過去側の出来事」と「未来側の出来事」などがなければならないように思われる。

　ただし，〈今〉は固定されているものではなく，時間軸上において複数時点を動く。それもまた，時間の理解において重要なポイントとなる。たとえば，〈今〉において時間を意識している「現在」のあなたからすれば，西暦2060年に交通事故に遭うという出来事は「未来」のことであるが，西暦2061年になればそれは「過去」のこととなる。この考え方によると，2061年にはそこが「現在」となり，2060年時点は「過去」となる。すると，〈今〉は各時間のいずれにも可能的に遍在しており，それが現実化したときに，そこにある状態（出来事）に時制タグ「現在」がつけられる，と言ってもよい（これは，「過去」「未来」についても同様である）。しかし通常，こうしたタグづけ・方向づけが時間的意味をもつには，各時点それぞれに位置するところの何らかの「出来事」というものが想定されている必要があるように思われるが，その構造を描くとすれば以下の図のようになるであろう（ここでは〈今〉を社会人の時点として見てみよう）。

諸出来事に依拠する時間構造：

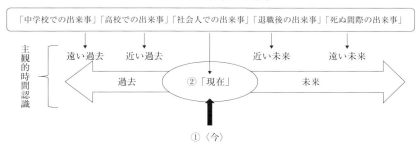

ここには2種類の特徴を見ることができる。一つは，時制的表現「過去」「現在」「未来」が諸出来事にタグづけされるとして，それ以前に諸出来事の順は世界確定的なものとして「前後関係」という性質をもっている，ということである。たとえば，上記図のもとであなたが出来事について時間的有意味に語ろうとするとき，中学校時代の或る体験（たとえば「2004年8月22日」）と，高校時代の或る体験（2007年8月22日）では，前者よりも後者の方が時間的に後であることが確定している。これは〈今〉がどの時間ポイントにおいて「現在」を表現しようともそうなのである。もう一つの特徴としては，各時間ポイントにおいて可能的なものとして遍在するところの〈今〉とは，そうした諸出来事の前後関係の順序に従って現実化するものである，という点である。

すると，こうした「時間」において根本的かつ不変的であるのは，世界内における諸出来事の順序関係であって，「過去」「現在」「未来」といった時制的区別は単なる付随的性質であるようにも見える。もちろん，それら諸出来事そのものは意味論的には何らかの錯誤が含まれているかもしれないし，懐疑論的に言えば実在しなかったかもしれない（世界5分前仮説のように，過去そのものは作られた記憶かもしれない）。しかし，少なくとも「前後関係」をもった二つ以上の出来事が存在していなければ時間概念は構成されないようにも思われる。仮に直観形式のもとで知覚される出来事が実在のものではないとしても，主体にとって時間的な認識が成立する場合には前後関係をもった二つ以上の出来事が想定されている必要があるだろう（〈今〉があ

第8章 時間のパラドックス 139

らゆる出来事において現実となるとしても,そこでの諸出来事の前後関係がまったく欠落した世界において,そこでは主観的にですら「時間」というものは理解できないように思われる)。このように,或る出来事 (X) と或る出来事 (Y) に関して,「〜より前」「〜より後」というような固定的前後関係をその特性とする時間系列は「B 系列 B-series」と呼ばれる[3]。

しかし,時間の特性を示す系列というものはそれだけではない。時間には「過去」「現在」「未来」という形での動きが生じている点もまた時間の重要な特性であると言えるし,だからこそ,未来であった或る出来事 X が現在となり,過去のものとなるという事態も発生する。するとここでは,本質的な特性とはその動きであって,それこそが B 系列における出来事の前後関係を生み出している,という解釈も可能となる。つまり,世界時間において順序関係をもって位置するところの諸出来事というものが重要であるとしても,そもそもそれら出来事の順序に——しかも前から後という一方向的に——従う形で現われるその在り方は,B 系列とは別の時間特性として記述できる。

「動き」に依拠するところの時間構造(ここでは〈今〉の動きとして強調):

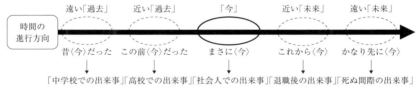

☆太い黒矢印の方向での「動き」を時間の特性とする

さて,このような時間の不可逆的な動きがあるからこそ,「出来事 X は過去であり,出来事 Y は現在である」→「出来事 X は遠い過去であり,出来事 Y は近い過去である」というように,「過去」「現在」「未来」というような時間的性質の変化が出来事において生じる,と言えよう。たとえば,世界史における「アン女王の死」という出来事は,世界における一つの事実として確定的ではあるが,起こりうる変化としてそれは「未来の出来事」であっ

---

(3) これは時間の哲学上,従来用いられている一般的な時間性質の概念であり,J. M. E. マクタガートの論文(McTaggart [1908])にその端を発する。

たものが「現在の出来事」となり「過去の出来事」となっている（そして，その後遠い過去となり，常に過去のままであり続ける〔McTaggart［1908］, p. 460〕）。このような「動き」を時間の特性とする系列は「A系列 A-series」と呼ばれる。

　時間論の大家であるマクタガートは，諸出来事が時間においてB系列のように前後関係を有するためにはそもそもA系列が不可欠であると主張する。たとえば，時間的性質が欠落した世界においては，諸出来事の並びがあったとしても，それらのうち，どちらが前でどちらが後かなどは定まってはいない（諸出来事の並びにおいて，それらがどの方向に動くか定まっていないようなこうした状態をC系列と呼ぶ）。簡単に言えば，「水がある」「氷がある」という出来事の並びだけでは，水が凍って氷になったのか，氷が解けて水になったのかは分からない。こうしたC系列がB系列のような時間的特性をもつためには（つまり，時間的な意味が理解可能な形での並びとなるためには），諸出来事の前後関係を決定づけるような「時間の方向性と動き」が前提とされなければならず，それはA系列以外に与えることはできない。無時間的な並びのなか，或る時点において「現在水であるもの」が，〈今〉が進むことによって「過去に水であったもの」となり，それが，〈今〉が進んだ現在において「氷であるもの」となるからこそ，そこではじめて「水」→「氷」といった時間的な前後関係が理解可能となる。つまり，「出来事Xは現在であり，出来事Yは未来である」→「出来事Xは過去であり，出来事Yは現在である」といったA系列的特性のもとでXとYとの前後関係は確立的なものとなるし，その前後関係が逆転することはない（出来事Xの時点は，出来事Yの時点よりも常に先に，「現在」→「近い過去」→「遠い過去」という形で時間性質が顕現する）。ここから，C系列＋A系列＝B系列と言えるし，そうした意味では，A系列こそが「時間」というものにおいて本質的かつ必要なものである，とマクタガートはまず主張する。

　しかし，結局のところ，その本質であるA系列そのものは時間特性としては矛盾しており，したがって時間というものは実在しえない，とマクタガートは結論づける。マクタガートによれば，「過去」「現在」「未来」というものはそれぞれ排他的な性質であるので，或る出来事が現出するところの時間点（moment）が「過去であり，現在であり，未来である」というのは時間

の特性上ありえないが，しかし，（循環論法抜きに）A系列はきちんとそれを解決することなく，まさにそれを時間の特性としている点からA系列は矛盾している，ということである（McTaggart［1908］，pp.468-470）。もちろん，これは一見すると奇妙な言い分にも思われる。なぜなら，諸出来事が位置するところの時間点は，それぞれ異なる時点において「過去」であり，「現在」であり，そして「未来」であることは十分可能であるし，それ自体ではどこも矛盾していないからだ。

　しかし，「それぞれ異なる時点において，或る時間点は「過去」「現在」「未来」という3種類の性質をもつことができる」というその反論自体，すでに「3種類の性質が例化するところの（前後関係を含意した）異なる時間点」を暗に想定した循環論法であることをマクタガートは指摘する（McTaggart［1908］，p.468）。なぜなら，A系列の説明のために異なる時間点を前提としてハナシをすることは，A系列が成立することで説明可能となる「異なる順序の時間点（およびそこで生じる出来事）」をすでに最初から認めていることになるので，それはいわば論点先取の錯誤に陥っているからである（言い方を変えるならば，A系列がB系列に与えるべき「順序」というものが，A系列にひそかに混入されているとも言える）。たとえば，「出来事Mが生起する或る瞬間（時点x）が，まず未来であり，次に現在となり，その次に過去となる」という仕方でA系列の説明を試みたとしよう。しかしここには「まず」「次に」「その次に」といった（のちに与えられるべき時間点が帰属するところの）順序の概念が使用されている。これを防ぐためには，そうした順序抜きに「未来」「現在」「過去」という用語のみをもって時間の動きを説明するしかない。もちろん，「出来事Mが生起する或る瞬間（x）は未来であり，現在であり，過去である」としてしまうと意味不明となるので（或る時点が未来かつ現在かつ過去であることはできないので），そこで，「出来事Mが生起する，過去における或る瞬間（x）は未来であり，現在における或る瞬間（x）は現在であり，未来における或る瞬間（x）は過去である」という文Xをつくることで，ようやくA系列の有意味性が理解できるようになったように見える。しかし，「未来における或る瞬間（x）は過去である」というのはそのままではどこかおかしい。というのも或る瞬間が未来と過去の2つの性質を同時に備えるということはないからである。きちんと言い換

えるならば「未来の或る瞬間において，未来の或る瞬間（x）は過去である」とならなければならない（ちょうど，「西暦5000年において（未来の或る瞬間の），西暦3000年（未来の或る瞬間（x））は過去である」というように）。しかしこのような言い方が可能ならば，同様に「未来の或る瞬間において，未来の或る瞬間（x）は未来である」という言い方も可能となるはずだが，これは前述の「未来の或る瞬間において，未来の或る瞬間（x）は過去である」とは両立しえない。順序の概念を導入することなくこの矛盾を解消するには再度これらの文のあたまに「未来において」「現在において」「過去において」などをつけるしかないが，同じ問題はまた起こるので，そうすると，文の改良の「無限の繰り返し」に陥ってしまうことになる（McTaggart [1927], 331-332節）。もちろん，問題は先延ばしされるだけで解決されず，ただ分かりにくさを増すばかりである。ここから，時間成立において本質的なA系列は時間の実在性を示すものではなく，「時間は実在しない」とマクタガートは結論づける。

　しかし，こうしたマクタガートの主張に対してはいくつかの批判が考えられる。まず，A系列が本質的であるとするその論証方法に対してであるが，「逆にB系列こそが本質的ではないか？」と反論することもできる。A系列において「遠い／近い過去」や「近い／遠い未来」などの距離的概念が含まれているが，たとえば，「現在と出来事A」と「現在と別の出来事B」との間にそうした時間的距離差があるとするならば，それは現時点に対し，或る固定的な出来事同士の前後差に由来しているのであって，実はA系列においてもB系列が前提とされている，と反論できるだろう。現在が1月1日であり，明日1月2日よりも明後日1月3日が遠い未来であるのは，1月1日から一晩経過して太陽が昇るという出来事の方が，二晩経過して太陽が2

---

(4) もちろん，こうした例えにおいてはすでに西暦上の前後関係が想定されているので，A系列の説明としては失敗している。つまり，A系列の実在性を証明しようとすると，後述の「無限のくり返し」をどこまでも行なうか，あるいは，B系列の前後関係を密輸入するかのジレンマに直面する，ということである。

(5) こうしたマクタガートのA系列の証明方法の解説については，植村 [2002]（とりわけ，190-198頁での議論）が参考となるので参照されたい。

(6) この点については，入不二 [2002]，216-223頁を参照。

度昇るという出来事よりも現在に近いからであり，それは1月2日を実現させる出来事と，1月3日を実現させる出来事との間の前後関係に由来しているように思われる（地球が2回自転するためには，まず1回目が回りきっていなければならないわけで，これら出来事の前後関係は確定的であり，だからこそ，A系列における時間の動きが付随するかのように思われる）。

さらには，循環論法だからといってそれが不可能であるわけではないし（A系列がB系列を支え，B系列がA系列を支えていれば，公理系として無矛盾なだけである），また，論理的（もしくは言語的）に証明できないことと，それが実在するかどうかは別のハナシであるようにも思われる。たとえば，「宇宙ははじまりをもっている」「宇宙ははじまりをもたないでずっと続いている」というアンチノミーにおいてどちらをとってもうまくいかず，それゆえわれわれ人間のロジック（および言語様式）にとって矛盾なく宇宙を説明することは不可能であるにしても，だからといって宇宙が存在しないということにはならないだろう。それに，厳密に言えば，「未来がある」ということですらこれまでの経験からの推論でしかなく，もしかすると未来などはないかもしれない。つまり，「未来」を含むA系列の特性そのものを疑うこともできる（とはいえ，これはかなり懐疑主義的な感じなのであるが）。未来があるかどうかは不問としつつ，なぜわれわれが時間の概念をもちうるに至ったのかを考えると，そこでは過去の経験や記憶が，「時間的に前後的順序をもつ出来事」によって構成されているからと言える。もちろん，そうした構成において時間を語る際にはどうしても「流れ」というものを発見せざるをえないが，そうであるならば，無理にA系列を基礎として時間というものが成り立っていると主張せずとも，時間的世界はなぜか（C系列ではなく）B系列かつA系列であり，それを所与として時間というものを考えてゆく，という方向でも構わないのではないだろうか。

3 「出来事」と時間の構成
　　——エントロピーと「時間の矢」

私が思うに，時間が実在しているかどうか，主観的なものか客観的なものであるかどうかはともかくとしても，ハッキリしていることが一つある。そ

れは，いずれにせよ「出来事」がなければ時間のハナシははじまらない，ということである。

　たしかに，われわれはなにがしかの出来事を実際に認識する際，特定の時空的ポイントのもとでしかそれは不可能であるということから，カントが言うように「時間」とは認識の対象（客体）というよりは，認識を可能とする形式と言ってよいかもしれない。しかし，そのような「時間の形式のもとで物事を認識できる存在者」であるわれわれ人間がいなくなったとき，世界がピタッと静止しているかと言えばそうは思えない（動植物たちはやはり時間のなかで活動しているのではないだろうか）。もちろん，この「静止している」という予想そのものが実在的な時間の流れを前提としていることは否めない。また，前述のように，「未来がある（ゆえに何らかの出来事が起こる・起きない）」という予想は，過去における時間的経験から導出される帰納的推論の一種であって，それは論理的に真であるわけでもない。ただし，そのような帰納的推論のもとで理解される「時間」という概念は，これまでの世界においていろんな出来事を経験したことから形成されているとはいえ，これに頼ることが間違っているとまでは言えないであろう。「時間」というものが，仮に実在していないとしても，その主観において経験されるところの前後関係のもとで示される諸出来事を必要としている点では，「時間がある」と言ってもよいだろう。つまり，順序性をもった「出来事」抜きにしてはやはり時間というものは理解不可能なように思われる。

　だからこそ，「時間」を出来事の繰り返しによって理解する営みは古来より日常的に行なわれてきた。「一日」という時間は，太陽が1度上り，その次に再度上る，という2回の出来事の「間」と捉えられてきたし，「一年」は公転軌道上での同一ポイントに地球が位置するという2回の出来事の「間」としてカウントされる。ただし，やはりこれも過去において経験された諸出来事に基づく帰納的推論の類であって，ときにそこにズレが生じたりすることもあるだろう。もっとも，そのズレも自然科学の進歩に応じてかなり改善されてきたわけで，現代物理学においてはほぼ正確な形で「時間」は計測可能となっている。「基底状態のセシウム133に特定の周波数の電波（マイクロ波）をあてるとセシウム原子が励起し，その91億9263万1770回の振動」が「1秒」であると定義されている。そしてこのような「出来事」による定

義は時間だけでなく空間にも及ぶ。空間的距離である「1 メートル」とは「2 億 9979 万 2458 分の 1 秒の間に光が真空を進む距離」と定義されている[7]。このように，「出来事」とは時空的距離を測るにおいて不可欠なものなのであるが，こうした事情を見る限り，B 系列のような出来事の並びこそが時間において本質的であって，A 系列のような特性は B 系列と比較すると曖昧で主観的であるようにも思われる。

　しかし，B 系列における出来事の前後順においては「時間」に関する或る法則性が見出され，それこそが時間の実在的な「流れ」を示す証左である，とする科学的主張もある。この手の主張においては，A 系列における「過去」「現在」「未来」という時間特性は単なる主観的なものではなく，世界実在的な客観的特性として理解されることになるだろう。たとえば，物理学者のルートヴィッヒ・ボルツマンは，時間的に前の出来事と後の出来事との間では不可逆的な現象およびそれを成立させる法則が存在すると主張した。いわゆるエントロピー（entropy）の法則である[8]。そして，アーサー・エディントンはこうしたエントロピーの考え方から，時間の向きが一方向性のものであるとして「時間の矢 time's arrow」を主張した[9]。

　エントロピーを正確かつ唯一的な形で定義するのは難しいが，ここで言うところのエントロピーとは，「自律的かつ無限の運動を行なう存在がいない

---

(7)　こうした時間および空間の定義は 1967 年国際度量衡学会（CIPM）の第 13 回総会で採択され，2016 年現在も使用されている（http://www.bipm.org/en/measurement-units/を参照）。

(8)　エントロピーの法則とは $S = k \ln W$ で表現される。なお，ここでの k とはボルツマン定数，$\ln$ とは自然対数 e を底とする対数であり，W は系内の粒子的要素の状態の取り方である（いわゆる統計学的重率）。閉鎖系において時間が経過するたびに W が増加してゆくのは，観察時点 t_1 での平衡状態よりも，観察時点 t_2 での平衡状態の方が粒子的要素の位置取りが多岐にわたる（整然さが減少する）ということである。

(9)　「エントロピーが時間の向きを識別しそこなうとき，或る集合に関する統計のもとでそれを識別できるものは何もない……私が思うに，この［エントロピーの］法則はごく最近発見されたものにすぎないが，その真理性については疑うところはない」（Eddington [1928], p. 79. なお，このアイデアは前年の 1927 年エディンバラで行なわれたギフォード講義のものである）。

閉鎖系において，示量性[10]を備えつつ，その大小のもとで状況変化が示されるところの状態量」というものであり，一般的に言われるところの「乱雑さ」という捉え方も，この定義に沿ったものと言える。ありがちな例として，室内で水の入ったコップに氷を入れて放置すると，コップの中の氷が解ける一方で水も冷やされるが，次第にコップのなかの水の温度は室温に近づいてゆき，最終的にはすべて同じ温度で安定的となる。つまり，「氷」「水」という区分可能な物理的状態から，氷も水もごっちゃになったような状態へと時間に応じて変化するのであって，室温と同温度のコップの水が自然に氷と水へと分離することはない。極端な例で言えば，米と水とが時間的経過のもとで発酵して日本酒になることはあっても，日本酒をそのまま置いておけば米と水とが現われることなどないようなものである。そうすると，ここには主観的な思い込みを超えた，不可逆的な「過去」「現在」「未来」の流れが客観的な形で存在するということになり，それが「時間の矢」ということになる（そこではA系列は世界実在的に存在する時間特性と考えられるであろう）。

　しかし，エントロピーそのものは，時間の矢を証明するものなのであろうか。というのも，エントロピーが増大ではなく減少したとしても，そこに時間の経過があるとみなすことは可能だからである。たとえば，この現実世界W_0とは別の可能世界W_1において，コーヒーの温度がぬるい状態からどんどん高くなったり，注文したカフェラテがしばらく経つと表面に牛乳，下面にコーヒーと分離するなどの現象が観察されたとしよう。しかし，そうであってもそこでは時間は前の方へと一方的かつ不可逆的に進んでいると言えるのではないだろうか。つまり，「時間の矢」というものは——もしそれがあるとすればのハナシであるが——，エントロピーの増大そのものへと還元されるものではない，ということである（ゆえに，エントロピー増大そのものが「時間の矢」の証明となるわけではない）。観察される現象がどうであろうと，やはり時間は前へと進んでいるわけであって，「時間」にとって本質的なことは「エントロピーが増大する（しない）」ではないように思われる。言い換えると，エントロピーの増大は「時間」における自然的事象ではあるもの

（10）　示量性とは，「或る系全体の質量などは，その部分系のそれら質量の和になる（その結果，全体は部分に比例する）」という性質。ここで言う「系」とは，周囲の関係と切り離されて考えられるところの物理的空間のこと。

の，あくまでそれは付随的なものであって，そのことが必然的に時間の流れを含意しているわけではないように思われる。

ただし，だからといって時間の矢などは不可能であるという結論にはならないし，むしろ，出来事間の現象に還元不可能であるからこそ，そうした時間の矢が存在する，という主張ができるかもしれない。たとえば，「時間とは，知覚・記述されるところの出来事の羅列に完全に還元することは不可能ではありながらも，しかし，それが流れているという事態は可能であるがために，時間は出来事を越える形で〈ある〉」という主張も考えられる。もしあなたが物理学者であるとしよう。あなたはセシウム原子を励起させて1秒（91億9263万1770回目の振動）を観測しようとしたが，そのとき91億9263万1769回しか振動しなかった。するとあなたは「1秒に達しない！　時が止まった！　なんてこった！」と嘆くかと言えばそうではないであろう。基準としている出来事がその順序として現われることがなくとも，その新たな事態はやはり「時間」を示している。もちろんこの場合，「91億9263万1770回目の振動が現われない」という事態は，当初想定していなかった「新たな出来事」と記述することもできるが，重要なポイントは，91億9263万1770回目の振動が現われようが現われまいが（あるいは，まったく異質な物理的現象が現われようが），そこにおいて何らかの「状態」が生起しうることこそが「時間」の本質とも言えるのではないだろうか。ここにおいては，たとえ何一つ変化が観測できず「出来事世界」は静止しているように見えても，「世界時間」は進んでいると言えるだろう。もちろん，「観測できない」というその状態自体が出来事として語られることで，それが世界における「時間」を示すことになるとすれば，それはB系列の時間特性として記述可能となるが，ここまでくると，それは言葉の用い方，「出来事」の定義の仕方の問題とも言える。

こうしたA系列，B系列の問題については，どちらをより本質的とみなすかについて議論が分かれるとしても，しかし，通常はそのどちらであっても現実認識としてはズレることなく特に問題がない。しかし，これが人々の間で大きくズレてしまい，時間の概念が歪んでしまうことがある。このケースとして「タイムパラドックス」の例を紹介し，これまでとは別の角度から「時間」というものについて考えてみよう。

4　過去改変はいかにして可能か？
　　——タイムパラドックス

　「タイムトラベル time travel」というものについて，およそ誰もがこれまで一度くらいは耳にしたことはあるのではないだろうか。われわれは通常，過去も未来も経験できるので，普段から時間を旅しているとも言えるが，この場合のタイムトラベルとは，通常ではない仕方によって未来や過去に行く，というものである。たとえば，物理学的に未来に行く方法としては，亜光速で進む宇宙船に乗って地球を離れ，重力の強いブラックホールなどの傍でしばらく留まって過ごしながら（一般相対性理論上，重力の強いところでは時間が遅れることになり，地球においてはそこよりも時間が速く経過する），そして，再度亜光速で大急ぎで地球に戻ると未来の世界を見ることができる，というものがある（宇宙船のなかでは3年しか経っていなくとも，地球においては10年くらい経過しているかもしれない）。これはもちろんタイムトラベルの一種であるが，しかし，ここにはタイムパラドックスと言われる哲学的問題は特にない（人間関係上のトラブルや，社会復帰において困った事態を招くことはあるかもしれないが）。ここでは単に，時間の流れが各当事者において異なっているだけのハナシであり，重力の違いに起因する時間のズレそのものは，そのような宇宙船などがない状況においても確認できる。

　問題があるのは過去へのタイムトラベルである。現代物理学においては（あくまで理論上ではあるが）「宇宙ひも」や「ワームホール」を使った時間旅行というものがあり，それによって過去の自分に出会うことができるが，そこでは，以下の問題が生じることが予想される。

(i)　二人の「私」の登場
(ii)　質量保存の法則への背反
(iii)　因果律の逆転

　まず，(i) についてであるが，これは私が脳分割されたわけでもないのに，私がもう一人登場し，二人の「私」が同時存在してしまうというパラドキシ

第8章　時間のパラドックス　　149

カルな事態を指す。脳分割のように或る一つの主体が複数に分裂したり，その主体をそうであるように成立させていた内在的性質（intrinsic quality）が失われたのであればまだしも，そうではなく，通常どおり同一人格として存在し続けているのに，いきなり登場してきた（出くわした）他者によって自身の同一性が脅かされたりすることがありえようか。たとえば，あなたは脳分割もされることなく日々あなたとして生きているとしよう。或る日，あなたの前にあなたと同等以上にあなたらしい人格が現われたとして，あなたはアイデンティティを失うであろうか？　もしそうであるならば，世界に何者かが存在するかしないかによって，あなたはあなたではなくなるということを意味するが，しかし，これは通常の人格同一性理解に反することである。あなたが同一性を失うのはあなた自身に何かが起こったときであり，あなた以外に関して何が起ころうが，あなた自身の自己同一性が変化するということはない。これは自己同一性があなたに内在するところの性質であることに依拠している。しかし，過去へとタイムトラベルをすると，あなたは別のあなたと出会うことになり，しかも両者それぞれにおいてその内在的性質は保持されたままであるという不可思議な事態が生じてしまう。

　(ii) についてであるが，これは普段どおり「私」が暮らす世界においてタイムトラベラーであるもう一人の私が現われることで，世界そのものの質量が増えてしまう事態である。これは常識的な物理法則に反しているように思われる。もっとも，素粒子論の世界などでは，物質・質量のランダムな生成・消滅は生じているので質量保存の法則そのものが物理学における絶対的真理ではないが，少なくとも巨視的なマクロレベルにおいて突発的に質量を

---

(11)　「宇宙ひも」とは，長さが無限もしくは閉じたループとなっており，幅が原子核よりも小さく，質量は1センチメートルあたり1億トンの約1億倍あり，その周囲の空間の歪みを利用して（空間を切り取る形で）亜光速の宇宙船を使った過去へのタイムトラベルが理論上は可能である。あるいは，宇宙の2箇所を同時につなぐところの「ワームホール」があり，その出入り口同士を亜光速で近づけたり遠ざけたりすることができればやはり過去へのタイムトラベルは理論上は可能である。分かりやすく図解で示したものとしては，水谷 [2009]，48-49頁。もう少し詳しく書かれたものとしては，ゴット [2003]，第3章など。ワームホールをやや専門的な観点から取り扱ったものとしてはソーン [1997]，第14章などがある。

備えた存在者が出現する事態はなかなか信じがたい。また，(i) のように，何回もその時点からくり返しタイムトラベルを行なうことで「私」が無限増殖すると，同時に質量も無限増殖してゆくことになる。タイムトラベルで過去に遡る「私」が動物や植物をもっていけば，さらに世界の質量は増えるであろうが，しかし，これは物理法則を無視した魔法のようにも見える（もっとも，もしこうしたことが可能であり実用化すれば世界の食料不足・燃料不足は改善されるかもしれないが）。

しかし，これら (i) (ii) は，私が思うに，実現困難に見えるだけでパラドックスというわけではないし，およそ不可能とも思われるタイムトラベルが可能である以上，そうした事態があっても不思議ではない。しかし，(iii) の「因果律の逆転」のハナシは別であり，タイムトラベルが可能であってもこれは説明が困難であるように思われる。たとえば，時点 t_2 でタイムトラベルした私（私 a）が過去時点 t_1 へ戻り，そこで過去の私（私 b）を見つけ，私 b が t_2 においてタイムトラベルすることを妨げた場合（タイムトラベルできる宇宙船を壊すなど），その世界においてタイムトラベルという出来事は存在しないことになるが，タイムトラベルという出来事がないのにタイムトラベラーである私（私 a）が存在すること自体が不条理なように思われる。つまり，その世界における「私」が因果律を超越したものとなったり，あるいは，自身が結果としてそこに存在するところの「原因」を，結果の時点から介入することで消去（変更）するといった因果律の逆転という事態が生じてしまう（当然これは，「原因とは結果に先立ちながら影響を与えるものであって，結果が原因に影響を与えることはない」という因果律に反するものである）。

伝統的な哲学のもとでは——前述のアウグスティヌスのように——因果法則を超越しているような存在は「神」とされるし，近代以降の認識論においてはそのような存在は認識の対象外，すなわち，知識というよりは信仰の対象ということになる。しかし，タイムトラベルを行なう「私」は人間であるし，その人自身の来歴において因果的連関は成立している。たとえば，タイムトラベルに同行者がいたり，モニターで監視されているならば，タイムトラベラーである私 a はきちんと因果法則に従っていることが理解可能であろう。

さてここで整理しよう。仮に私 a が過去へのタイムトラベルを行ない，私 b がタイムトラベルすることが——私 a の意図かどうかはともかく——実現しなかったとき，私 a の因果的来歴が喪失したかのように見えるのは，私 a ではない他者の観点においてである。なぜなら私 a においてはすでに確固たる事実として「タイムトラベル → 過去に戻った」という出来事の順序は成立しており，私 a が過去に戻って私 b の邪魔をしたとしても，自身におけるそれまでの時間的・因果的来歴がひっくり返ることはない。他方，私 a 以外の他者的観点からすると，タイムトラベラーである私 a が存在しているにもかかわらず，過去の自分自身である私 b の時間旅行という出来事が実現しないのは，確定的な世界の歴史が書き換えられたかのごとき現象であり，因果律に反する行ないのように見える。タイムトラベルを行なった私 a における因果的事実とはタイムトラベルを含む順序的な諸出来事（B 系列）である一方，他の人たちにとっての因果的事実とはそれとは異なるものであり，そこにズレが生じていると言える。そしてこのズレを「ありえる」として理解できるのは，分岐した A 系列において，順序的には時点 t_2 より前の方に位置する時点 t_1 での出来事（および B 系列）に干渉可能なタイムトラベラーのみであろう。つまり，タイムパラドックスにおいてそれをパラドックスではないと理解できるのは，分岐した A 系列のもと，分岐以前の B 系列での諸出来事の前後関係の逆転を認識できるタイムトラベラーのみなのである。ここで注意すべきは，私 a においても，それ以外の他者においても，それぞれの客観的な時間において記述されるところの B 系列（出来事の順序）は決してひっくり返せない，という点である（だからこそ，私 a が位置する世界線において私 a がタイムトラベルをしたという出来事は，移動先の過去の世界において誰も信じてくれなくても，その事実を消し去ることも，また誰かが遡って検証することもできない）。

　そうすると，議論の核心は，タイムパラドックスが解消できるかどうかではなく，誰にとってそれがパラドックスであり，誰にとってはそうではないか，ということになる。タイムトラベラーにとっての B 系列も，時間移動した先にいる（過去世界における）住人たちにとっての B 系列のどちらも世界における真なる時間系だとしても，それらの「ズレ」というものが存在する。そうするとこうした構造を説明するにあたり，タイムトラベルにおい

て2種類の異なる歴史が出現しそうな可能性を説明するための分岐的な多世界解釈モデルが提示できるのではないだろうか。簡単なものとしては，下図のようなものが考えられる。

分岐的世界時間モデル[12]：

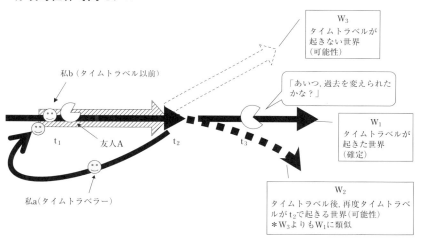

黒　直　線：タイムトラベラー私a（および関係者）が存在していた世界W_1
黒　曲　線：タイムトラベラー私aのみが体験するところの時間移動（W_1より分岐）。
網掛け線：タイムトラベルを行なった私aが位置する分岐した時間系が接合した世界時間。そこでは，もともと時間の流れのなかでW_1のような出来事が生じるはずであったが，私aの時間の合流による世界内の存在質量の増加など——あたかも，川の上流に水流が加えられたかのように——タイムトラベル以前の世界W_1の歴史や出来事との記述のズレが生じている（ゆえに，それはW_1の時間の流れと異なる世界時間と言える）。
黒　点　線：時点t_2においてタイムトラベルという出来事が生じる世界W_2
白　点　線：時点t_2においてタイムトラベルという出来事が生じない世界W_3

　もし世界が上図のような構造になっているのであれば，そこにはパラドックスなどはなく，単に時点t_2におけるタイムトラベルが成立したW_1の時間と，その流れを後追いするような（しかし新たな流れが加わった）可能な時間が発生する，というだけのハナシとなるだろう。タイムトラベル後のt_1－

---

(12)　以下のモデルおよび議論は筆者によるものであり，ここでは特定の科学者・哲学者の著作などへの言及はしていない（とはいえ，量子力学における多世界解釈や並行宇宙説，哲学における分岐説や可能世界論などから着想を得てはいるが）。

第8章　時間のパラドックス　　153

t_2 間において,時点 t_2 でタイムトラベルが起こるような因果的連関が実現すれば W_2 が現実化するが,タイムトラベルが発生しないとすれば世界 W_3 が現実化することになる。そして重要なことは,そのことを区別的な形で意識できるのは,タイムトラベラーである私 a のみであるという点である(私 a のみが,「あれ,これって,私が経験した(過去の)世界とは違う……」という意識をもつことができる)。ここで私が強調したいポイントは,タイムトラベルをした私 a にとって,友人 A が先の時間(未来)に位置するところの世界 W_1 には決して戻れない,ということにある。仮に私 a のタイムトラベル後に,時点 t_2 において(私 a にとっては再度)タイムトラベルが起きて友人 A が見送ってくれたとしても,それが W_1 の世界としてそうなっているかと言えばそうでない。私 a にとってタイムトラベルが再度起きるということは「私 a と私 b という二人の「私」がいる世界におけるタイムトラベルの発生」を意味するものであり,「私」が一人だけ存在し,まさにその自分(私 a)を見送ってくれた友人 A がいる世界 W_1 でのタイムトラベルとそれとは本質的に異なるものである。タイムトラベル後の網掛け線部分の世界においても,タイムトラベラーである私 a は友人 A と会えるであろうし,その時間線上で友人 A は見送ってくれるかもしれないが,しかし,その時間線は厳密には W_1 に含まれるものではなく,時間分岐以降の類似的世界におけるものでしかない[13]。

　もちろん,こうした多世界解釈や時間分岐説には問題は残されている。まず,複数の諸世界が可能的に存在する,ということ,次に「時間が分岐する」ということ,そしてそれが合流するところの異なる世界時間があるということ,などは直観的に理解困難である。それにタイムトラベルを行なうことで時間分岐が生じうるとしても,タイムトラベルをした本人以外の大勢の人にとって「自分たちが暮らしている世界ではタイムトラベルなんて生じていない」という確信は揺るがないので(それが彼らにとっての事実なのであるから),それは検証・反証・確証が可能な「知識」となりえるかは非常に怪しい。タイムトラベラーにとっての歴史は,それ以外の人々にとっては理解し

---

(13)　ここにおいて,タイムトラベルの行き先である「過去」とは,タイムトラベラーにとって一つの「未来」であること,そしてそもそも「未来」とは可能性であって,それはリアルなものとして実在してはいない,ということが言えるかもしれない。

えないものであって，両者の認識のギャップが解消されることはないし検証も不可能である以上，こうした説明方法はどこまでも仮説的なモデルでしかありえない。そもそも，過去へのタイムトラベルは理論上可能であっても実際には不可能であるかもしれないし，あるいは，そうしたタイムトラベルを行なった瞬間，どちらか一方の「私」が消滅するかもしれない（自然法則が理由など関係なくそうなっているように，時間法則もまた理由なくそうなっているかもしれない）。もしそうであれば，まさしく上記のようなモデルは机上の空論と言えるであろう。しかし，前章で論じたように，或る存在者が分裂し，それぞれがそれぞれの存在者として過ごすことが可能であるように，世界もまた分岐し，それぞれの世界時間というものが実在し続ける（時間がそれぞれにおいて流れ続ける）ことが可能かもしれない。机上の空論だからといってそれが偽である必然性はないし，今現在検証が不可能であっても，過去へのタイムトラベルが実現したときにそれはハッキリする可能性も残されており，机上の空論を述べることがすべて無意味であるとは言えないであろう。

　以上の議論をまとめるならば，次のようになる。

(1)　われわれが暮らす世界は，分岐・接合可能な複数の時間線によって「束」として構成されている（それぞれのどの世界もタイムトラベルからの時間分岐および時間接合の可能性を備えている）。
(2)　タイムトラベラーが位置する時間線のA系列の意味について，その合流先であるタイムトラベル先の世界時間の束のA系列（およびそこでの出来事の前後関係を示すB系列）からは理解困難さが生じる。

　さて，(1)について簡単に説明するならば，次のようになる。「世界」というものが独立的なものとして存在し，その内部において「時間」が流れているという考え方はおそらく一般的なものであろう。ただし(1)では逆に，「時間の流れ」というものが本質的かつ独立的なものとして存在し，それが通常は束となりながら，諸出来事の並び（B系列）が確定される現実世界を構成している，という考え方をとっている。束のままであれば（あるいは，束の側にいる認識者にとっては）タイムパラドックスなどによる複数の世界時間

の間での歴史の齟齬などは生起しないが，或る時間系が分岐し，束である世界時間の上流側——つまり過去の時点——へと合流することで，その時点から先へ進んでいる時間（W_1）とは別の出来事が実現されてゆくことになる。しかしこれはあくまでタイムトラベラーの観点からであって，その時間系の合流先であるところの世界時間（束）における出来事を認識する他者にとっては，束としての時間の流れは一方向であるのでそうした分岐や合流という現象は現実的なものとしては理解することも検証することも不可能である。このことは(2)とも大きく関わっている。

(2)については次のとおりである。過去へのタイムトラベルによって，タイムトラベラーである私aが（あたかも再帰するかのごとく），最初の束であった世界時間のB系列とのズレを経験してゆくとき，私aが位置するところの時間線ではA系列のもと時間が経過し続けている（そこではずっと過去から未来へと一方向的な動きをしている）。すると，「時点t_2までの黒直線」＋「時点t_2以降の黒曲線」という一連の流れにおいて，（私aが理解するところの）そのA系列の時間特性は，その分岐時間線上のB系列における諸出来事と整合的と言える。すると，私aが位置する時間線上において「タイムトラベルによって過去（時点t_1）へと戻る」という出来事Mは，次のように表現できる。「Mは，（出発時の時点t_2という）過去においては「未来」であり，（タイムトラベル中の時点という）現在においては「現在」となり，そして（時点t_1到着以降の）未来においては「過去」となる」というように。しかし，私a以外の他者にとってこの文は時間的に意味不明である。他者から見ると世界の時間は$t_1 \rightarrow t_2$とA系列的に流れているのに，タイムトラベラーである私aが語るこの文は，明らかにそれとは反している（そこでは時点t_2が過去，時点t_1が未来となっているので）。これは，時間の束の流れのなかにいる他の人々から見ると，分岐した時間系における有意味な文を「不可逆的な時間が逆行する」（奇妙な）ストーリーとしてしか理解できないからである。ただし，世界W_1においてタイムトラベル以降の先の時間へと進んでいる友人Aからすると，私aが語るであろう文の有意味性は理解できる。友人Aからすると，私aはW_1とは異なる未来（t_2においてW_1と分岐した時間線）へと進んでいるだけで，同一世界時間（W_1）において時間の束に逆らって過去へと戻っているわけではないし，私aが属するA系列時

間は通常通り不可逆的な流れをもつものとして理解可能である（もっとも，W_1 における友人 A は，もはやタイムトラベル後の私 a と同じ時間のラインに乗ることができないのでそれを確認することはできないが）。

　ここで，そもそもタイムパラドックスがなぜ問題になるか，という点に立ち返ってみよう。そこには存在者の無限増殖や質量の無限増加などの問題もあったが，これまで述べたように，より根本的なパラドックスとしては，それが世界の B 系列において確定的であった前後的出来事の順を反転させることであった。しかし，時間分岐の考えを持ち込むことで，同一世界における出来事の前後関係が反転したわけではないということ，そして，異なる世界間における認識主体同士にとっての理解しがたさのハナシである，ということが示された。だが，ここでもう一度問うてみたい。同一世界において，前後的な出来事をひっくり返すということがなぜ不可能なのだろうか？　たしかに，世界における諸出来事の時間的位置が固定的であるならそうであるかもしれないが，そもそもそのように定まっているという保証はないし，未来も一つの可能性であって，だからこそ分岐というものが——タイムトラベルがあろうがなかろうが——発生する。そうであるならば，B 系列上の固定的な前後関係についての考え方自体が拒絶されてもよいのではないだろうか。

　しかし，世界における諸出来事の前後的な時間関係を非固定的なものとみなすことには根強い抵抗感があるだろう。それはなぜかといえば，世界における固定的な諸出来事の意味は「因果性」によって成り立っているという直観があるからである。たとえば，西暦 1945 年の「WW 2 での日本の敗戦」という出来事はそれ単独で成立しているわけでなく，それより前の時点における「アメリカによる日本の本土襲撃や原爆投下」などという出来事に引き起こされているからこそと言える。もし，「WW 2 での日本の敗戦」が，それ以前の（過去の）いかなる出来事にも引き起こされていないとすれば，どこの誰にどうやって負けたのかがまったく意味不明となる。「負ける」ということが有意味であるためには，それ以前に「争い」があり，「負ける原因となる出来事」が生起しているわけで，そうした因果関係を抜きに単に「出来事」だけを時間軸上に固定的なものとして考えることは，かえって出来事というものが何なのかを分からなくしてしまう。カントは因果関係を成立させる一つの形式として「時間」というものを考えているが，しかし，「時間

第 8 章　時間のパラドックス

における出来事」の意味を理解するためには，因果関係という意味付与的形式が必要と言えよう。だからこそ，過去への時間移動において生じるとされるタイムパラドックスは「時間移動が起きていない（そして起きない）世界において，時間移動をしてきたタイムトラベラーが存在する」という因果的事実が時間的に意味不明の事態としてタイムトラベラー以外の人たちを混乱させることになる。

　このように，「過去へのタイムトラベルおよび過去改変などは生じない」と主張する以上は，因果関係の逆転現象を否定する必要があるだろう。ここに，過去へのタイムトラベルをパラドックスとして認識してしまうその背景には，われわれの常識的な直観，すなわち「原因は必ず結果に先立つ」という因果性概念があることが分かる。そこで次章はこの直観を含め，「因果」というものについて考えてみよう。とりわけ，そこで取り扱われる「逆向き因果のパラドックス」というものの分析が，ここで論じたタイムパラドックスを理解する助けとなるかもしれない。

第 9 章

因果のパラドックス
―― 逆向き因果のパラドックス ――

> **Q** 結果が生じたからこそ，原因が生じていた，ということはどういうことか？（それは意味があるのか？）

1　因果の不明さ
―― ヒュームの因果批判

　因果関係とは「原因」が「結果」を引き起こすという関係であり，通常は「当たり前」とされている類のものである。この「当たり前」を知らずして，われわれの日常的実践はなかなか成り立たない。「皿を落とせば割れる」「ビル5Fから飛び降りれば大怪我する」「刃物で心臓を刺せば，その人は死んでしまう」などの因果関係を知っている（と想定される）がゆえに，われわれはしてよいこと・悪いことを判別でき，その判別のもとで行為を選択し，その責任を負うこと（あるいは問うこと）ができる。

　しかし，或る出来事が別の出来事の原因であることを示すのはそう簡単なことではない。「AがBを引き起こす」と思い込むことは簡単であるが，それを説得力ある形で説明するには骨が折れる。悪魔の証明よろしく因果関係を「ない」と立証するのは不可能であるので，因果関係を「ある」と主張する側にその立証責任はあるのだが，しかし，そもそも因果関係自体を知覚したり直示したりすることはできない以上，当たり前とされている因果関係ですらどこまでも疑い続けることは可能であり，そうした懐疑的人物を論理的

に納得させることは原理上不可能と言える(すると,「そこに因果関係があるってちゃんと保証してみせてよ。さあ,さあ」といった批判の仕方は,十全たる証明がそもそも不可能な状況のもと「間違いがない」という十全たる証明を相手に求める点でこれも悪魔の証明のケースと言える)。つまり,因果関係に関する議論はどこまでもむやみにその範囲を拡張するのではなく,そこで対象となる特定の原因などを指し示すことが可能であるような妥当な範囲を設定する必要がある。

しかし,個別的な因果関係を問う事例(責任問題など)においてそのような範囲が設定されてその見解が一致するにしても,法則的な因果関係が議論される場合,その有無についてすべての人の間で見解が一致することは難しい。というのも,その法則的関係自体を知覚可能な形で指し示すことはやはり不可能であるし,それが法則性である以上,その適用範囲はどうしても未来時点まで拡がらざるをえないからである。

通常,物理法則と同様,因果法則は世界実在的なものとしてわれわれは「当たり前」とみなす傾向にあるが,法則的な因果関係を実在的な対象として取り扱うことができないことを示唆したものとして,ヒュームの因果批判が有名である。もっとも,「法則的な因果関係など実在しない」とヒュームが考えているかどうかについては解釈が分かれるところであろう。せいぜい言え

---

(1) もともとはローマ法あるいはそれをベースとした法体系において土地所有権をもつ所有者が立証責任を負う際,どこまでもその継承のいきさつを遡りながら自身の正当性を証明しなければならないがそれが困難であるために敗訴してしまうことから,「不可能な証明」という意味で使用され定着した言葉のようである(七戸[1988])。現代の法学上の通例としては,「権利がある(もつ)」と主張する側ではなく,「権利はない」と主張する側(その多くは原告側)に立証責任があるとされる。というのも,そうした主張をする側は訴訟のもととなる特定の理由・原因の存在を示唆しており(「そこには法律上の瑕疵がある」など),「権利がないと主張する=それを指し示すことが可能な原因・理由があると主張している」と解釈できるからである。「〈悪魔がいない〉と証明できなければ〈悪魔はいる〉ということになる」がもし認められるならば,世の中には何でもどんなものでも存在してしまうことになるだろう。これは議論や証拠などをすべて無意味にしてしまうようなものである。するとやはり,「悪魔がいる」と主張する側こそがその具体的な証拠を指し示すべき責任を負うことになる。

るのは「直接的な知覚(印象)に現われるような実在的対象であるかのごとく，法則的な因果関係は取り扱えない，とヒュームは考えていた」ぐらいでしかない。実際，ヒュームは法則的な因果関係そのものを無用なものとみなしてはいない。「哲学は一般に，推論的なものと実践的なものに区分される」(Hume［1739-40］, 3. 1. 1. 5-6／p.457) として，前者は理性 (reason) に基づくもの，そして後者は情念に基づくもの (passion)，とヒュームは区別する。「理性は情念の奴隷である」と主張するヒュームではあるが，しかし，理性は情念に影響を与えるし，そのうえで，前者における推論には「原因と結果の結合」，すなわち因果関係が示唆されることはヒュームも認めている (Hume［1739-40］, 3. 1. 1. 12／p.459)。つまり，因果関係は推論的な (理性の) 哲学によって取り扱われ，それが実践において価値判断などを下す情念に影響を与えることを認めている，とも言える。ここから，ヒュームが法則的な因果関

---

(2) こうした議論において混乱しないためには，まず，議論されているものがトークン因果性(個別因果性)か，タイプ因果性(一般因果性)かを区別する必要があるだろう。たとえば，「小学校の先生Xが児童Yへ偏見に基づく差別的発言をした」という事実，そして「偏見に基づく差別的発言をするということは広い見識をもっていないからであり，世の中をあまり知らない」という所与の信念があるとしよう。ここから，「そのXは世の中を知らないことが原因で，そのような差別的発言をした」と主張するのであればそれはトークン因果性を示唆しており，他方，「小学校の先生はそもそも世の中を知らないから，差別的発言をしてしまう(そしてXのケースは一つの事例にすぎない)」と主張するならばそれはタイプ因果性を示唆している。ただし，後者を主張する側は一般的な主張をしているので，他の小学校の先生もそうであることを或る程度示す必要がある(しかし，これに対し「すべての小学校の先生を調べたんですか？」と言って批判し，相手方に強すぎる立証責任を負わせようとするのも前述の悪魔の証明ケースと同様不適切な態度と言える。有意義な議論のもとうした――小学校の教員に対する偏見ともとれるような――主張を批判したいのであれば，批判する側もまた「世の中を知っている小学校の先生」のケースを或る程度示す必要があるだろう。もちろん，この「或る程度」については両者の間で――それこそ「或る程度」――許容可能なものが議論・検討されなければならないが，私が知る限り，この手の対立的トピックにおいて両者ともに前向きに議論・検討しているケースはあまり見られない)。

(3) Humeからの引用は，巻・章・節・段落，および英語原文の頁数で記している。

係に関わる信念を重要なものとみなし，それは理性的——この場合は「理知的」と言った方がよいであろうが——推論によって導出されるところの「知識」と考えていたことには疑念の余地はないだろう。ヒュームは「原因と結果」に関する一般規則を挙げ，われわれ人間がそれを有意味なものとして用いるために必要な論理（logic）を示していることからもそれはうかがい知ることができる（Hume［1739-40］, 1.3.15.2-3／pp.173-175）。

ヒュームの目的は，有意味な因果関係とそうでないものとを区別しながら，「非科学的な形而上学が因果推論において必要とされる規則を無視している」ということを示すことにあった。これを踏まえたうえで，ヒュームにおいて有意味な因果推論の成立条件をまとめるとすれば，以下のようになるだろう。

因果関係成立のための諸条件：
(1) 知覚された「結果」と「原因」とは，それぞれ別個の出来事 A−B として近接・継起している（前後関係 A−B の知覚経験）
(2) 類似的な A'および B'によって，類似的な前後関係 A'−B'を繰り返し経験する（恒常的連接）[4]
(3) A→B（A が B を引き起こす）という内的印象，そしてそれに対応する観念の形成（心の決定）

(3)については，認識論における推論および導出された信念の妥当性に直接関わるものではなく，信念形成における心理主義的主張なのであるが，ヒュームにとってこれは重要なものであり，いくら(1)，(2)が満たされていようが，(3)がなければ認識主体はそこにおいて因果関係に関する信念をもつことができない，としている。これ自体は非常に内観主義的主張ではあるが，しかし，そうした信念が形成されるプロセスとして，(1)，(2)を含んだ規則を前提としているという点では，20世紀以降の外在主義者たちとも共通するような主

---

[4] ヒュームは例として，「炎」を見て，「熱」を感じる，という現象を挙げる（T 1.3.6.2／p.84）。過去のすべての事例においてこれらタイプ的事例がくり返されることで因果関係が成立することから，「このようにして……原因と結果との間の一つの新しい関係をみつけた。その関係とは，原因と結果との間の恒常的連接（constant conjunction）の関係である」と述べている（Hume［1739-40］, 1.3.6.3／p.84）。

張も含んでいるように見える(5)。

　こうしたヒュームの議論は，当時の合理主義者たちによる実在論的主張を徹底的に拒絶しているため，長い間「懐疑主義」と呼ばれたが（ここにはヒュームが無神論者だったことも関わっているようであるが），その議論は「形而上学からの脱却と，科学への志向」といった哲学的意義をもっている。しかし，それでもヒュームの因果論は古典的な――素朴な――心理主義的経験主義である以上，科学哲学的には重大な欠点がある。その最たるものとしては，(2)の恒常的連接の位置づけであろう。たとえば，(3)における観念連合のもとでの「心の決定」が生じるためには，類似的なケースを恒常的に経験する必要はないからである。実際，1回きりのA-Bによって観念連合A→Bを形成することは十分ありえるだろう（1回目以降，「次も前回と同じだろう」と予測することは日常的に行なわれている）。

　もっとも，恒常的連接は関係ないというわけでなく，恒常的連接という概念抜きにはやはり因果関係というものは成立しえないのも事実である。というのも，恒常的に連接することのない二つのタイプ的出来事のあいだにわれわれは通常因果関係を見出さないであろう。ときどき連接しないことがあるような二つの出来事についてわれわれはそこに因果関係を見出すこともあるが，しかしその場合，「特別の事情がなければ，二つの出来事は常に連接しているはず」とか「そこに干渉する何かがなければ，同じ原因は同じ結果を常に引き起こす」という了解をしているからこそそう考えるのであり，その意味では恒常的連接を前提としていると言ってよい。すると，こうした因果性概念は「自然の斉一性」を想定しており，同様の状況においては，同様の因果関係がそこにあるとみなすわけであるが，しかし第5章で紹介した「グルーのパラドックス」が示すように，自然が常に同一の事象を反復的に再現するという保証はない。つまり，自然の斉一性とは因果関係同様，認識主体における観念連合の産物なのであって，それは観念連合に基づく因果推論を支える決定的な論拠とはなりえない。ヒュームの因果分析はたしかに形而上学から科学への一歩目だったかもしれないが，しかし，それだけではまだ不

---

(5)　ヒュームの主張における心理主義的条件(3)を抜いた形で「因果性＝規則性」と表現するようなものは「因果の規則性説」と呼ばれる。

足ということなのだ。

　ただし，因果性に関する議論の不備の責任を18世紀のスコットランドの思想家に負わせるべきではない。そもそも，ヒュームが示唆するように，因果関係の実在性そのものは知覚頼みのわれわれ有限な人類が知りえるような知識ではない以上，因果推論において間違えることは常にありえる。しかし，いくら人間の認識能力が有限であり，また，知覚を通じてのみ得られるものが主観的様相を帯びるとはいえ，それが主観の域をまったく出ないものと決めつける必要はない。だいいち，われわれは間主観的な形で「知識」というものを論じているわけであり，因果関係についても同様，類似的経験をもつ人々同士の間ではそこに同じ因果性を認めてもよいような「形式」を定めることはできる。つまり，間違っている可能性があるとしても，どのような因果推論が妥当でありどれがそうでないかということは，共有されるところのそうした形式によっておおよそ共通理解が可能となるのではないだろうか。

　通常，われわれは出来事Aと出来事Bとの近接的事象をくり返し体験することで，「AはBの原因である（AはBを引き起こす）」という因果関係を想定する。しかしそれは仮説にすぎないので，それを検証するサンプルとして「AがBを引き起こす事例」をたくさん集めればよいわけであるが，しかし，カラス命題における「黒いカラス」をすべて集める以上に，因果仮説を示すサンプルをすべて集めることは不可能である。というのも，因果仮説は規則性もしくは法則性概念を含んでおり，それは未来において生じる出来事にも通用することが含意されているのであるが，未来に生じる事例のすべてを確認することなどは原理上不可能だからである。つまり，因果仮説を裏づけるような証拠をいくら集め続けても，「そうとは限らないじゃないか！もう一回テストすればどうなるかは分からないよ！」と言われてしまう余地はどこまでも残されている。

　しかも，なかにはそうそう検証できないような（しかし有意味な）因果仮説というものもある。「政治犯Aを入国させれば，テロ事件が引き起こされる」という因果仮説については，いまだその実例がないし，それを検証することはそうそうできないが，われわれはそれを有意味なものとして取り扱い，それについて肯定的・否定的な議論を行なう。しかし，有意味であるようなこのような因果仮説の妥当性をどのように判定するかは困難を極める（実験

できないだけに)。

　そもそも，因果仮説とそれ以外の仮説とでは異なる取り扱いが必要となる。第1章で論じたように，或る仮説の対偶命題を補強するサンプルを挙げてゆくことでそれを確証することが可能であったことを思い出してほしい。「カラスは黒い」と言うとき，それは「黒くないものはカラスでない」と論理的に等値であるため，「黒くなくカラスでないもの」を集めることで，黒いカラスのサンプルを集めずともその仮説は確証できる，ということであった。しかし，因果仮説についてはどうであろうか。「AはBの原因である（AはBを引き起こす）」という命題は，「出来事Aが起きるならば，出来事Bは結果として生じる」と言い換えることができる。すると，その対偶命題は「出来事Bが結果として生じないならば，出来事Aは起きていない」となるが，AとBに関する因果仮説の真偽をこれだけで確認することには大きな問題がある。

　たとえば，「太郎さんはきちんと勉強すれば，X大学に合格する」という因果仮説があるとしよう。そして太郎さんはX大学は不合格となりY大学に合格し，後で調べるときちんと勉強をしていなかった（つまり，対偶「X大学に合格しないならば，太郎さんはきちんと勉強していなかった」は真である）。しかし，だからといって太郎さんは本当にきちんと勉強すればX大学に合格したのかといえば，そうではないかもしれない。太郎さんにとってはどんなに勉強をしてもX大学には手が届かなかったかもしれない（つまり，太郎さんの勉強と，X大学合格との間に因果関係はそもそも成立しないかもしれない）。X大学の不合格という出来事，および太郎さんの努力の不在を確認したとしても，それだけで「太郎さんがきちんと勉強する」→「X大学に合格する」という因果関係を確証したことにはならないのである。ここから，因果仮説というものは自然界における——自然種のような——「個体の性質」に関する命題とは異なる種類のものと言えるが，その大きな特徴として，因果推論において「AならばB」という条件文と等値的であるのは「AでなければBでない」という裏命題である，という点にある。たとえば，「ダムができていれば洪水は起きなかった」とわれわれが言うとき，現実世界においてダムはできていないし，洪水は起きているからこそそれは有意味なのである。「ダムができていれば，洪水は起きなかった」というそもそもの言

第9章　因果のパラドックス　　165

明(命題)においてわれわれが意味しているのは「ダムはその洪水が起きないことの原因である(そしてダムがなかったので洪水が起きた)」ということであり、その「ダム」と「洪水」との因果関係の有意味性は、その現実とは別の可能世界に関する反事実的条件文の妥当性に支えられている、と言えるであろう。

つまり、「ダムができていれば、洪水が起きていない」という言明(因果仮説)が真とみなせるとするならば、それは、①或る可能世界において「ダムができていて、洪水が起きなかった」が真であり、かつ、②その可能世界が現実世界と最も類似している、と言い換えてよい。とりわけ、ここでは②の条件が大きな意義をもつ。なぜなら、われわれが暮らすそれとはかなり異なる魔法的・超常現象的な世界において、「ダムができていて、洪水が起きなかった」が真であったとしても、それはダムの効力かどうか不明であるし(もしかすると魔法的法則でそうなのかもしれない)、そうした現実とかけ離れた可能世界における事実命題をもって、われわれの現実世界における「洪水」に対する「ダム」の因果的効力を語ることに意味はないからである。

この点から、因果仮説とは、通常の意味論的命題とは別種のものとして取り扱われる必要があるように見える。この方向で因果性を取り扱った哲学者として有名であるのはデイヴィッド・ルイスであるが、彼が行なった因果性に関する「反事実条件分析 counterfactual analysis」を見てゆくなかで、因果関係を取り扱うことの面白さと難しさを紹介してゆこう。

2 「もしも」のハナシにどんな意味があるのか？
　　――反事実条件分析

たとえば、娘をもつ過保護な親が「太郎がうちの子(花子)を遊びに誘ったので、あの子は受験に失敗したのよ」と非難しているとしよう。この親のそれまでの経験則では「遊びまわっている子は受験に失敗する」というものでその推論自体は妥当であるかもしれないが、しかし、今回のケースにおいては、その経験則が正しいだけでは非難の根拠としては不十分である。この

---

(6) このように「Xが起きない」というような或る現象の不生起を出来事として捉えるとき、それを「ネガティブな出来事」と呼ぶ。

親の非難が正しいためには,「太郎が花子を遊びに誘わなければ,花子は受験に失敗しなかった」という反実仮想が真でなければならない。つまり,出来事P（誘惑）がQ（受験失敗）を引き起こすということは,もしPが起きていなかったならばQも起きなかったであろう,という意味を含んでいなければならない。すると,前述のように対偶命題をとるのではなくその「裏」をとることで「現実：P⊃Q」⇔「可能性：¬P⊃¬Q」としつつ,そこから「PはQの原因である」が妥当であることを検討しなければならない。前節の事例で言えば,「太郎さんはきちんとしなかったので（遊んだので）,X大学に合格しなかった（受験に失敗した）」という言明が真であるためには,「太郎さんがきちんと勉強すれば（遊ばなければ）,X大学に合格していた（受験に成功した）」という反実仮想的な因果性命題,すなわち「勉強→合格」の因果性が（現実世界では確認できなかったが）現実と最も類似した可能世界において妥当なものと認められなければならない。たとえば,現実世界において太郎はどうしようもなく勉強ができず,九九の掛け算や漢字の読み書きすらままならないとすれば,現実世界に最も類似した可能世界——唯一異なる点は,太郎がマジメに勉強するかどうか——において太郎が（現実とは異なり）マジメに勉強したとして,本当にそれが太郎がX大学へ合格する原因となりうるかどうか（つまり結果としての「合格」は生じるかどうか）を考えると,どうもそれはありそうもない。すると,「太郎がマジメに勉強すること」が「X大学への合格」の原因として認めることは妥当ではないので,「太郎さんはきちんとしなかったので,X大学に合格しなかった」という言明,言い換えれば「受験期間中に遊びほうけることが原因で,X大学への受験失敗という結果が生じた」という言明は真ではない,と言うことができる（もちろん,受験期間中に遊びほうけるべきではないが）。

　このように,「原因」と呼ばれる出来事（C）が生起しなかった事態（太郎がマジメに勉強するという事態）のもと,そこにおいて結果（E）の出来事（受験失敗）が生起しない,という反実仮想の妥当性を確認することで,「CがEを引き起こした」という当初の因果文が妥当であるかどうかを評価する手法を反事実条件分析と呼ぶ。反事実条件分析による因果性理解を定式化したデイヴィッド・ルイスは,「出来事Eが因果的に出来事Cに依存する」という事態を以下のように表現する。

因果的依存関係：EがCに因果的に依存する（depend causally）のは，以下の (i) (ii) がともに真であるとき，かつ，そのときに限る（Lewis [1973a], pp.166-167）。

(i)　O(C)□→O(E)……出来事Cが生起するならば，必然的に出来事Eが生起する。

(ii)　¬O(C)□→¬O(E)……出来事Cが生起しないならば，必然的に出来事Eは生起しない。

"O(C)" は出来事Cが生起するという命題を表現
"□→" は反事実条件演算子[(7)]

ルイスのこうした因果分析は彼の可能世界意味論とも関連している。ルイスによると，世界W_1において「EがCに因果的に依存している」が真であるのは，(i) (ii) のどちらかしか満たさない，あるいは，どちらも満たさないどの世界よりも，それらをともに満たす世界の方がW_1に類似しているとき，かつその場合に限る，となる。仮にこの現実世界をW_1として，そこでは「E（経済の発展）は因果的に政策Cに依存している」と言われているとしよう。この仮説が真であるのは，「Cが生起するならば，必然的にEが生起する」と「Cが生起しなければ，必然的にEは生起しない」とをともに満たす世界——たとえば，「今は政策Cが実現されておらず経済発展してい

---

(7)　"□→" はルイスの著作『反事実的条件法』（Lewis [1973b], pp.1-2／訳2頁）で紹介される演算子で「もし仮に——な場合ならば，……という場合であろう（If it were the case that -, then it would be the case that…）」というものであるが，しかし，ルイスの論文「因果性」(1973a) では，反事実条件分析のもとで示される出来事間の因果的依存関係において「必然性」という概念が含意されるものであることから，「出来事——が生起するならば，必然的に出来事……が生起する」という形でここでは表現している（ちなみに "→" は「もし仮に——な場合ならば，……という場合であるかもしれない（If it were the case that -, then it would be the case that…）」とされている）。通常の様相論理では，"□" は「〜は必然的である」を意味する必然性演算子，"◇" は「〜は可能である」を意味する可能性演算子と呼ばれる。

ないが，政策Cが実現されれば経済発展する」という可能世界 W_2 ――こそが最もこの現実世界 W_1 に類似しているとき（あるいは同一であるとき）ということを意味する。[8]

　こうした可能世界意味論のもとでの反事実条件分析は，この現実世界における個物の検証のみに頼りがちな論理実証主義の欠点を補うことができる。前述したように，論理実証主義においてはいまだ確認されていない事態，あるいは今後も確認されないであろう事態を示す文は有意味なものとみなしえない（真偽を検証できないため）。しかし，反事実条件分析では，そうした文でさえも有意味とみなしうる。たとえば，Cは頻繁に起きるものではなかったり，あるいはこれまで1回も起きていない出来事かもしれない。この場合，「Cが因果的にEを引き起こす」という事態は未経験のものであるし，それをくり返しながら検証することはできないが，だからといってそうした原因としての出来事Cについての言及が無意味であるわけではない。たとえば，2050年までに出来事C（核戦争）が起きておらず，出来事E（人類の滅亡）も起きていないとしよう。するとここから「出来事Cが生起しないならば，出来事Eは生起しない」という因果的信念をもつ人がいるとして，その信念は「出来事Cが出来事Eを引き起こす」という内容を含意していると言える（つまり，(i)と(ii)を同時に主張している）。そして，こうした反事実条件分析は，「因果性」だけでなく「傾向性」についても有意味な言及ができる。たとえば，実際に試してはいなくとも，「この角砂糖がこのホットコーヒーに入っていたら，それは溶けていたであろう」という反事実条件文を述べることで，その角砂糖が熱い液体に溶けやすい性質（傾向性）をもっていることを有意味に表現できるわけである。

　ただし，こうした反事実条件分析では取り扱いにくい事例もあることにも注意が必要である。その例として「因果的先回り causal preemption」のケースを見てみよう。たとえば，出来事 c_1（太郎が花子を遊びに誘う）が，別の出来事e（花子が受験に失敗する）を引き起こすものとして，しかし，もし

---

(8)　この意味では，現実世界 W_1 も数ある諸可能世界のなかのうちの一つということになる（実際，ルイスは可能世界のすべては実在しており，現実はそのうちの一つにすぎない，と考えている）。

c_1 が起こる前に，e は c_2（次郎が花子を遊びに誘う）によっても引き起こされるとしよう（その場合，$c_1 \to e$ ではなく，$c_2 \to e$ が先回りする形で実現している）。このとき，反事実条件的には「c_1 は e の原因である（e は c_1 に因果的に依存している）」とは言えなくなってしまう（$\neg c_1 \square\!\!\to \neg e$ が成立しないので）。つまり，c_1 は e を因果的に引き起こすものであるにもかかわらず，反事実条件文が成立しないため，こうしたケースにおいて反事実条件分析は無力であるように見える。すると，「太郎が花子を遊びに誘惑することは，花子の受験を失敗させることなんだ！」と主張するのは偽となるかといえばそうではないだろう。実際こうした言明が真として意味をもつようなケースは身近にたくさんあるように思われる（実際，太郎よりも先に次郎が花子を誘うことで受験に失敗させるとしても）。

　ここで，反事実条件分析のための理論的補強について考えてみよう。反事実条件文を擁護しようとするデイヴィッド・ルイスは，反事実条件分析が示す因果（依存）関係を「或る出来事が別の出来事の原因であるのは，前者から後者にまでに至るところの因果連鎖（causal chain）が存在しており，その場合に限る」と表現する (Lewis [1973a], p.167)。それを少し補足する形で以下解説してみよう。

因果連鎖ぬきの先回り因果：

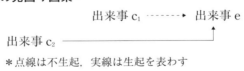

＊点線は不生起，実線は生起を表わす

ここでは，「$\neg c_1 \square\!\!\to \neg e$」は偽である。前述の因果的依存関係 (i) (ii) のうち (ii) を満たしていないので，この場合「e は c_1 に因果的に依存している」とは言えない。しかし，こうした場合であっても「c_1 は e を引き起こす原因である」という表現が有意味なものとして使用される余地がわれわれの日常的言語に残されている。そうすると，その構造は以下のようになっているように思われる。

---

(9) Lewis [1973a], p.167。

因果連鎖ありの先回り因果：

```
        出来事 c₁ ------→ 出来事 d₁ ------→ …… dₙ ------→ 出来事 e
                                                              ↑
出来事 c₂ ─────────────────────────────────────────────────────┘
```

＊{d₁, d₂……dₙ}は出来事の集合

　上図のどちらにもおいても，反事実条件文「c_1 が起きなければ e は起きない（$\neg c_1 \square\!\!\!\rightarrow \neg e$）」は偽である（$c_2$ が e を引き起こすので）。しかし，因果連鎖ありのケースにおいては，「c_1 が起きなければ d_1 は起きず，d_1 が起きなければ d_2 は起きず，……d_n が起きなければ e は生起しなかった（$\neg c_1 \square\!\!\!\rightarrow \neg d_1$, $\neg d_1 \square\!\!\!\rightarrow \neg d_2$, ……$\neg d_n \square\!\!\!\rightarrow \neg e$）」といった因果連鎖を含んだ反事実条件文は真であり続ける。たとえば，出来事 c_1（太郎が花子を遊びに誘う）の次に，それに基づくところの出来事 d_1（花子は夜通しクラブで太郎と遊びまわってしまう）が生起し，そして d_2（花子は疲れ果てて受験日に起床できず寝過ごし），出来事 e（花子が受験に失敗する）が因果的に生じるとしよう。そこで，もし c_2（次郎が花子を遊びに連れまわし，試験当日にもドライブする）が先に起こり，その結果，出来事 e_1（花子は受験に失敗する）が引き起こされてしまったならば，c_1 は起こることなく e は起きたことになる。しかし，"$\neg c_1 \square\!\!\!\rightarrow \neg d_1 \square\!\!\!\rightarrow \neg d_2 \square\!\!\!\rightarrow \neg e$" という反事実条件文は真であるので，そうした先回り因果のケースであっても，「e は c_1 に因果的に依存している」と言えるし，「太郎！　花子を誘惑するのはやめろ！　おまえが誘惑することは花子を受験に失敗させることだ！」といった反事実条件法に基づいた日常的な因果文もまた真なる言明として有効と言える（たとえ太郎が誘惑することなく，別の誰かが花子を誘惑して受験に失敗させることがあるとしても）。

　もっとも，このように改良された反事実条件分析にも難点がある。それは，「原因」としての出来事 c_1 と，「結果」としての出来事 e との「間」において，特殊個別的な因果連鎖を形成するところの中間的出来事群（d_1, d_2……d_n）が一切確認不可能であるようなケースにおいてはこの手法は使えない，ということである。そこでは "$c_1 \rightarrow e$" と "$c_2 \rightarrow e$" との間で識別可能な因果連鎖が存在しないことになり，反事実条件法的に「e が c_1 に因果的に依存し

ている」という文は真ではないことになる。言い換えると，反事実条件的には，c_1 と c_2 とは事象 e に対する原因的性質として識別不可能であるため，両者を原因として同一視できる，ということになる（もちろん，常識的に考えるとそうはならないが）。また，出来事 c_1 からの因果連鎖上にある出来事のうちの一つ（たとえば d_1）が，c_2 の因果連鎖上で重なっている場合，c_1 が起きなくとも，$c_2 \to d_1 \to d_2 \to e$ という因果連鎖が反事実条件文のもと成立することで，「c_1 が起きなければ，$d_1 \to d_2 \to e$ という因果連鎖もないだろう」という反事実条件文はやはり偽となってしまう。この場合，"$c_1 \to e$" における因果連鎖の特殊個別性が無意味なものとなってしまっているといえる。

このように，反事実条件法はわれわれの常識的直観とマッチしやすいものである一方，それは決して万能というわけではなく，それだけでは説明しにくい事象や，表現しにくい因果関係というものもある。それゆえ，反事実条件分析のもと因果的現象を十全に説明しつくすことはできないかもしれない。しかし，原因と結果との間の因果関係について，実際に生じていない事態というものを分析することでその側面を照らすことができることに違いはない。大事なことは，われわれが重視するところの「因果性」というものは，自明ではないがしかしそれは不明なわけでもないこと，そして実際の検証も必要であるが可能性のもとでの推論も必要であるような不可思議な性質であることを理解することにある。

3　「結果」は先行する「原因」を引き起こせるのか？
　　——ダメットの逆向き因果

さて，これまでは因果性の諸定義とその捉え難さについて述べてきたが，しかし，少なくとも因果関係が議論となるシチュエーションにおいて決して無視できない「形式」が存在するように思われる。それは，「時間的に先行する出来事 A が「結果」となったり，時間的に後行する出来事 B がそうした A の「原因」となることなどはない」といった出来事の前後関係を規定するところの形式である。そもそも，出来事 A と出来事 B があるとして，出来事 B が出来事 A よりも後の時点で生起しているにもかかわらず，「出来事 B が出来事 A を引き起こした」という因果推論を行なうのは直観的に間

違っているようにも見える。

　しかし待ってほしい。ヒュームが示唆するように，因果性概念が「観念連合の産物」というのであれば，「時間的に先に生起する出来事でなければ，時間的に後に生起する出来事の原因とはなりえない」といった因果形式もまた観念連合の産物ではないだろうか？　言い方を変えるならば，因果関係というものが二つの異なる出来事A−Bの間に見出す関係というのであるならば，出来事A→Bだけでなく，出来事A←Bという関係を見出すことも論理的には可能なのではないだろうか？　これがいわゆる「逆向き因果 backward causation」の問題である。

　ただし，これは本当に論理的に可能なのであろうか。たとえば，私が父親から殴られて歪んだ性格になってしまっているとすれば，一連の事柄における原因は「父の殴打」であって，私の性格が今現在（時点t_2）において歪んでいることが，過去（時点t_1）において父親が殴打したことの原因というのは奇妙なように思われる。このように，互いに独立的である出来事間において，時間的に後で成立する出来事が，時間的に前に成立した出来事を引き起こすとみなすことは困難であるようだが，この逆向き因果を定義づけ，それが論理的には可能であると主張する哲学者もいる。そうした哲学者の一人であるM. ダメットの定義を以下にまとめてみた。

ダメットの逆向き因果の定義(Dummett[1954], pp. 322–323／訳321–322頁)：
定義1：EはLによって「引き起こされる」と説明されるべきなのだから，Eを，Eと同時かEに先立つ出来事で——すなわちL以外の出来事で——説明することは不可能でなければならない（後続的出来事の原因性）。
定義2：EをLの原因として表現する仕方が発見されてはならない（前向き因果性の排除）。
定義3：Eとは独立に，Lを説明することができなければならない（後続的原因の独立性）。
＊Eは先立つ出来事（earlier event），Lは後にくる出来事（later event）。

　ダメットは逆向き因果を有意味なものとして認める立場であり，彼が提示

する例には「遡及的祈り retrospective prayer」や「酋長の踊り dance of the chief」などがある。前者は，或る人が2時間前に大西洋で息子が乗っている船が沈没して生存者は少数である，とラジオで聞いた後，「息子は溺れることなく生存者のなかに含まれていますように……」と祈るケースであり，後者は，部族の若者が6日間ライオン狩りに出かけ（最初の2日は往路，3日目と4日目にライオン狩りをして，最後の2日間は帰路），若者がライオン狩りの最中に勇敢に振る舞うかどうかは同行している見張り人が帰ってきて報告するまでは分からないなか，酋長は最後の帰路2日も含む形で，若者が勇敢にライオン狩りを行なえるよう6日間踊り続けるケースである。

さて，もし前者の「遡及的祈り」が意味あるものであるとすれば，「この世界において息子は溺れる運命になく，それゆえ生存者に含まれているはずだ」と確信したいがためであろうか。もちろんそれはありうる。しかし，「祈るか祈らないか」の行為選択の理由を問われたとき，「祈れば息子は生存していることになるし，祈らなければ息子は溺れ死んだことになる」と答えるのであれば，時間的に後に生起する「祈る」という行為（出来事）は先に生起した「息子が生き残る」という出来事の原因となりうる，という主張を意味する。これは「酋長の踊り」でも同様であり，時間的に後に生起する「踊る」という行為（出来事）が時間的に先に生起した「若者が勇敢にライオン狩りを行なう」という出来事の原因であると考えられるからこそ，その行為は有意味とされる。

「遡及的祈り」や「酋長の踊り」は，それ自体としては「沈没事故で息子が生き延びた」「若者が勇敢にライオン狩りを行なった」などの出来事とは独立的かつ時間的に先行する出来事であるので，ダメットの定義2および定義3を満たしている。さて，残るは定義1についてであるが，時間的にはすでに生起した出来事に対し，時間的に後に生じる出来事のみによってそれを説明することができるのであろうか？

実は，この定義1を満たすことはかなり難しい。とりわけ，「踏み倒し議論 bilking argument」と呼ばれるものをここでは考えてみよう。逆向き因果

---

(10) Dummet [1964], pp. 335-336／訳343-344頁。

(11) *Ibid*., pp. 341-342／訳354-355頁。

が成立するためには「LがEを引き起こす」ということであり，それは定義1を満たす反事実条件文として「Lが生起しなければEは生起しない」を含意している。というのも，Lが生起しないのにEが生起するとすれば，EはLに因果的に依存しているとは言えないからである（ダメットの定義1より）。たとえば「ありがとうございます！　酋長が6日目の最後まで踊り続けてくれたから（L），僕たち（若者）が3日目に勇敢にライオンを狩ることができました！（E）」という逆向き因果文が有意味かつ真であるためには，「酋長が6日目終了までに途中で踊りをやめたならば（¬L），若者は3日めに勇敢に振る舞えなかった（¬E）」ということも真でなければならない。しかし，Eとは独立的にLは説明可能でなければならないので（定義3により），Eが生じたのちにLが生じるのを妨害される（踏み倒される）ということは原理上可能なはずである。たとえば，たまたま村を訪れた錯乱した文化人類学者に酋長が襲われたり，酋長が体調不良によって踊れなくなることもあるだろう。現在の技術ならば，3日目に若者が勇敢に振る舞ったことを衛星画像で確認してから，その確認者が酋長を踊れない身体にすることもできるだろう。定義3により，酋長が踊る（踊れる）かどうか（Lが生起するかどうか）は，若者が勇敢に振る舞うかどうか（Eが生起するかどうか）とは独立的な出来事であるはずなので，こうした邪魔が起きることで独立的出来事であるLが生起しない状態は常に可能である。しかし，Lが生起していないのにEが生起しているということは反事実条件文（¬O(L)□→¬O(E)）を満たしておらず，EのEはL以外の出来事でありうるという点で定義1に反する。ではドミノ的な因果的決定論のように，「Eが生じた以上は必然的にLが生じる」という世界を考えてみればどうであろうか。しかし，これは，今度は「Eとは独立的にLを説明できない」ということになるので，やはりダメットの定義3に反してしまう（さらに言えば，これはO(E)□→O(L)という前向き因果が成立する世界を前提としているので定義2にも反してしまう）。つまり，ダメット的な定義は逆向き因果の概念を理解可能な形で定式化したものの，それはどこかで論理上のパラドックスを生じさせてしまうよ

---

(12)　踏み倒し議論の着想はFlew［1954］, p.57。さらにそれを洗練・発展させたものとしてBlack［1956］などがある。

うにも思われる。

　私が思うに，おそらくその大きな理由としては，逆向き因果をあまりに一般化しすぎる形で定式化しているために，同様に（最初から）一般的である前向き因果との間で齟齬をきたしてしまうことにある（とりわけ定義1が強すぎるようにも見える）。前向き因果がどこかで事象の成立に関わっているような状況のなか，すべてを逆向き因果で説明することは困難であるので，せめて「EがLによって例外的に引き起こされることはあるが，Eを他の原因（E_0）によって説明することは通常は可能である」とする必要があるだろう（そうすると，踏み倒しが行なわれても，Eが成立した理由は説明可能となる）。もちろん，そうした場合でさえ，逆向き因果肯定論者は「E_0が生起しなくとも，Lが生起することを原因として，Eが生起する」という反事実条件文が真であることを示す必要に迫られるが，しかしここでも踏み倒し実験の介入によってそれが真でないことは可能となってしまう。とするならば残された道は，EとLとの間の必然的な連関のもと「そこでは前向き因果と同時に逆向き因果も成立している」とするような決定論的解釈くらいしかないかもしれない。

　あるいは別の道として，時間論におけるタイムトラベルを用いることで，逆向き因果を成立させるという手法もあるだろう。ダメット的な定義1〜3は，単一世界のもとで説明が困難であっても（それが踏み倒し実験によって不可能と論駁されるとしても），前章で紹介した世界時間分岐モデルにおいてそれは可能であるようにも思われる。つまり，タイムトラベルのもとでタイムパラドックスを回避するような分岐モデルを想定すれば，逆向き因果のパラドックスもまた回避可能となる，というわけである。

　ここで，D. ルイスの「祖父殺しのパラドックス」の事例を挙げてその可能性を考えてみよう。ある男性がいるとして，その男性の祖父は彼が少年時代に病死した。男性は自分が生まれる前の1921年に時間旅行をして祖父殺しを実行できるかといえば，ルイスは「論理的に不可能」と主張する（Lewis [1976], p.76）。というのも，タイムトラベラーたるティムの祖父殺し行為は「1921年」の時点においてなされ，そして祖父は「1921年の時点」で殺されることを意味するが，そうすると，1921年以降の祖父から生まれた親が存在し，その親から生まれたタイムトラベラーであるティムが祖父殺しをする

ことは不可能だからである．しかし，本書第8章「時間のパラドックス」で示唆したように，これは一つの世界時間において出来事確定的なB系列上での因果関係の逆転が論理的に不可能であるというハナシであっても，時間分岐後に新たにつながった世界時間（束）においてそれと異なるB系列の出来事を実現するというハナシであれば論理的にそれは可能であろう[13]。

しかし，大事なことは，タイムトラベル以前の世界におけるB系列的歴史から離脱したタイムトラベラーが属するA系列時間（〈今〉の動き）においてその因果連鎖は逆向きではありえない，という点であろう．タイムトラベルが意味をもつのは，タイムトラベラーによって影響を受けるところの合流先の世界時間におけるB系列が，分岐前のB系列とズレていて，かつ，そうしたズレを「知っている」のは，独自のA系列上においてそのどちらもB系列的に記述されることを知っているようなタイムトラベラーを除いて他にはいない，という事態においてである（他の人はそれを想像はできるが経験はできないし検証もできない）．すると，B系列的に記述された諸出

---

[13] ルイス自身はこの議論において逆向き因果が不可能であることを示そうとしている．それを支えるルイスの立場は，「オリジナルな1921年」と，ティムが時間移動した後に行為するところの「新しい1921年」とは一つでありかつ同じ（つまり同一）とみなすものであり（Lewis [1976], p.76），同一世界内の特定の時空ポイントにおいて現出する特定の性質をもった出来事は，タイムトラベル後においても異なるものではありえない，という立場をとっているとも言える．もっとも，これが同一世界でない複数世界間の「1921年」であればそこでの出来事が異なる性質をもつこと（つまり同一ではないこと）も可能となるだろう．諸可能世界のすべてを実在的なものとみなしたルイスがタイムトラベルにおける逆向き因果を否定するのは奇妙なようにも思えるが（この点は一ノ瀬［2001］，160-161頁においても言及されている），ただし，ルイスの立場としてはすべての可能世界は個別的であり，可能世界間においてはあらゆる干渉・影響も排除されているのでそれゆえ世界間を超えるタイムトラベルも生じず，或る時点において祖父が死ぬ世界W_1もあれば，同一時点において祖父が生きている世界W_2もある，というだけのハナシにすぎないのかもしれない．しかし，前章のタイムパラドックスの図で示したように，本書においてはそうした並行的かつ独立的な可能世界モデルではなく，時間線が束から分岐したり，その時間線が合流するところの束が現実化するような世界モデルを考えているため，逆向き因果は可能である，という立場をとる．

来事において，実際に生じた逆向き因果を観察することはタイムトラベラーにとって可能ではあるが，それを実行するタイムトラベラーが位置するところのＡ系列時間では過去→現在→未来の順で因果律は作用しているので，タイムトラベラーは自分自身が属する時間線において逆向き因果を観察することも経験することもできない，と言える。また，Ｂ系列における過去改変が実行されるところの世界において，逆向き因果的な干渉を理解できる視点をもちあわせている人は存在しないので（そもそもタイムトラベルはまだその世界時間において生じていないので），タイムトラベラー以外の人たちは，自分たちが暮らすその世界において逆向き因果を確認できない。そこでの出来事は，それまでも，そしてそれからも前後関係として確定しており，それは「過去」「現在」「未来」という時制的表現（およびＡ系列）のとおりに前向き因果的に成立している。もちろん，タイムトラベラーの立場を想像することで過去改変，すなわち逆向き因果の可能性は理解できるであろうが，しかし，本当にタイムトラベラーの観点に立ってしまっても，その本人の時系列上における因果的現象はやはり前向きでしかない。私が思うに，過去へのタイムトラベルのもとでの逆向き因果は「可能」ではあるが，それが現実化したとき，逆向き因果を十全な形で理解できている人物はいないように思われる（部分的には理解できても）。因果のパラドックスは，このような形でここにも潜んでいるのではないだろうか。

最終章

パラドックスからはじめる哲学

1　パラドックスを覗き込む

　さて，ここまでさまざまなパラドックスとその哲学的取り扱いを紹介しつつ，そこで示された諸問題の構造などを見てきた。そうしたなか，われわれが当たり前に知っていてそれが当然だと考えるような「言語」「論理」「推論」「確率」「時空」「同一性」「因果」などにおいて，実はいろんなパラドキシカルなものが含まれている，ということがあらわになったのではないだろうか。ここまで見てきたいくつかのパラドックス，もしくはそれにまつわる事柄は，なにも大学で「哲学」という学問に携わっている人たちだけに関係しているわけではなく，多くの人々が関わるような，しかし，普通は見過ごされがちであるようなものと言える。もちろん，普段見過ごす分には構わないのだが，いつもの「普通」とは違う「何か」が起き，その認識が揺り動かされたとき，普段は見過ごしていて気にも留めなかった問題が姿を現わしていることに気づく。そこで起きる「何か」とは，過去へのタイムトラベルなどという大掛かりなものでなくとも，テセウスの船のように或るモノの変化が大きい場合にその同一性が議論のテーマとなったり，あるいは，二択の賭けにおいて10回目までの試行で結果1と結果2との出現頻度の割合が9：1となったりするケースなどもあるだろう。このように，普段と異なる状況において何をどう判断すべきかを改めて考えると，そこには見過ごしていたパラドックスやそれに起因するジレンマが姿を現わすこともある。そうした

とき，われわれは思考停止に追い込まれたり，バイアスにとらわれたり，あるいはやけになったり，あてずっぽうになったりする（「いろいろ考えても無駄さ。こんなとき，論理なんて意味ないよ！」と言ってしまうかもしれない）。

　もちろん，考えれば必ずうまくいくわけではない。きちんと考え，判断し，そこから何らかの方策のもと「理由」をもってきて，それにすがって行為することで事態の打開を図ったとしても，状況によってはそれが正しいとは限らないし，うまくいく保証もない。だが，それでも思考停止するよりはマシであろう。なぜなら，まあ，やはり考えた方がうまくいく確率が高くなるであろうし（きちんと考えて決断したことが原因でうまくいかないような状況は特殊ケースと言えるし），考えて決断して反省するプロセスのなかでうまくいかなかった原因を明らかにすることもできるからである。そもそも，「根拠」に基づいた判断，そしてそれを含んだ「理由」に基づく行為選択にこそ，「自由で合理的な人間」としてのわれわれの在り方が示されており，考えることを放棄することはそのような人間であることを拒絶するようなものである。ただし，「考えることが大事だ！」「論理的な一貫性を守るべきだ！」と主張する人がいてその発言が正しいものだとしても，その人本人が自由で合理的な人間であるとは限らないし，仮に合理的であったとしても，或る考え方に固執するあまりそれ以外のものが見えなくなっているような不自由な状態かもしれない。

　たとえばであるが，普段，われわれは「まともな人間」というものを「一貫性を備えた合理的人間」と信じる傾向にある。しかし，われわれが普段「当たり前」「まとも」と考えるような倫理観ですら或る状況においてはそれが揺らいでしまい，もともと一貫性などなかったのではないか，ということを示す状況がある。その例として，有名な「トロッコ問題」について考えてみよう。[1]猛スピードで暴走中のトロッコ（トローリー）は進行方向がそのままではその先にいる作業員五人を撥ねて殺してしまう。しかし，あなたの手元

（1）　元ネタはFoot［1967］だが，「トロッコ問題」として論文で主題的に取り扱ったのはThomson［1985］である。その後，さまざまな哲学者，認知心理学者たちがこれらをもとにいろんなバージョンを用いて議論をしている。

にあるスイッチを入れると，進行方向を変えて別の線路に進み，その先で作業中の一人の方へ向かう（結果その一人は死亡する）。作業員がいずれもあなたの知人でも友人でも敵でもないとすれば，この「スイッチケース」ではあなたはどう振る舞うであろうか。もちろん人によってさまざまであるが，どちらかといえば多くの人が「人の命が平等であるならば，一人の命よりも五人の命を救うべき」という功利主義的判断を是認する形でスイッチを入れるのではないだろうか（それ以外に特に理由がないとすれば）。では次に，これをアレンジしたケースを考えてみよう。あなたは歩道橋に立っており，やはり猛スピードで暴走中のトロッコがこのまま進めば作業員五名をひき殺すであろうシーンを目撃する。手元にスイッチはないが，目の前にはあなたよりもはるかに大柄な男がいるとしよう。自分がこのまま線路に落ちてもトロッコから簡単に弾かれるが，目の前の（油断している）男を突き落としてしまえばトロッコのスピードはかなり減速し，結果的に五人は助かるとする。ただし，突き落とした男は確実に死ぬ（これはThomson［1985］での「歩道橋ケース」）。さてこの歩道橋ケースの場合，「目の前の大男を突き落とすべきかどうか」という問いに対し，さきほどの功利主義的判断に従うならば "Yes" ということになる。しかし，最初のスイッチケースにおいて功利主義的判断に賛成だった人も，2番目の歩道橋ケースにおいては「五人の命を救うために大柄な男を突き落とす」という功利主義的判断には反感をおぼえるのではないだろうか。ここにわれわれはジレンマを感じるが，この背後には，以下のようなパラドックスを見ることができる。

---

(2) この状況は「一人死ぬか，五人死ぬかが確実としか思えない状況」として理解してほしい。こうした状況設定に対し「もしかしたら助かるかもしれないから……」と言って，自分が選んでしまう回答の意味を変えてしまおうとする人がいる（「大声で叫べば何とかなるかもしれないので，スイッチを入れることなく，その可能性に賭ける」などというように）。もちろん，別の文脈としてそうした議論をするのは構わないが，しかし，問いの前提を変更した形で回答しようとすることは問われていることから目を背けているに等しいし，そこで何かを答えたとしても，それはもはやそもそもの問いに対する回答とは言えないであろう。

歩道橋ケースのジレンマ構造：

A：人の命は尊重されるべき（尊重原則）　⎫
B：誰の命も等しく同じ価値をもつ（平等原則）　⎬　倫理的に当然とされる前提
　　　　↓

C：「一人の命よりも，多数（五人）の命が大きな価値あるものとして尊重されるべき」（功利主義的原則）
　　　　↓

D：「ゆえに，スイッチケースにおいては，一人を犠牲にして，五人の命を救うべき」
　　　　↓

E：「スイッチケースと歩道橋ケースは，一人を犠牲にするか，五人を犠牲にするか，という点で構造は同じ」
　　　　↓

F：「ゆえに，歩道橋ケースにおいては，一人を犠牲にして，五人の命を救うべき」
　　　　↓

G：「すると，歩道橋ケースにおいて，大柄な男を突き落とすべき」

　☆しかし，Gは倫理的に当然とは言えないので（Aの「尊重」という条件に反しているため），われわれはこの一連の推論体系においてパラドックスがあるとみなす。

　つまり，倫理的に当然として受け入れていたAとBを前提としてそこから推論をした結果，倫理的に受け入れ不可能なGが含意されていたことが発見されるわけで，このパラドキシカルな推論過程において，多くの人はジレンマに陥ってしまう，というわけである。もちろん，ここにパラドックスなどない，という言い方もできる。たとえば，カント主義者などは，最初のAとBだけでは倫理的前提として不足しており，そこには「他人を手段として取り扱わない」「誰かの命に危害を加えない」などの条項を付け加えるべきだと主張するであろう。そうすると，Cの妥当性は自明なものではなくなるし，C以降の推論が正しくとも，それらは最初の倫理的前提とは無関係

のものにすぎず，倫理的な意味をもたないものとされる．あるいは，前提に「誰かの権利が侵害される場合において，そこでは大きな因果的役割を果たすべきではない」という条項が付け加えるならば，「スイッチケースと歩道橋ケースの構造は同じ」という主張Eに対しても「同じじゃないよ！　直接突き落として殺害するなんて！」というようにそれを拒絶できるだろう．もちろん，「え？　このままでも全然パラドックスなんてないんですけど……」という人もいるかもしれない．シンプルな功利主義者であればここでのA，B以外に何らかの前提を加えることなくとも（つまり，それ以外の直観や条項を加えることなく）シンプルに推論を進め，その結果Gを受け入れることをよしとするかもしれない．[(3)]

さて，こうした倫理的なパラドックスとジレンマに対して，それはわれわれにおける二極的なメカニズムをもって説明することができる．古典的な哲学図式で言えば「感情／理性」であるが，昨今の認知心理学的図式で言えば「速い思考／遅い思考」[(4)]，あるいは，脳機能における「オートモード／マニュアルモード」[(5)]）に起因するものとして説明が試みられている．そして，そこでは，「元々人間は一貫的に論理的ではなく，むしろそうしたジレンマに陥りがちな生き物である」というような語り口がなされている[(6)]．

---

(3) もちろん，倫理的問題を，効用最大化のための行為規則の問題と捉える規則功利主義者であれば，他者危害原則は基本的ルールに組み込まれ遵守されるべきであるので，「突き落とす」を選ぶことはないかもしれないが，その場合，Dが許容可能であるかどうか，という点が功利主義的に大きなポイントとなる．許容可能とする場合，「スイッチを押して一人が死んでしまうのは，五人を助けようとした結果の副作用であり，意図していたわけではないので他者危害原則は守っている」というような「二重結果 double effect」の考え方が通常用いられるが，そうであるならば，今度は「なぜ，歩道橋ケースにおいてその二重結果原理を使用してはいけないのか？」という問題が生じる．もちろん，このジレンマから逃れる簡単な方法は「規則功利主義的に，スイッチも押さないし，突き落とすこともしない」というものであるが，しかしそれは五人の命を犠牲することの肯定でもあり，そうした功利主義の学説・原理としての特徴は他の学説とどのように——根本的な意味で——異なるものであるのかを説明することが困難となるであろう．

(4) Kahneman［2011］．

(5) Greene［2013］．

他方，従来の倫理学における「合理主義」と呼ばれる立場では，歩道橋ケースにおいて一人を突き落とすことに否定的な義務論であれ，あるいは突き落とすことに肯定的な功利主義であれ，いずれにせよそこにはパラドックスなどないと主張する傾向のようである。しかし，そもそも「そこにはパラドックスなど存在しない」というそのような合理主義的認識もまた，特定の倫理的観点に立って解釈しているからにすぎないのではないだろうか。われわれは「パラドックス」「逆理」を嫌悪し，自らを論理的一貫性のもとに置きたがる生き物であることは最初に述べた。そうであるとするならば，「パラドックスなどは存在しない」という認識は，合理主義的態度のもとでこそ成り立つのであって，逆に言えば，そうした合理主義的態度に固執しないことで，そこにあるパラドックスがどのようなものであるのかをきちんと見定められるのではないだろうか（だからこそ，ここに問題意識をおぼえた認知心理学者たちがその構造を明らかにする過程から，さまざまな知見に到達したようにも思われる）。パラドックスはどこにでもあり，そしてそれは特定の態度や思想を固持することなく哲学を自然に行なうことにおいて姿を見せるところのものなのかもしれない（ただしそれが妖精のように見えるか悪霊のように見えるかは人それぞれかもしれないが）。

2　パラドックスの関連性

　もちろん，そもそもそこにはないパラドックスを「あるんだ！」と言い張るような態度は不合理なものでしかないが，すぐさま「パラドックスなどないんだ！」という形で片づけてしまおうとする合理主義的態度にわれわれはつい執着してしまいがちであることには注意が必要である（哲学がロジック

---

(6)　逆に，過剰なまでに論理一貫性を備えた人物は「人間らしくない」という論調も見られる。たとえば，スイッチケースにおいて功利主義的判断に肯定的であった集団のなか，サイコパス的傾向をもつ人は歩道橋ケースにおいても迷うことなく功利主義的判断を選好する，ということを示すデータもある（Bartels & Pizarro [2011]）。つまり，非サイコパス的な「ふつう」「まとも」な人物とは，功利主義者であると同時に反功利主義者であるような，非一貫的判断を行なっている可能性もある。

に基づいて分析・整理する以上，こうした態度をとることはしばしばなのであるが）。パラドックスの存在を否定するために何らかの基準や公理を導入することは，その方法においてはモヤモヤがすっきり解消されるかもしれないが，その反面，見えなくなるものもあるのではないだろうか。パラドックスがわれわれに与えるところのモヤモヤ感には，われわれを判断停止へと追い込むがゆえに忌避されるところの「嫌らしさ」と同時に，われわれがそこから逃れてしまえばもはや感じることのできない「微妙な何か something subtle」が含まれているように思われる。

率直に言えば，本章において紹介した各種テーマにおいて，パラドックスが解消されたなどと私は思ってはいない。せいぜい，「このような前提に立ちながら取り扱えば，その問題は無矛盾的なように見える」としか説明していないし，そのようにしか説明できないものばかりであったように思われる。しかし，その取り扱いの方法が，複数のテーマに共通するものであったり（たとえば，真理値ギャップなど），それを論じるなかでいくつかのパラドックスに共通する構造も浮き彫りになったのではないだろうか。ここではそれをざっと振り返ってみよう。

第1章「確証のパラドックス」では，われわれの科学的営みにおいて論理は重要ではあるものの，或る証拠の意味づけや確証の仕方は必ずしも論理的に一つに定まっているわけではないことが論じられた。仮説確証における証拠として取り扱うべき対象を自然種とみなすかどうか，どういう状況で確証しようとしているのか，そして，証拠の「重み」を重視するかどうかなどで「確証」の意味が変わることが示された。曖昧な状況のなか，何を分析対象として明らかにしようとしているかが重要な鍵である，とも言える。そしてこれは，第4章「確率のパラドックス」や，第5章「推論のパラドックス」とも関わる話でもある。モンティホール問題において，残された2枚の扉のうちの1枚という「同じ対象」を認識しながらも，司会者のハズレ扉の開示以前においてゲームに参加していたプレーヤー1と，司会者の開示後に参加したプレーヤー2とでは，同じように残された2枚のうちの一つであるドア（B）に関する意味が異なっていた。プレーヤー1が最初に選んだ扉と，司会者が開けることなくいまだ閉ざされ残された扉は，最初の時点では当たる確率は同じ1/3であった。司会者がハズレ扉を開けてみせたところで，残

された（当たりかハズレか分からない）扉に何か変化が生じるわけでもない。すると，「二択になっても同じだろ」と考えてしまいがちであるが，しかし，それは「確率」というものを扉そのものの性質とみなすことに起因するバイアスであって，「確率」は状況依存的な認識として理解されなければならず，そこではプレーヤー1がより高確率で当てるためには最初に選択した扉から残された別の扉へ選択変更する必要がある。或る対象がどんな意味をもっているのかは，認識主体をそこに組み込むところの状況までも考慮に含める必要がある，ということである。そしてさらに重要なことは，そうした「信念belief」はロジックに基づいた推論の結果得られるような「正当化された信念」であるが，これは主体の確信に根差す部分もあれば，そうではない部分もある，ということであった。

　もちろん，ロジックのもと正当化された信念であっても，それが対人的な状況においては通用しないばかりか，その信念が信念である限りは必然的に「偽」となってしまう状況すらある。このことは第5章「推論のパラドックス」での絞首刑のジレンマで論じられ，そこでは後戻り推論（backward induction）というものが必ずしも正解へ導くようなものではないことが示唆されたが，それは第6章「戦略のパラドックス」におけるチェーンストア・パラドックスにおいてさらに明瞭に示された。現実の対人ゲームにおいて効用最大化を実現する（正当化されるところの）判断というものは，詰め将棋のようにゴールから逆算しながら初手においてまさにすべきことを指し示すだけのものではなく，自身のポリシーとコミットメントに或る程度固執する態度，そしてときにそれに反するような譲歩をも含んだ柔軟な態度をともに含んだものである。これは，一見すると互いに背反するような複数の態度によって形成された多面的行為指針こそが，或る状況においては「合理性」を示しうる，ということでもあった。

　第3章「自己言及のパラドックス」における嘘つきのパラドックスの議論では，形而上学を排除したうえで，或る文や命題の真理条件というものがどのようなものであるのかについて，何人かの論理哲学者たちの主張を紹介した。とりわけクリプキが示した「真偽未定な文」という考え方は，日常的に曖昧な表現でも有意味でありうること，そしてその解釈というものが一義的なものではなく多義的なものであることを示唆している点で重要と言えよう。

というのも，このことは第7章「同一性のパラドックス」にて登場した猫ティブルスやテセウスの船に関してわれわれが用いがちな規約的な有意味性にも関わるものだからである。ただし，そうした同一性が成立するためには「時間」というものが前提とされているように思われるが，そもそも「時間」とはどのようなものであるのか，ということはなかなか普段問われることはない。そこでその特性というものを第8章「時間のパラドックス」で分析した。そこでは，従来のA系列とB系列の説明に加える形で，「時間は川の流れのように一方向に流れるも，しかしタイムパラドックスなどの特殊ケースではその一部の流れが分岐し，本流の上流側に合流する」という説明モデルが用いられた。こうした説明においては，或る一連の流れを構成するところの一つの流れにおいて，各ポイントにおける「私」シリーズが含まれることになるので，結果的には，一連の時間線において，四次元的に「私」は存在しており，或る時間線においては「私」が二人である時点も認めるという点で，本書における私の立場は「延続」の考え方に賛同していることになるかもしれない。しかし，同一性分析のみではおそらく私はこうした知見に到達することはできなかったであろう。

　「関わっている」という点について言うならば，過去へのタイムトラベルにおいて生じるとされるタイムパラドックスというものは，或る意味では因果逆転のパラドックスというものとも関わっており，果たして逆向き因果が可能であるかどうか，可能であるとすればどのような枠組みのもとでそうであるのかを第9章「因果のパラドックス」で論じた。とりわけ私が重視したいのは，逆向き因果における過去改変という事態は，ストーリーとしては理解可能ではあるが，タイムトラベラーとそれ以外の人たちとでは認識がズレてしまう，という点である。同じ状況にいながら同じ対象を認識し，そしてどちらの認識も間違っていなくとも，それぞれにとって何が現実であるかについての食い違いというものはどこにでも存在しうる。「現実」「出来事」というものの理解が認識主体に依拠しているということは，第2章「空間と運動のパラドックス」のアキレスと亀において，知覚の「粗さ」に応じ，各認識主体間において，空間運動という出来事の現れ，現実化の有無とも関わっているように思われる。

　このように，本書における各パラドックスの間には類似する構造があった

り，或るパラドックスを解消するために持ち込まれた前提が他のパラドックスを理解するのにも役に立ったりする。しかし，気をつけてほしいのは，或る手法をもって「そこにはパラドックスはない」と論じたとして，その文脈においてはそれが正しくとも，それ以外の手法もありえるし，さらに言えば，あまりそうした手法に固執してしまうと，パラドックスを生み出していた構造そのものの特性を見過ごすことになるだろう。たとえば，さきほど紹介したトロッコ問題において，倫理的な合理主義者たちは「パラドックスなんてないんだ！　一貫すべきなんだ！」と主張するかもしれないが，そこにおいて「なんでパラドックスのような事態が生じるんだろう？」という問いに向き合ったからこそ，脳における２種類のメカニズムなどが――認知心理学者たちによってではあるが――発見されたことを鑑みるに，パラドックスをパラドックスとして受け入れたうえでその構造を分析することにも意義があるように思われる（現在，トロッコ問題を取り扱う倫理学者のなかには，脳のメカニズムを重視する自然主義的な議論を前提としたうえで，なお合理主義的な一貫性をとることを規範的に求める論者もいる[7]）。

　それに，パラドックスの完全な解消はなかなか難しく，或る設定をもって解消したとしても，その設定そのものに問題があるのがほとんどではないだろうか。同一性における「耐時」も「延続」もどちらも説得力はあるが，しかしいずれも難点を抱えている。パーフィットのような同一性問題の取り扱い方もスマートではあるがそもそもの当事者を忘れているように見えるなど，パラドックスの解消法・対処法はいまだ模索中とさえ言っていいかもしれない。しかし，だからといって悲観的な懐疑主義にとらわれる必要はない。完全ではないからといって役に立たないわけでもなければ，真理にまったく近づいていないと決まっているわけではない。不完全なわれわれであっても，数々の哲学者たちが明らかにしてくれた物事の捉え方の意義を理解し，不完全ながらも自分自身の認識や理解がどのようなものに依拠しているのかを自覚し前向きに議論することこそが重要であるように思われる。

---

(7)　Greene［2013］は，深遠な実用主義の名のもと，「それでもわれわれは難しい状況においては，功利主義的思考法に頼るべきである」という主張をしている。

3　伝えることのパラドックス

　本書の「はじめに」でも触れたように，われわれ人間が合理的・論理的であっても，そして，パラドキシカルな難問を解決したがる生き物であっても，同じ状況のもと満場一致した結論に到達することはなかなかできないし，むしろみんなが意固地になって対立することさえある。それに，言いたいことがうまく伝わらず，「なんで分かってくれないんだ！」とモヤモヤしたりイライラしたりもする。もちろんこれは言葉が通じていないケースもあるだろうが，言葉が通じていてもそうなってしまうこともある。

　自分自身の想いを伝えるとき，言葉や概念を用いると便利ではあるが，しかしそうであるからこそ伝わらないときもある。たとえば，あなたが「私は世界でただ一人の私。だからこそ価値があるんだ！」という想いをいだいているとして，それを言葉にし，目の前の相手が「分かる分かる」と言ったとしよう。さて，これは分かってもらったことになるのであろうか。おそらくはそうではない。その人は，数多くの「かけがえのない私」が存在し，そしてあなたもそうしたなかの一人である，という理解の仕方をしているだろう。もしかすると，そうしたなかの一人であるあなたが「数多くのかけがえのない「私」のなか，私こそが一番価値があるのだ」というような，他者との比較に基づいた——そしてやや独善的な——主張をしているかのように理解しているかもしれない。しかし，そもそものあなたの想いは「数多くの私がいる」ということとは無関係であるし，ましてや誰かとの比較のなかで「一番」を自称しようというのではなく，単にオンリーワンな自分がいる，というシンプルな実感なだけかもしれない。このシンプルな想いが言葉にされてしまうと，「私」の「感覚」という形で——「　」つきの形で——概念化されてしまい，伝えようとしていたそのかけがえのなさは，一般化されたコピーのうちの一つとなってしまう。だからこそこんなこともある。恋人である良夫くんと最近うまくいっていない良子さんがいて，そのことの愚痴を友人である幸子さんに話しているとしよう。良子さんは「私は世界でたった一人なんだから，大切にしてほしいのに！」と叫び，それに対し，幸子さんが「分かる分かる！　私もそう思う！　私もそんな経験あるよ〜」と同意したとす

る。しかし，そこで良子さんは「ちがーう！　これはあなたに語れるようなものではなくて，まさに私だけにしか分からないの！」と言ったとしよう。正直，そんな良子さんはめんどくさい人だし，幸子さんの「分かった」発言は嘘ではないのであろうが，たしかに幸子さんは，叫んだ良子さんが分かってもらいたい仕方で分かってくれてはいないかもしれない。しかし，言語を通じるとそうした分かり方しかできないのであり，ここに伝えることの難しさ，そして言語で他人に伝えることの限界がある。

　逆に，他人が発する言葉の意味が理解できても，どうしても聞き手はそれが分からないというケースもあるだろう。「頑張り」や「強さ」のケースを考えてもらいたい。あなたは優れたアスリートで，勝利のために厳しいトレーニングを常に当たり前のものとして自身に課している。そしてそれを見ていた周囲の人が「あなたはよく頑張ってえらいねえ」とか「精神が強いな！立派だ！」と言ったとしよう。これらの言葉はもちろん言われて嬉しいものであるが，しかし，あなたは，「え？　勝ちたいからこのトレーニングをするのは普通で，別に自分は偉くも強くもないんだけど……」と不思議に思うかもしれない。「勝率」や「成績」，「運動量」は誰にでも分かりやすいし，それを示されることで「自分は他人と比べると，強い方だな」と客観的に理解することは容易であるが，しかし相手が「強いよ！」「偉いよ！」と語ることで自身を認識しているその仕方が，当事者である自分だからこそ十全に理解できないこともある。というのも，アスリートであるあなたにとっては，「自分の本当の強さ」を周囲の人がきちんと理解しているかどうかと言えば，おそらくそうした人々は結果から推測しているだけのように感じてしまうからである。もちろん，周囲の人は成績だけであなたの「強さ」を判断しているのではなく，あなたのストイックさなどを評価してのことなのであるが，勝利を目指すあなたはただ勝つために必要なことをやっているだけで（そこには「強さ」「偉さ」はなく，他人に勝ちたいという「欲求」しかない），別に自分がストイックなどとも思ってもいないから，結局は他人が自分を褒めるその言葉を理解はできても不思議に感じてしまう。他人にはどうしても，アスリートととしてのあなたにとっての「当たり前」が「当たり前」として理解できないし，あなたもそうした他人の「当たり前」が理解できない[8]。これは言語（および論理）を通じた価値観の共有の限界を示している[9]。

私が思うに，哲学上のパラドックスに関する「驚き」などもこれらの類であるように思われる。パラドックスに関して驚いたり面白いことを伝えようとしても，論理的に言語を使用してその問題を理解しようとする限りは「分かる分かる！　でも，これって実はこういう問題構造があるからだよね……」という形で客観的かつ概念的に整理してしまう。実際，本書で紹介したように，多くの合理的で論理的な――そして言葉と概念を上手に使用する――哲学者たちはそうしてきた。それはもちろんパラドックスを理解するためには重要であるのだが，ときに，パラドックスがそこにおいて存在していることへの「驚きの理由」などはそもそも存在しなかった，となりかねない。もっとも，論理と言語を用いて諸問題を語ること自体が一つの解釈的手法であり，それを用いてパラドックスを解説しようとも，「そういう解釈の仕方があるのは分かるし，それでパラドックスが解消するのは分かるが，でもこのパラドックスがあること自体が不思議なんだ……」というような，その人にとっての「当たり前である驚き」というものは依然として残るかもしれない。そしてそれでよいし，また，哲学においてはそうあるべき，と私は考える。

　論理で片づけることによって解決を図り，一旦終了宣言をしてしまうと，もはや哲学はそこで終了してしまう。しかし，「驚き」や「困惑」が在り続ける限りは，人はそこに向き合い，さらにそれを掘り下げて考え，そこから新たな知見に到達したり，驚いている自分自身についてよく知ることもできる。哲学は言語や論理を使って「驚き」や「不思議」を分析し，その理由や構造を語ることを必須とするが，他方，それらがきちんと示されてしまうならばそれを語ることで伝えようとしていた「驚き」はもはや言外の語りえぬ

---

(8)　しかし，だからこそ，利己的なスポーツ選手の活躍であっても，その他大勢の人々に感動や希望を与えることもできる，と私は考える。

(9)　もしかすると，「でも，筆者自身それを言葉にしてここで伝えているじゃないか」と反論したがる人もいるかもしれない。たしかに，筆者である私自身がここで言葉を使うことでその想いを伝えようとしているが，ここで伝えようとしていることは「言語に限界がある」ということであって，言語によってすべてうまく価値観を伝え合うことができることを筆者の言葉で示せているわけではない（そもそも，そうした反論をする人がいること自体，筆者である私自身の言葉が伝わっていない，という証左でもあるだろう）。

ものとなってしまう。哲学はこの意味で，パラドキシカルで自己否定的な態度を孕んだ営みと言えるかもしれないので，哲学が本当の意味で完成すれば，哲学によって伝えるべきであった「驚き」などはどこにもなかったということが示されてしまうであろう。もっとも，哲学が2000年以上も続いていることを鑑みるに，人の営みである哲学にも——ちょうど言語がその限界をもつように——やはり限界があり，だからこそ哲学自身が意義あるものとして生き残っているのかもしれない。

　本書もまた，これと同様のパラドキシカルな意義をもっていると私は考える。本書によって私はさまざまな身近なパラドックスの魅力を伝えようとしたが，しかしその魅力を——私一人の力だけではなく，数多くの哲学者，数学者，経済学者たちの力を借りてであるが——言語と論理によって伝えようとすればするほど，どこかで伝えたかった私自身の驚きや感動が伝わらなくなっていくようにも感じる。もちろんこれは私自身の研究者としての能力の問題が関わっているが，それと同時に，言語の限界でもある。しかしそれでも構わない。私が伝えきれなかった「驚き」については，是非とも読者自身がそれが何であるかを考え，読者自身の驚きや感動をみつけてもらい，そしてそれを（たとえ限界があるにしても）誰か他の人へとまた語っていってもらいたい。哲学とは不完全でパラドキシカルな学問ながらも，だからこそそのような形で語られながら受け継がれてゆくものであり，本書がそうした良き連鎖の一部分となることを心より望む（少なくとも，この想いくらいは言葉によって伝達できるものと私は信じたい）。

参 考 文 献

* ［　］は最初の刊行年。（　）は，本書において参照・引用した版が［　］と異なる場合の出版年。和・洋を問わず，著者名からアルファベット順で，その著作および日本語訳を列記している（ただし，日本語訳については実際に参照したものだけを記載した）。

青山拓央［2002］．『タイムトラベルの哲学』講談社．

─── ［2010］．「アキレスと亀：なぜ追いつく必要がないのか──野矢・青山・植村論文の検討」，日本科学哲学会編『科学哲学』43-2号，81-94頁．

アリストテレス著／出隆・岩崎允胤訳［1968］．『アリストテレス全集3　自然学』岩波書店．

アウグスティヌス著／服部英次郎訳（1976）．『告白（下）』岩波文庫．

Austine, J. L. [1961]. *Philosophical Papers*, ed., J. O. Urmson and G. J. Warnock, London: Oxford Universtiy Press（J. L. オースティン著／坂本百大監訳（1991）『オースティン哲学論文集』勁草書房）．

Bartels, D. M., and D. A. Pizarro [2011]. "The mismeasure of morals: Antisocial personality traits predict utilitarian responses to moral dilemmas," in *Cognition* Vol.121, No.1, pp.154-161.

Barwise, J. and J. Etchemendy [1987]. *The Liar: An Essay on Truth and Circularity*, New York: Oxford University Press（J. バーワイズ，J. エチェメンディ著／金子洋之訳（1992）．『うそつき──真理と循環をめぐる論考』産業図書）．

Bergson, H [1889] (2007). *Essai sur les Données immédiates de la Conscience*, Paris: PUF（H. ベルクソン著／中村文郎訳（2001）．『時間と自由』岩波文庫）．

Berkeley, G. [1710] (2009). *Principles of Human Knowledge*, ed. Howard Robinson, NewYork: Oxford University（ジョージ・バークリー著／大槻春彦訳（1958）．『人知原理論』岩波文庫）．

Black, M. [1956]. "Why Cannot an Effect Precede its Cause?," in *Analysis*, Vol. 16, pp.49-58.

バンジョー, L., E. ソウザ著／上枝美典訳（2006）．『認識論的正当化──内在主義対 外在主義』産業図書．

Carnap, R [1936]. "Testability and Meaning," in *Philosophy of Science*, Vol.3, No.4, pp.419-471.

Davidson, D. [1983] (2001). "A Coherence Theory of Truth and Knowledge," in his *Subjective, Intersubjective, Objective*, Oxford: Oxford University Press, pp.137-

157（D. デイヴィッドソン著／清塚邦彦・柏端達也・篠原成彦訳（2007）．『主観的，間主観的，客観的』春秋社，317‐339 頁）．

Dummett, M.［1954］（1978）. "Can an Effect Precede its Cause?" reprinted in *Truth and Other Enigmas*, Mass: Harvard University Press, pp.319‐332（M. ダメット著／藤田晋吾訳（1986）．『真理という謎』勁草書房，315‐338 頁）．

――――［1964］（1978）. "Bringing About the Past," in his *Truth and Other Enigmas*, pp.333‐350（『真理という謎』, 338‐339 頁）．

Eddington, A. S.［1928］（2012）. *The Nature of the Physical World*, New York: Cambridge University Press.

Flew, A.［1954］. "Can an Effect Precede its Cause?" in *Proceedings of the Aristotelian Society*, Supplementary Volume XXVIII, pp.45‐62.

Foot, P.［1967］（2002）. "The Problem of Abortion and the Doctrine of the Double Effect," in *Virtues and Vices: And Other Essays in Moral Philosophy*, New York: Oxford University Press, pp.19‐32.

古田智久［2008］．「21 世紀知識論の見取り図――自然主義的認識論の展開」，『知識構造科学の創造へ向けての基礎研究』日本大学精神文化研究所，1‐25 頁．

Geach, P. T.［1980］. *Reference and Generality*. 3rd ed., Ithaca: Cornell University Press.

Gettier, E. L.［1963］. "Is Justified True Belief Knowledge?" in *Analysis*, Vol.23, No.6, Jun, pp.121‐123.

Good, J.［1960a］. "The Paradox of Confirmation," in *British Journal for the Philosophy of Science*, Vol.11, pp.145‐149.

――――［1960b］. "The Paradox of Confirmation (II)," in *British Journal for the Philosophy of Science*, Vol.12, pp.63‐64.

Goodman, N.［1983］. *Fact, Fiction, and Forecast*, 4th ed., Cambridge: Harvard University Press（N. グッドマン著／雨宮民雄訳（1987）．『事実・虚構・予言』勁草書房）．

ゴット，J. R. 著／林一訳［2003］．『時間旅行者のための基礎知識』草思社．

Greene, J.［2013］. *Moral Tribes: Emotion, Reason, and the Gap Between Us and Them*, New York: Penguin Press（J. D. グリーン著／竹田円訳（2015）．『モラル・トライブズ――共存の道徳哲学へ（上・下）』岩波書店）．

Hempel, C. G.［1945a］. "Studies in the Logic of Confirmation (I.)," in *Mind*, Vol.54, No.213, Jan, pp.1‐26.

――――［1945b］. "Studies in the Logic of Confirmation (II.)," in *Mind*, Vol.54, No.

214, Apr., pp.97-121.

Hintikka, J. [1962]. *Knowledge and Belief*, Ithaca, N. Y : Cornell University Press (J. ヒンティッカ著／永井成男・内田種臣訳（1975）.『認識と信念——認識と信念の論理序説』紀伊國屋書店).

Hobbes, T. [1655] (1999). *Elementa Philosophiae : I de Corpore*, ed., Karl Schuhmann, Paris : Librarie Philosophique J. Vrin (T. ホッブズ著／本田裕志訳（2015）.『物体論』京都大学学術出版会).

Hume, D. [1739-40] (1978). *A Treatise of Human Nature* (*1739-40*), edited by Selby-Bigge and revised by Nidditch, 2nd edition, Oxford : Clarendon Press.（訳は下記二種類を参考：デイヴィッド・ヒューム著／大槻春彦訳（1948-1952）.『人性論（一）〜（四）』岩波書店；木曾好能訳（1995）.『人間本性論——第一巻　知性について』法政大学出版局).

一ノ瀬正樹［2001］.『原因と結果の迷宮』勁草書房.

入不二基義［2002］.『時間は実在するか』講談社現代新書.

伊勢田哲治［2003］.『疑似科学と科学の哲学』名古屋大学出版会.

石黒ひで［2003］.『増補改訂版　ライプニッツの哲学——論理と言語を中心に』岩波書店.

Jackson, F. [1986]. "What Mary Didn't Know," in *The Journal of Philosophy*, Vol.83, No.5, pp.291-295.

Jung, Y. J., J. H. Kagel and D. Levin [1994]. "On the existence of predatory pricing : an experimental study of reputation and entry deterrence in the chain-store game," in *The Rand Journal of Economics*, Vol. 25, pp.72-93.

Kahneman, D. [2011]. *Thinking, Fast and Slow*, New York : Farrar, Straus and Giroux (D. カーネマン著／村井章子訳（2012）.『ファスト＆スロー——あなたの意志はどのように決まるか？』早川書房).

神取道宏［2015］.『人はなぜ協調するのか——くり返しゲーム理論入門』三菱経済研究所.

Kant, I. [1781 (A), 1787 (B)] (1911). *Auflage der Kritik der reinen Vernunft* (Herausgeber : Georg Wobbermin), in *Kant's Gesammelte Schriften*. Herausgegeben von der Königlich Preußischen Akademie der Wissenschaften, Band IV (I. カント著／有福孝岳訳（2001）.『純粋理性批判（上）』岩波書店).

柏端達也・青山拓央・谷川卓（編および訳）［2006］.『現代形而上学論文集』勁草書房.

Kripke, S. [1975]. "Outline of a Theory of Truth," in *The Journal of Philosophy*, Vol. 72, No.19, Seventy-Second Annual Meeting American Philosophical Association,

Eastern Division.（Nov.6, 1975), pp.690–716.

Lewis, D.［1973a］（1986）. "Causation," reprinted in *Philosophical Papers*, Vol.2, New York: Oxford University Press, pp.159–171.

——— ［1973b］（2001）, *Counterfactulals*, Mass: Blackwell Publishers（D. ルイス著／吉満昭宏訳（2007）『反事実的条件法』勁草書房）．

——— ［1976］（1986）. "The Paradoxes of Time Travel," reprinted in *Philosophical Papers*, Volume II, pp.67–80.

ライプニッツ著／西谷裕作・米山優・佐々木能章訳［1989］．『ライプニッツ著作集9 後期哲学』工作舎．

———／谷川多佳子・福島清紀・岡部英男訳［1993］．『ライプニッツ著作集4 認識論「人間知性新論」』工作舎．

松原望［2008］．『入門 ベイズ統計——意志決定の理論と発展』東京図書．

McTaggart, J. M. E.［1908］. "The Unreality of Time," in *Mind*, Vol.17, No.68, pp.457–474.

———［1927］（1988）. *The Nature of Existence*, Vol.2, ed., C. D. Broad, New York: Cambridge University Press.

水谷仁（編）［2009］．『Newton別冊 わかる「時間」——相対性理論から，タイムラベル，原子時計まで』ニュートンプレス．

Nagel, T［1979］. *Mortal Questions*, Cambridge University Press（トマス・ネーゲル著／永井均訳（1989）．『コウモリであるとはどのようなことか』勁草書房）．

Nicod, J.［1930］. *Foundations of Geometry and Induction*, translated by P. P. Wiener, London: Routledge and Kegan Paul

Nishiyama, Y.［2010］. "Pattern Matching Probabilities and Paradoxes as a New Variation on Penney's Coin Game," in *International Journal of Pure and Applied Mathematics*, Vol.59, No.3, pp.357–366（日本語による解説として，西山豊［2010］．「数学を楽しむ／確率のパラドックス」，『理系への数学』Vol.43, No.3, 現代数学社，4–8頁）．

Parfit, D.［1984］（1987）. *Reasons and Persons*, Oxford: Clarendon Press（デレク・パーフィット著／森村進訳（1998）．『理由と人格——非人格性の倫理へ』勁草書房）．

Popper, K. R.［1935］（1992）, *The Logic of Scientific Discovery*, London: Routledge（K. R. ポパー著／大内義一・森博訳（1971–1972）．『科学的発見の論理』恒星社厚生閣）．

Poundstone, W.［1988］. *Labyrinths of Reason: Paradox, Puzzles, and the Frailty of Knowledge*, New York: Anchor Books（W. パウンドストーン著／松浦俊輔訳

(2004).『パラドックス大全』,青土社,第六章「信じること——予期せぬ処刑」)
プルタルコス著／村川堅太郎編（1996）.『プルタルコス英雄伝（上）』ちくま学芸文庫.
Quine, W. V. O.［1951］(1961). "Two Dogmas of Empiricism," in his *From a Logical Point of View : Nine Logico-Philosophical Essays*, 2nd ed., Cambridge, Mass.: Harvard University Press, pp.20-46（W. V. O. クワイン著／飯田隆訳（1992）.「経験主義のふたつのドグマ」,『論理的観点から——論理と哲学をめぐる九章』勁草書房,31-70頁）.
——— ［1953］. "On a So-Called Paradox," in *Mind*, Vol.62, No.245, Jan., pp.65-67.
——— ［1969］. "Natural Kinds" in *Ontological Relativity and Other Essays*, New York: Columbia University Press, pp.114-138.
Selten, R.［1978］"The Chain Store Paradox," in *Theory and Decision*, Vol.9, pp.127-159.
七戸克彦［1988］.「所有権証明の困難性（いわゆる「悪魔の証明」）について——所有権保護をめぐる実体法と訴訟法の交錯」,『慶応義塾大学大学院法学研究科論文集』27号,73-97頁.
Sider, T.［2001］. *Four-Dimensionalism : An Ontology of Persistence and Time*, New York: Oxford University Press（T. サイダー著／丹治信治監修・中山康雄監訳（2007）.『四次元主義の哲学——持続と時間の存在論』春秋社）.
スチュワート，I. 著／川辺治之訳（2015）.『迷路の中のウシ』共立出版,9-10頁.
末廣英生［2003］.「チェーンストア・パラドックスとは何か」,『国民経済雑誌』,188(1),49-79頁.
Tarski, A.［1944］. "The Semantic Conception of Truth and the Foundations of Semantics," in *Philosophy and Phenomenological Research*, Vol.4, No.3, pp.341-376（A. タルスキ著／飯田隆訳（1986）.「真理の意味論的観点と意味論の基礎」,坂本百大編『現代哲学基本論文集II』,勁草書房,51-120頁）.
Thomson, J. J.［1985］. "The Trolley Problem," in *The Yale Law Journal*, Vol.94, No.6, pp.1395-1415.
ソーン，K. S. 著／林一・塚原周信訳［1997］.『ブラックホールと時空の歪み』白揚社.
戸田山和久［2002］.『知識の哲学』産業図書.
植村恒一郎［2002］.『時間の本性』勁草書房.
Unger, P.［1980］. "The Problem of the Many," in *Midwest Studies in Philosophy*, Vol.5, pp.411-467.
van Fraassen, B. C.［1966］. "Singular Terms, Truth-Value Gaps, and Free Logic," in *Journal of Philosophy*, Vol. 63, pp.481-495.

涌井良幸・涌井貞美［2012］.『史上最強図解 これならわかる！ベイズ統計学』ナツメ社.

Wittgenstein, L.［1921］（2001）. *Tractatus Logico-Philosophicus*, London： Routledge and Kegan Paul（L. ウィトゲンシュタイン著／野矢茂樹訳（2003）.『論理哲学論考』岩波書店）.

山岡悦郎［1990］.「Kripke 真理論とその数学的構造」,『人文論叢』三重大学人文学部文化学科研究紀要, 第7巻, 1-19頁.

─────［2001］.『うそつきのパラドックス──論理的に考えることへの挑戦』海鳴社.

吉永良正［2008］.『アキレスとカメ──パラドックスの考察』講談社.

あ と が き

　これは私の個人的な信念かもしれないが，人が自らの意志で何事かを学ぶ場合，まずそのとっかかりとして「面白い」「楽しい」がなくてはならないように思われる。選択の余地がおよそほとんどないような中学校・高校時代の学びであれば，たとえ面白くなくとも否応なしにそれと向き合うしかないので，それは自分の意志ではじめた「学び」とは言いにくい。もっとも，やらされている最中に面白くなることはあるし，面白いかどうかにかかわらず初等・中等教育そのものは有意義であるのだが（その後で学んでゆくことを面白いと感じるための素養を育むという点で），選択の余地がそこにはあまりないという点では，そこでは「自らの意志のもとで学んでいる！」という実感はなかなか得にくいであろう（もちろん，基礎的学習であるからこそ，選択の余地があまりないのも当然といえば当然であるのだろうが）。

　しかし，高校を卒業し，大学生や社会人になってしまうと，どんなものを学びたいのかは自分自身で決めることになる。それに，「学び」というのは何も単位や資格に関わるものだけではない。「仕事を引退してからも学び続けたいから」と生涯学習に取り組む人，もっと世界を知りたいと旅をしたり海外に行く人，仕事をしながらもその仕事とは関係のない趣味や教養，技術習得に——ときにお金にならないにもかかわらず——取り組む人がいることからも，「学び」とは他の誰でもなく，まさにその人自身において重要なものである。「新しいことを知りたい」「知見を拡げたい」「今の自分を変えたい」ということはおそらくは多くの人が望んでおり，だからこそ巷には学術書のみならず，教養や趣味，自己啓発に関わる書籍がずらりと並んでいるのだろう。しかし，多くの人が自分自身のために今現在「学び」に取り組もうとしていても——なぜなら，何もしないままでは知見が拡がることも考え方が変わることもないので——，なかなかその一歩が踏み出せなかったり，あるいはすぐに挫折してしまって長続きしないケースもまた多いのではないだろうか。

気をつけてほしいのは，これは「人はなかなか変われないのだ」というハナシではない。そうではなく，学びたい人が挫折してしまうには理由がある，ということをここでは言いたい。その理由としては，「学び」には，見知らぬ事を理解するための「労力」，その人におけるそれまでのものの考え方，価値観，倫理観，世界観に反するような「痛み」，そして，その人自身のアイデンティティやプライドを不安定にする「困惑」がついてまわるからである。すると，これらを乗り越えて「学び」を実現するために大事なことは（月並みではあるかもしれないが），①ひどい無理はしないこと（しかし或る程度の苦しみは必要となるかもしれない），そして，②そこでの不安定な揺れ，そして痛みのなかでさえも新たなものへの驚きや楽しみを見つけること，の２点と言えよう。私が思うに，こうした点において「本」は非常に重要な役割を担う便利なものである。本は傍に置いておきながら必要があればいつでも気軽に知識に触れたいときに触れられ，疲れたときにはしばらく放っておき，そしてどこにでも持ち運ぶことができる教師・友人・パートナーである。本に関わろうとするときにすべきことは，無理をせずお付き合いしたい本を選んでそこから新たな喜びを得たり，あるいは，旧い友を大事にするかのように，ときに忘れてしまった内容を確認したりしつつ，次第に新しい友を増やしてゆくような仕方で「知」を充実させてゆくことであろう。もっとも，手に取った本があまり易しすぎたり，今の自分にとって当たり前のことしか書いていないものであれば，それはあたかも旧友と昔を懐かしむだけに留まる人物のように，「学び」を通じた自己変革を実現することは難しい。しかし，だからといってあまり背伸びをして——まったくコミュニケーションがとれないような人と友達になろうとするかのように——難しすぎる本を手に取ってしまうと，そこには混乱と苦痛が待ち受けており，その本やそのジャンル自体に嫌気がさしてしまい二度と近づかなくなってしまうかもしれない。これはこれでもったいないことである。順を追って理解してゆけば，もしかすると仲良くなれそうなのに，一足飛びにそれを行なおうとしてかえって挫折してしまっては元も子もないだろう（こうした人に対しては「急がば回れ」という便利な格言がある）。
　本書はこれらの点を踏まえ，「哲学という学問と友達になりたい人」へ向けて書かれたものである。本書ではそこまで難解な数式や論理式は出てこな

いし，なるべく日常言語的に説明してあるので多くに人にとってとっつきやすいものであろうが，しかし，よく読まないと何を言っているのか分からないような箇所もある。初学者にとっては一度読むだけでは分からないので，じっくりと読む必要があるだろう。しかし，本書を読むうえで私が読者に特にお勧めするのは，各種パラドックスに眩暈をおぼえるなか，これまでの「当たり前」にしがみつきそれを守ろうとするのではなく，しかし，安易に懐疑論や相対主義に陥ったりするのでもなく，目の前に現われたパラドックスが実はそこにあったということそれ自体に驚いてほしい。それこそが，本書が薦めるところの「哲学への第一歩」であり，自分を変える一歩でもある。

　本書の内容は目の前に存立するパラドックスに気づき，驚き，考え抜いた哲学者や数学者，経済学者たちの各種思想を紹介するものであるが，ときに私自身の知見も交えており，問題の整理の仕方や，諸問題の間に横たわる構造の類似性や差異に関する見解は私自身の——やや大げさに聞こえるかもしれないが——「哲学」の産物でもある。実際，本書の原稿を書いているうちに，私自身が思考の迷路に迷い込んだり，あるいはそれぞれ無関係と思っていた諸問題がそうでないと気づいたり，それまで問題がないと思っていたことに実は問題が潜んでいたように感じたり，とさまざまなことに驚き，学び，そして楽しんだ。この意味で，私はこの本を執筆する以前よりも今現在の方が知見が拡がり，ほんの少し考え方も変わることができたと言える。このことは非常に僥倖であるが当たり前などではなく，誰もがそれをできる機会を与えられているわけではない。ゆえに，今回そうした稀有な機会を与えてくださったナカニシヤ出版の石崎雄高さんには厚くお礼を申し上げたい。そして，多忙なさなか，本書の原稿に目を通していただき，分かりにくい点や明らかな間違いを指摘してくださった山口県立大学の吉永敦征先生，山口大学の青山卓央先生，大阪経済大学の杉本俊介先生，鹿児島工業高等専門学校の林良平先生，池田昭大先生には大変お世話になった。これらの先生方からコメントをもらわなければ，本書は読むに堪えないものとなっていたであろう。心よりお礼申し上げる（ただし，いまだ本書に残されているであろう間違いや不備な点については，すべて筆者の責任である）。また，出版にあたってのアドバイスを下さった日本大学の永井均先生，そしてアカデミックな世界において友人の少ない私をいろいろ心配し，原稿をチェックしてくださる研

究者を探すため骨を折ってくださった福岡大学の林誓雄先生にも謝意を表したい。

　今だから正直に独白してしまうが，私はもともと脳みそ筋肉型の典型的なダメダメ体育会系人間であった。哲学的に物事を考えることとはほど遠い人間であり，「考えること」に対し，ある種の蔑視すらしていたと言ってよい。しかし，大学時代にバドミントン部に入り，そこで千葉大学教育学部の谷藤千香先生と出会ったことで，スポーツの場において勝つためにはもちろん，そもそも楽しむためにも考えることが重要であることを教えていただいた。その後，哲学専攻へと進み，数多くの先生方から学ぶことができたが，今思うと，私がこうして「考えることは驚きと楽しみを与えますよ」という本を執筆できているのも，教室ではなく体育館のなかでそうした出会いがあったからこそであり，それがなければ今の私はなかったようにも感じられる（本書第9章で述べているような，反事実条件的な意味で）。その点で，谷藤先生には深く感謝したい。そして本書を手に取った読者が考えることの楽しみを共有してくれるならば，受けた恩を本人にはなかなか返せずとも，もらったバトンを誰かに手渡すという形で同じことができたということであり，恩知らずな私にとってそれは喜ばしい限りである。

索　引

ア　行

アウグスティヌス（St. Augustine）　134, 135, 137
アリストテレス（Aristotle）　25, 26, 32, 33
ウィトゲンシュタイン（Ludwig Josef Wittgenstein）　5
エディントン（Arthur Stanley Eddington）　146
エピメニデス（Epimenides）　38

*

アキレスと亀　25, 28, 31
悪魔の証明　159, 160
アブダクション　9
アポリア　vii
R 関係　129, 131
アンチノミー　vi
イデア　6, 121
イマジネーション（想像力）　106
意味論的　43
因果的依存関係　168
因果的先回り（causal preemption）　169
因果の規則性説　163
因果連鎖（causal chain）　170, 171
ウィーン学団　5
後ろ向き推論（backward induction）　103, 104, 106, 107
嘘つきのパラドックス　36, 37
宇宙ひも　149, 150
裏命題　165
A 系列（A-series）　141-144, 152, 177, 178
エピメニデスのパラドックス　38
延続（perdurance）　119, 124, 125
エントロピー（entropy）　144, 146, 147
オートモード／マニュアルモード　183

カ　行

カント（Immanuel Kant）　134, 136, 137
ギーチ（Peter Thomas Geach）　116
グッドマン（Nelson Goodman）　81, 82
クリプキ（Saul Aaron Kripke）　45-47, 49
クワイン（Willard Van Orman Quine）　21, 23, 84, 90, 91
ゲティア（Edmund Gettier）　78-80

*

階級のヒエラルキー（hierarchy of levels）　44
外在主義（externalism）　77, 88, 94
階層言語論　41
確証（confirmation）　8, 10, 12, 17
確証理論（confirmation theory）　8
確率の客観説　69
確率の主観説　69
確率のバイアス　62
重ね合わせ付値　118
仮説的演繹法　8, 9
可能性演算子　168
還元主義　84, 131
完全情報ゲーム　104
感染症問題　60
帰結主義　129, 131, 132
規則功利主義　183
基礎づけ主義（foundationalism）　76
期待値（expected value）　58, 72
基底的（grounded）　47-49
帰納法　9
逆向き因果　159, 172, 173, 176
空間の無限分割可能性　28
グルーのパラドックス（the grue paradox）　81
経験主義の二つのドグマ　23
形式 T　43
ゲティア問題（the Gettier problem）　75, 76, 80
ゲーム理論（game theory）　98, 99
検証（verification）　6, 10, 17

203

検証可能性　7
検証主義　9, 15
絞首刑のパラドックス　75, 93
恒常的連接　162, 163
コギト・エルゴ・スム（Cogito, ergo sum）　76
『告白』　135
個別者（particulars）　121
コペルニクス的転回　136
コミットメント（宣誓的自己制約）　105-108

　　　　　サ　行

シュリック（Friedrich Albert Moritz Schlick）　5
ゼノン（Zeno）　25, 32-34
ゼルテン（Reinhard Selten）　104, 106

＊

先回り因果　170, 171
『時間と自由』　136
時間の矢（time's arrow）　144, 146, 147
C系列　141
事後確率　16, 18, 19, 65, 66
自己言及のパラドックス　36
『自然学』　25, 26, 32, 33
事前確率　16, 18, 19, 65, 66
自然種　21, 22
自然種ターム　22
自然の斉一性　82, 163
実体（entity）　122
しっぺ返し戦略　106
支配戦略　73
重真　118
囚人のジレンマ（prisoner's dilemma）　99, 100
酋長の踊り（dance of the chief）　174
述語論理学　19
循環論法　142
純粋持続　136
純粋直観　136
『純粋理性批判』　136
条件つき確率　18
証拠（として）の重み　16-18
譲歩　108
示量性　147

ジレンマ　vii
信念の度合い　18, 69
信頼性主義（reliabilism）　88
真理値ギャップ　46, 47, 50, 118
心理的継続性（psychological continuity）　128-131
心理的連結性（psychological connectedness）　128-131
スイッチケース　181
整合主義（coherentism）　85
正当化された真なる信念（justified true belief）　77
正当化された信念　75, 96, 97
ゼノンのパラドックス　25
1001匹の猫のパラドックス（paradox of 1001 cats）　116
全体論　23
遡及的祈り（retrospective prayer）　174
祖父殺しのパラドックス　176

　　　　　タ　行

ダメット（Michel Dummett）　172, 173
タルスキ（Alfred Tarski）　41, 43-46
デカルト（René Descartes）　76, 77

＊

第一性質　31, 32
対偶　12
対偶命題　11, 15
耐時（endurance）　119, 122-124
第二性質　30-32
タイプ因果性　161
タイムトラベル（time travel）　149, 176
タイムパラドックス　134, 149
他者危害原則　183
多者の問題（the problem of the many）　116, 119
チェーンストア・パラドックス　96, 104, 106
逐次合理性（sequential rationality）　109
逐次的反省　107, 108
知識の因果説（causal theory of knowledge）　88
超真（supertruth）　118
超付値（supervaluation）　118
調和級数　28

テセウスの船(ship of Theseus) 111, 112
テトスへの手紙 38
同一性への固執の放棄 131
当事者複数性 131
トークン因果性 161
閉じられた言語(semantically closed languages) 43
飛ぶ矢のパラドックス 32, 33
トリガー戦略 99, 101
トロッコ問題 180, 188
トロープ(trope) 122

ナ　行

ニコ(Jean Nicod) 10

　　　　　＊

内在主義(internalism) 77, 80, 84, 94
ナッシュ均衡 98
ニコの規準 10
二重結果(double effect) 183
二値原理 46, 118

ハ　行

バークリー(George Berkeley) 31
パーフィット(Derek Parfit) 129-131
ヒューム(David Hume) 30, 31, 77, 159-163
フラーセン(Bastiaan Comelis van Fraassen) 46
プルタルコス(Plutarch) 112
ベルクソン(Henri-Louis Bergson) 134, 136, 137
ヘンペル(Carl Gustav Hempel) 10, 16
ホッブズ(Thomas Hobbes) 114

　　　　　＊

バイアス 60, 61
排除の原則(principle of exclusion) 93, 105
排中律 118
背理法 39
速い思考/遅い思考 183
パラドックス vi
パレート改善 100
パレート最適 98
反事実条件演算子 168
反事実条件分析(counterfactual analysis) 166, 167, 169, 170
『反事実的条件法』 168
反証 8, 10
反証可能性 9
非基底的 50
B系列(B-series) 140-144, 152, 177, 178
必然性演算子 168
ヒューリスティック(heuristic) 59, 61
頻度主義 69, 70
不確定性 131
不可識別者同一の原理 123, 124
不動点 47-49
不動点言語 45, 46, 48
普遍者(universal) 121
踏み倒し 176
踏み倒し議論(bilking argument) 174, 175
ブラックホール 149
ベイズ主義 18, 65, 66, 68, 69
ベイズ推定(ベイズ更新) 109
ベイズの定理 66
ペニーのコインゲーム(Penny's coin game) 72, 94
ヘンペルのカラス 3, 10, 12, 18
ヘンペルのパラドックス(Hempel's paradox) 10
ポストカードパラドックス(postcard paradox) 45, 50
歩道橋ケース 181, 182
ポリシー(政策的方針) 105-108
ホーリズム(holism) 21
翻訳可能性 6, 7

マ　行

マクタガート(John McTaggart Ellis McTaggart) 137, 141-143
モンティ・ホール(Monty Hall, 本名 Monte Halperin) 62

　　　　　＊

枚挙的帰納法 8
無期限くり返し囚人のジレンマ 100, 102
無基底的(ungrounded) 47
無限等比級数 27, 101

無限の繰り返し　143
メアリーの部屋　86
命題論理　19
モンティホール問題　57, 62, 63, 66, 68

　　　　　ヤ　行

有限回くり返し囚人のジレンマ　102
様相論理　168
要素還元主義　7, 84
予期せぬ絞首刑のパラドックス（the unexpected hanging paradox）　88, 89, 91

　　　　　ラ・ワ　行

ライプニッツ（Gottfried Wilhelm Leibniz）　123
ルイス（David Lewis）　118, 166-168, 170, 176, 177
ロック（John Locke）　31

　　　　　　＊

ライティとレフティ　126
量化（quantification）　36, 41, 42
量化子（quantifer）　19
例化（instantialtion）　121
論理実証主義　3-5, 7, 84, 169
ワームホール　149, 150
割引因子　102

■著者略歴

中村隆文(なかむら・たかふみ)
1974年　長崎県に生まれる。
1997年　千葉大学文学部卒業。
2007年　千葉大学大学院社会文化科学研究科博士課程修了。
現　在　釧路公立大学経済学部准教授。哲学専攻。文学博士。
著　作　『不合理性の哲学――利己的なわれわれはなぜ協調できるのか』(みすず書房，2015年)，『「法」における「主体」の問題』〈叢書アレテイア15〉〔共著〕(御茶ノ水書房，2013年)，『近代法とその限界』〈叢書アレテイア11〉〔共著〕(御茶ノ水書房，2010年)，他。

カラスと亀と死刑囚
――パラドックスからはじめる哲学――

2016年10月7日　初版第1刷発行

著　者	中村隆文	
発行者	中西健夫	

発行所　株式会社　ナカニシヤ出版

〒606-8161　京都市左京区一乗寺木ノ本町15
　　　　　　TEL (075) 723-0111
　　　　　　FAX (075) 723-0095
　　　　　　http://www.nakanishiya.co.jp/

Ⓒ Takafumi NAKAMURA 2016　　印刷・製本／亜細亜印刷
＊乱丁本・落丁本はお取り替え致します。
ISBN978-4-7795-1091-5　　Printed in japan

◆本書のコピー，スキャン，デジタル化等の無断複製は著作権法上での例外を除き禁じられています。本書を代行業者等の第三者に依頼してスキャンやデジタル化することはたとえ個人や家庭内での利用であっても著作権法上認められておりません。

キリギリスの哲学 ―ゲームプレイと理想の人生―

バーナード・スーツ／川谷茂樹・山田貴裕 訳

人生にゲーム以上の意味は無い!? 寓話「アリとキリギリス」の"主人公"たるキリギリスが、その弟子達と縦横無尽に繰り広げる、とびきりユニークで超本格の哲学問答! 知る人ぞ知る「ゲームの哲学」の名著、待望の初訳。

2600円+税

哲学をはじめよう

戸田剛文・松枝啓至・渡邉浩一 編

「驚き」の世界へようこそ──哲学の「問い」は、身の回りの不思議、驚きからはじまる。私と他者、美、論理、数学、自由、知識、社会といった様々なテーマを通して、あなたの「あたり前」を「驚き」へと導くやさしい哲学入門書。

2000円+税

哲学者に会いにゆこう

田中さをり

哲学が好きでわるいか! バリバリ第一線の哲学者はもちろん、ミュージシャン、精神科医、漫画家、駆け出しの哲学徒まで、人それぞれの「哲学する楽しみ」を中心に、哲学を志した理由や今後の目標まで広くたずねたインタビュー集。

2200円+税

スポーツ哲学の入門 ―スポーツの本質と倫理学的諸問題―

S・B・ドゥルー／川谷茂樹 訳

フェアな競争・ドーピング・試合中の暴力・男女の関係など、スポーツ哲学・倫理学の主要なトピックをすべて自ら学べる最適の入門書。プレイヤーから指導者・研究者まで、スポーツに真剣に取り組む人びとにとって必読の一冊。

2600円+税

表示は二〇一六年十月現在の価格です。